THE CHALLENGER CUSTOMER
SELLING TO THE HIDDEN INFLUENCER WHO CAN MULTIPLY YOUR RESULTS

隠れたキーマンを探せ！

データが解明した最新B2B営業法

ブレント・アダムソン
マシュー・ディクソン
パット・スペナー
ニック・トーマン
共著

神田昌典
リブ・コンサルティング
日本語版監修

三木俊哉
訳

実業之日本社

B2B営業ほど誤解されている（それもお金がかかる方向で誤解されている）営業はない。その点について重要な視点をくれる本がようやく出た。

セス・ゴーディン（『「新しい働き方」ができる人の時代』著者）

質の高い徹底した調査で、マーケターがたどるべき道を指し示す。顧客を理解し、価値をもたらし、成約を勝ち取るための優れた指南書だ。

ダニエル・ピンク（『人を動かす、新たな3原則』『モチベーション3・0』著者）

監修者まえがき

デジタル時代の営業についての、不都合な真実

神田昌典

まずは、ＴＶコマーシャルのように、あなたの関心を引くクイズから始めよう。
次の問いに○か×で、お答えいただきたい。

□購買決定に関わる全員を追跡・説得できれば、良質の契約がとれる
□専門家としての知識をいかした提案は、利益率が高い契約につながる
□顧客ニーズに合わせた商品カスタマイズは、よりよい条件での取引に至る
□製品ベネフィットをわかりやすく伝えれば、成約率は高まる
□魅力的コンテンツを提供するナーチャリングは、需要をつくりだす

お察しのとおり、答えは全部バツだ。本書が明らかにした事実によれば……

- 顧客先で、購買に関わる「全員を追跡し、説得する営業」をしても、ありふれた契約しかとれないし、
- 専門家ならではの優れた提案もまた、ライバル会社の値引きには勝てないし、
- 顧客の興味をひくコンテンツをどんなに量産しても、成約率はあがらない。

――それが、このデジタル時代で、多くの営業担当者が直面している過酷な状況なのである。

こうした法人営業の一般常識を覆す内容は、あなたの関心をつかむために、奇を衒《てら》って、私が創りだしたものではない。本書の著者たちが、法人購買に関わる１０００人の詳細なデータ分析により解明した事実である。

研究結果によれば、「トップを落とせ」は、もう古い。なぜなら、いまは購買決定に関わる人数は、平均５・４人もいる。その全員が同意する提案は、ありきたりな、利益の出ない提案になってしまう。

また「コンテンツで見込客《リード》を集めろ」というアプローチも、古い。なぜなら、月並みな文章を大量に書くことで、かえって自らを差別化できない状況に追い込んでしまうからだ。

デジタル以前の営業の常識に従い、頑張れば頑張るほど、利益が出なくなる……。このような八方塞がりの状況を、本書は丹念なデータ分析により、打開していく。そして突破口に至るまでの、論理的な探求プロセスで明らかにされる事実は、とにかく意外性の連続。学術論文なみの緻密な文章が続くが、一級の探偵小説のように、一気に読み終えてしまうだろう。その結果、あなたが手にするのは、「大企業との、利益率の高い契約」を獲得するための、明快なアプローチである。

なぜ忙しくなるばかりで、利益がでないのか？

「大企業は、契約までの時間がかかるので、ターゲットにしていない」という成長企業の営業責任者もいるかもしれないが、それは非常にもったいない。

なぜなら、本書ノウハウを活用して、大企業・中堅企業への営業を取り組んでいけば、売上は5倍になってもおかしくないからだ。法人営業に関して、企業規模別の売上をグラフにすれば、一般的には、次のようになっている。

デジタル広告により主として集まるのは、次のページのグラフの、マイクロカンパニー（零細企業）である。「無料トライアル」「無料セミナー」などをオファーにした広告を出せば、簡単に見込客が集まる。

こうした集客モデルは、「フリーミアムモデル」と呼ばれ、数年前に、一世を風靡《ふうび》した。無料ユーザーの一定比率が有料化するので、スピーディに事業を成長させる最強の手法と考えられてきたのだが——現実には、壁にぶつかるのも早かった。フリーミアムモデルでは、市場の20％程度しかカバーできないことが、実践しているうちに分かってきたのだ。しかも、その領域は、契約単価が低く、またサービス提供するための労働があまりにも煩雑。だから忙しくなるのに、儲からない。

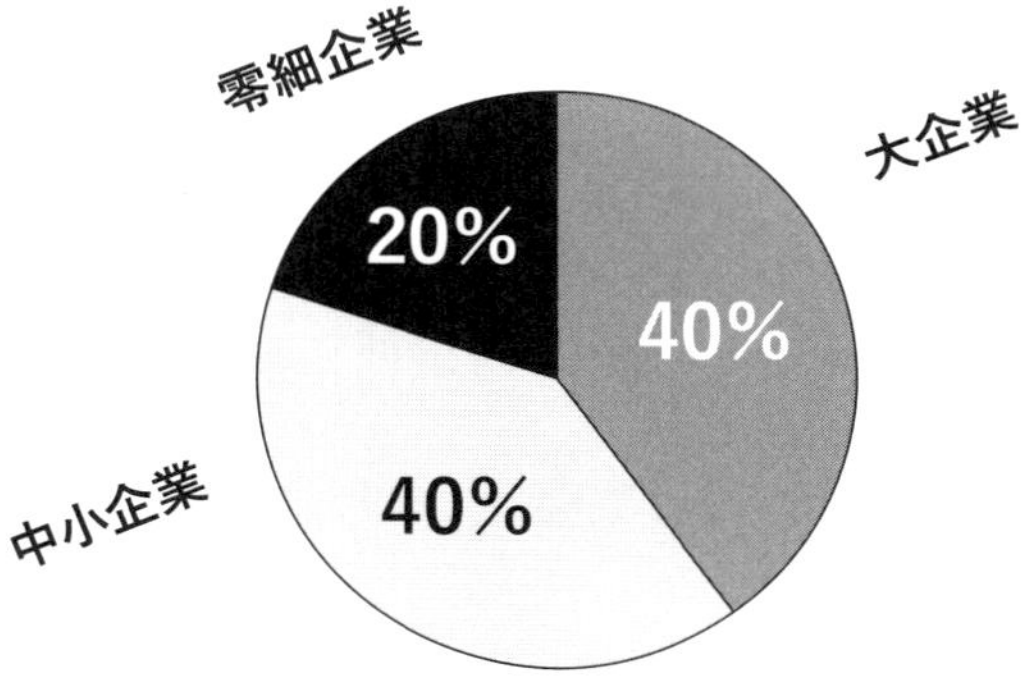

出典:FROM IMPOSSIBLE TO INEVITABLE BY AARON ROSS AND JASON LEMKIN

そこで、どうしたら、より大きな企業と、適正利益を確保した、良質な取引を行うことができるのか？

この目的を達成するために、近年、主流となっているアプローチが、企業内の複数部署を横断して営業アプローチするＡＢＭ（アカウント・ベースト・マーケティング）と呼ばれる手法であり、また担当者が興味をもつようなコンテンツで見込客を集めるコンテンツ・マーケティングだ。こうした手法は、一見合理的なのだが、その効果が、現場の数値で実証されてきたかといえば、必ずしもそうではない。著者らの研究によれば、質の高い契約を決めるためには、逆効果な場合もあるというのだから、そうしたマーケティング手法を指南するマーケッターにとって、本書の内容は、まさに不都合な真実を突きつけられたようなものだ。

鍵は、「隠れたキーマン」へ「何」を伝えるか？

しかしながら、よく読み込んでいただければ、著者たちの研究は、決していままでのアプローチを否定するものではなく、むしろ、それを昇華させるものであることが分かる。その突破口として、著者たちが掲げるのが、「モビライザー」と「コマーシャルインサイト」と呼ばれるキーワードだ。

「モビライザー」とは、購買決定に関与する5・4人のうち、最もフォーカスすべき人物であり、組織を動かす（モビライズする）役割を果たしている。著者たちは、モビライザーを特定しようと試みた結果、どう頑張っても、その人物をひとりに絞ることはできなかった。なぜなら、モビライザーは単独人物ではなく、特定の資質をもった複数人物の組み合わせであったからだ。

次にモビライザーに対して、「コマーシャルインサイト」を提示しなければならないことが分かった。インサイトとは、顧客すらも気づいていないアイデアのことであり、よく営業を勉強している方は、「なるほど、インサイトセールスをしろってことね」と考えるだろうが、それは早合点だ。

著者らが考えるインサイトとは、ちょっとした気づきを顧客に与えればいいというレベルではない。「自分たちは、間違っていた」と、いままで信じてきた世界が、揺るがされるようなレベルだ。そのような衝撃を顧客に提示できるか？　そして間違いを正す唯一の手段として、「あなたの商品・サービスを、顧客に想起させられるか？」——それがコマーシャルインサイトであり、デジタル時代の営業の決め手となる。

この「モビライザー」と「コマーシャルインサイト」を見出すプロセスが、2章から6章にかけて詳述されているが、そのプロセスは、著者たちのコンサルティングを目の前で受けていると錯覚するほどの丁寧さで展開されていく。

あまりに実用的な内容なので、あなたが経営者・経営幹部・営業責任者なら、ぜひ本書とペンと紙を持ち、半日は自室にこもって深く考える機会をもつことを、強くお勧めする。本書と集中して向かい合うことで、コマーシャルインサイトが見出せれば、次のような効果が起こりはじめる。

- 作らなければならないコンテンツが減る
- 自社コンテンツが、1年から1年半で、一人歩きし始める
- 見込客の質が高まる

●第3者による言及が、SNSで広がりはじめる
●高価なソリューションに合意する取引先が増える
●イベントへの協賛を依頼されるのではなく、スピーカーとして招待される

このようにコマーシャルインサイトの発見には、会社が生まれ直すほどのインパクトがあると言ってもいいのではないか。

型破りの営業がもたらす、売り手と買い手による社会変革

本書の原書のタイトルは『チャレンジャー・カスタマー』であり、全米で40万部売れた『チャレンジャー・セールス・モデル』(海と月社)の、後編となる。

前作も、本作と同様、型破りだ。前作『チャレンジャー・セールス・モデル』以前の常識では——営業は、顧客の要望を満たすことで売上があがると考えられてきたが、前作では、データ解析により、「顧客を教え導くというチャレンジャースタイル」が、もっともパフォーマンスが高いことを立証した。

この型破りの営業ノウハウ書2冊は、どちらから読んでもいいが、両書を深く理解・実行す

ることは、単純に自らの売上をあげることを大きく超えた効果をもたらす。機能不全を起こしている組織を解消するアプローチだから、売り手と買い手が、強力に手を組んで社会変革を加速させることになるのだ。

いままでの営業を続けるならば、どんなに素晴らしい技術的なイノベーションが生まれても、その普及は結局、組織の壁で阻まれることになる。一方、本書をきっかけに、売り手側も買い手側も、営業のメカニズムを深く理解し、互いに手を組みはじめることができれば、社会は変革に向けて、一気に歯車をまわしはじめるようになる。

ポスト平成時代に向かう今こそ、日本が社会変革を実現すべきタイミングはない。だからこそ、この2冊をきっかけに、いままでの日本の営業法を根本から変えていく必要があるのだが、著者たちによれば、営業を革新するためのヒントは、新しいビジネスが次々と生まれるニューヨークやシリコンバレーではなく、営業活動とは最も疎遠なワシントンDC——行政組織が集まる場所にあるという。

いったいワシントンDCに、営業を革新する、どんなヒントがあるのか？

このように本書は、謎解きからはじまる。そしてデータ分析により謎の答えを見出すたびに、あなたは組織を動かす「隠れたキーマン」に近づくようになる。

それでは早速、著者たちに、隠れたキーマンとの出会いをご案内いただくことにしよう。

Contents

序文

CEB会長兼最高経営責任者　トム・モナハン

住んでいる場所と生計の手段のひょんな組み合わせから、私はこの10年ほど、ちょっとした「歩くジョーク」と化してしまった。

説明しよう。

私が住んでいるのは、米政府のお膝元であるワシントンDC。仕事は、企業パフォーマンスに関する情報や知見を全世界で提供する会社を経営している。だから年に100回以上は、世界中の都市でこんなふうに自己紹介している。「経営のベストプラクティスに関する知見をご紹介するため、ワシントンDCからやって参りました」

ビジネス文化は国や地域によって大きく異なるので、この自己紹介に対する反応も、「あんたごときにだまされやせんよ」（シリコンバレー、アムステルダム）から、「すみません、ちょっと聞こえませんでした」（シンガポール、ミネアポリス）や「ワインを召し上がったら落ち着きますよ。

さ、スーパータスカンをどうぞ」(ローマ)まで幅広い。口調はいろいろだが、私の発言の核にある皮肉はみんなわかっている。国の首都というのはだいたいそうだが、ワシントンDCもいわば機能不全組織の代名詞になっている。米議会をはじめ、一生行動を起こしそうにない立法府は役に立たない、と人々が思っているのが大きな理由である。仮に行動を起こしても、せいぜいちっぽけな成果しか出せないじゃないか、と。

世界のあちこちで、「政府が企業のように運営されていたらなあ」という声をよく聞く。ただ残念ながら、多くの点ですでにそうなっている。

もっと正確に言うなら、企業がだんだん機能不全の立法府のような経営になっているのだ。

これは営業・マーケティングの本じゃなかったのか?

手に取る本を間違った、とあなたはお考えかもしれない。だが、営業、マーケティング、購買プロセスに関するわれわれの最近の調査によると、B2Bの購買行動はいまやほとんど、些《さ》細《さい》なことで言い争う悪しき議会のようになっている。

だから、現代企業の購買プロセスを詳しく調べてみた。さまざまな業界や企業を比べてわかったのは、企業リーダーたちが教えてくれるストーリーが、われわれ自身の経験と不気味なほど一致しているということだ。とくに、飛躍的なイノベーションや段階的な業績改善をめざして、リーダーたちと協力しているときの経験と――。

調査が続くなか、私自身は、ドイツのある多国籍企業のCFO（最高財務責任者）と交わした会話を思い出していた。彼はわれわれの助言を参考に、自社の情報フローを思いきって簡素化・効率化しようとしていた。私が訪問した日は、プロジェクトのキックオフがすでに3カ月も遅れていた（最終的なROI〈投資収益率〉が出るのも同じだけ遅れる）。「卓越保証のための卓越研究拠点（エクセレンス・アシュアランス・センター・オブ・エクセレンス）」なるところから土壇場の見直しを要請されたのが原因だった。

CFOは（寛大な言い方をするなら）ちょっと不機嫌だった。プロジェクトそのものは半年間だけの予定で、彼はCEO（最高経営責任者）から熱心な支援を受け、CIO（最高情報責任者）や人事責任者からも協力をとりつけていた。大規模な変更管理という点では、まったくぬかりがなかった。だが間際になって、どこからともなく、新しい関係者（ステークホルダー）が登場し、この野心的でスピーディーな取り組みに水を差した。椅子にもたれながら、CFOは愚痴をこぼした。「エクセレンス・アシュアランス・センター・オブ・エクセレンス、なんてものがうちにあるのさえ知りませんでした」

彼は立ち上がり、窓に向かって歩くと、こう言った。「まったくもって××××です」（××

××は長いドイツ語の単語。「わが社にとって最高の日でした。ここで働けることを心から誇りに思います」の意でないことは明らか）

最高の日ではなかったし、結果的に最高のプロジェクトでもなかった。「エクセレンス・アシュアランス――」のレビューが終わる頃には、範囲が２度変わり、３度の遅れが出ていた。最終的には当初予定の４分の１の価値しか生むことができなかった。

大手コングロマリットの人事責任者にこの話をしたところ、「ばかげてますね」と言われた。私はうなずいた。てっきり、この哀れなＣＦＯの会社とうちは違う、という話をしてくれるものと思っていたら、彼女は笑いながら続けた。「私は『プロジェクト命名委員会』のせいで２カ月ムダにしたことがあります。この人はまだマシですよ」

営業の新たな現実――大きくて複雑なプロセス

経営幹部ですら組織変革の推進にてこずるとしたら、外部の者が破壊的（ディスラプティブ）な新しいソリューションへの支援を喚起するのは相当難しいだろう。われわれが分析したデータによると、購買プロセスに関わる人たちは増えつづけており、それぞれが違う意図を持っているケースも多い。購買基準も刻々と変化しているが、何よりも厄介なのは、共通の振る舞いがここへきてまた減っていることだ。

なぜか？

これは企業オペレーションの幅広いトレンドの一環だと考えられる。企業の運営や意思決定のあり方に変化を及ぼす要因がいくつかあり、そのすべてが営業やマーケティングに影響を与えている。

まず、簡単に言えば、大企業がますます大きくなっている。「フォーチュン５００」のなかで最も小さな会社の規模は、20年前の何倍にものぼる。そして、規模が大きくなれば複雑さも増す。

情報フローがまたたく間に増えている。これは教養ある買い手の増加を意味するが、同時に、購買プロセスに関わる人の増加も意味する。それぞれが競合する情報にアクセスし、おのおのの意見を形成・伝達する権限を与えられる。最悪の場合は、情報のオーバーフローが完璧な判断麻痺《まひ》につながりかねない。企業にとっても、その企業に食い込もうとするサプライヤーにとっても悪い傾向だ。

企業のなかでは専門部門や管理部門の力が強まっており、多くの人がありとあらゆる意思決定に発言権を持つ。なぜそうなったか？　それは規模を追い求め、大きくなった組織内で一貫性を志向した結果であり、また、リスクや規制を不安視したせいでもある。商取引の観点から言えば、これらのなかで最も重要なのは明らかに「調達」であるが、調達といえどもパーティーに招かれた大勢のなかのひとりにすぎない。コンプライアンス、データプライバシー、ITセキュリティ、環境安全、品質管理など、いろいろな部門が購買決定に口をはさんでくる。ビジネスの諸問題について多様な視点を確保するべく、協調的・合議的な意思決定を重視する傾向が増えている。

いずれも悪いことではない。それどころか、間違いなくよいことだ。機会の拡大、情報の増加、専門的・分析的な参加者、幅広い当事者の協業――いずれも購買ダイナミクスを強化し、購買の成功をもたらすプロセスづくりに貢献するはずだ。

しかし、そうならないケースがあまりに多い。さまざまな部門がさまざまな課題を提出する。協調の度が過ぎると時間ばかりかかって価値が高まらない。情報が豊富すぎて問題の核心が見えなくなる。買い手にとっての戦略的優位と売り手にとっての戦略的機会を組み合わせていたはずが、やがてすっかり骨抜きにされる（あるいは、まったく見向きもされなくなる）。最終的になんらかの合意に至ったとしても、当初の予定よりは範囲も効果も小さくなる。

負かすのが無理なら動かせ

なにやらお先真っ暗という感じである。時間のかかるプロセス、膠着《こうちゃく》状態の取引、合意できない顧客、少ない共通項での妥結……あるいは現状維持（これはなお悪い）。でもありがたいことに、それが今後の現実ではない。この新しいタフな購買環境の重要なドライバー（要因）を理解・記述するだけでなく、われわれはそこで生き残り、あまつさえ成功するための先駆的戦略を見いだした。

莫大な調査研究データ、現実世界での販売経験、営業・マーケティングチームを率いて学んだ実際的な教訓をもとに、本書は企業業績を飛躍的に改善するための道筋を順を追って提示する。その道筋をたどっている企業はまだほとんどないが、顧客のなかのこれはというステークホルダーを注意深く特定し、彼らに周囲の同僚をもっと効果的に動かす術《すべ》を伝授すれば、どんな企業でも目標達成への歩みを進めることができる。

営業、マーケティング、サービス、サポートなど、仕事の中身にかかわらず、また現場の担当者から担当役員まで、本書の各章は驚くべき発見をあなたにもたらすだろう。優れた会社が顧客とどのようにつながるか、そのルールを書き換え、結果的に販売業績を劇的に高める発見をあなたはするだろう。どの章も、断固たる行動を避けるようになっている顧客組織のなかで、まさにその断固たる行動を引き起こすのがねらいである。最初から最後までお読みいただき、その提言をつぶさに検討していただければ幸いである。あなたはきっと所属組織だけでなく顧客からも感謝されるだろう。

はじめに

これは驚愕《きょうがく》の書である。

なかでも驚くべきは、かつて効力を発揮した販売戦略が、いまや目標とする成果をほとんど出せなくなっているという現実だ。

サプライヤーは自分たちならではの価値を上手に伝えられるようになっているのに、顧客はいままでになく、その価値にお金を払い渋るようになっている（たとえ価値を認めていても）。少なくとも、2番目のもっと安い選択肢が「そこそこ」であれば、そちらでいいと考える。現代のサプライヤーは、顧客に認知・検討・推薦してもらい、そのメガネにかなうという点で勝負に勝ったとしても、「お金をいただく」という肝心な点ではまだ勝てていない。どうにも納得しがたい話かもしれないが、コモディティ化を避けるために生み出したソリューションそのものが、顧客の目にはもはやコモディティ化しているのだ。

販売を手がけるリーダーは首をひねる。「いったいどうしろというんだ？　長年頼ってきた営業・マーケティング戦略が使えないなんて」

ＣＥＢの営業・マーケティング班が『チャレンジャー・セールス・モデル（The Challenger Sale)』（いまのビジネス環境で最も成功を収めやすい販売員の行動を徹底分析した書。邦訳・海と月社）の刊行につながる調査を実施したのは、そうした疑問に答えるためでもあった。だが、「チャレンジャー」という考え方が正しいのか、新しいのか、物議を醸《かも》すものなのかという議論が盛んに行われているあいだ、われわれはまったく別のことを考えていた。ほかに何があるだろう、と――。

実際、調査を重ねれば重ねるほど、いろいろな知見が明らかになり、このストーリーには第2部がある、とわれわれは確信するようになった。ひょっとしたら第1部よりもっと強力なやつかもしれない。どうやらわかったのは、その強力な第2部が、ソリューション販売に伴うサプライヤーの苦悩ではなく、ソリューション購買に伴う顧客の苦悩をテーマにしているということ。客が買わない理由はたくさんあるが、われわれのデータによると、明らかな「主犯」は、今日のソリューション購買に関わる顧客関係者の数と種類が激増していることだ。そのうえ、契約前に介入する人の数が増加しつづけているせいで、そこに深刻な機能不全が生じている。

サプライヤーを冷たくあしらい、価格面で無理を通すためのよくできた戦略だと販売員が長らく考えていたものが、そんな悪意はないけれど、実はもっと厄介な問題から発していることがたびたびある。つまり顧客関係者自身がそもそも、共通の行動指針について大筋で合意できないのだ。サプライヤーがいま直面するコモディティ化圧力の多くは、顧客が「そこそこ」で妥協しようとする結果ではなく、彼らが何事にも合意できなくなっている結果である。そしてそれは、ほとんどの営業・マーケティング戦略が解決できない課題である。そもそも、そんな課題の解決など想定していなかったのだから。現在の営業・マーケティング戦術は、この課題を克服するどころかむしろ悪化させている。

もちろん、上手に売るのも大変であるが、顧客が上手に買うのをどうやって手助けすればよいだろう？　調査からわかったのは、そう、うれしい驚きである。「チャレンジャー」販売員が重要であることをわれわれは前作で学んだが、最新の調査からは、買い手にも「チャレンジャー」が必要不可欠であることがわかったのだ。

一連の定量調査を通じて、そのような個人を具体的にあぶり出すことができた。それは販売員に情報を与え、特定のサプライヤーを同僚に推奨する、ありふれた指南役や賛同者ではなく、顧客関係者のなかのもっと特別な部類の人たちである。彼らはサプライヤーとは無関係に、現状にとどまらない思考や行動を同僚たちに強いるための、内部リソースの結集や同意の獲得を重視する。この人たちを徹底的に分析してわかったのは、次のことだ。すなわち、機能不全を起こしかねない多様な顧客関係者の世界にあっては、売り手であるあなたがチャレンジャーになるだけでなく、買い手のなかの誰をチャレンジャーと見極めてアプローチするかが大切である。現代の営業で勝利を収めるには、顧客組織のなかのチャレンジャーが必要になる。「チャレンジャー顧客（カスタマー）」は存在するし、必ず見つかる。ただし、あなた（サプライヤー）が探そうとすれば、という条件付きだ。なぜなら、われわれの各種調査によると、彼らを見つけ、味方に引き入れ、同僚説得のノウハウを授けるには、過去に奏功した戦略とはまったく違う戦略が必要になるからだ。

チャレンジャー顧客とは誰か？　われわれは彼らを「モビライザー（動員者）」と呼ぶ。これはそのモビライザーをめぐる物語である。

第1章

顧客コンセンサスの「暗部」

3分の1問題

世界中の営業・マーケティング幹部が最も懸念する点がひとつあるとすれば、それは先行き不透明な時代が続くなか、取引規模、利益率、成長率が容赦ない下方圧力を受けていることだろう。CEOからは「2桁成長への復帰」を命じられているのに、気がつけば、これまでにないほど価格競争に巻き込まれている。

しかし、おそらく一番もどかしいのは、かつての2桁成長の推進力となった戦略がもはやいっこうに通用しないことではないか。幹部たちはどこかで道を見失ったのではないかと考え、「基本に戻る」ことを求める。「もっと規律ある実行を再徹底」するようチームメンバーに説くが、すでに通用しないことがわかっている方法をいくら極めたところで、業績は低迷を続け、みんなはやる気を失うばかりである。

あるグローバルな業務用香料メーカーの営業・マーケティング責任者は最近、次のように述べた。「わからない。うちは業界トップです。製品は世界クラス、ブランドは一流、販売員も腕利きの者ばかりです。お客様が購買先を決めるとき、うちがサプライヤー候補として招かれないことは一度だってありません。毎回交渉の席につかせてもらってます」

「でもそのとき」と彼は続けた。「必ず候補企業が3社あり、うちはその3社のひとつなのです。

これほどの強みがあるにもかかわらず、最後はいつも価格競争になります。それではビジネスが立ち行きません。当社のように高級品を扱っている会社は、そんなふうに利益率が下がるとやっていけません」

こうした異常にフラストレーションのたまるシナリオが、いまや驚くほど当たり前になった。重要と思われるあらゆる面で優れている会社が、にもかかわらず深刻なコモディティ化に直面している。

これがわれわれの言う「3分の1問題」である。あるサプライヤーが顧客の検討対象（あるいはお気に入りの対象）として選ばれる。なのに最後は他の2社との価格競争になる――。

これにどう対応するか？　営業・マーケティングの責任者はたいてい次のように言うだろう。「わが社が提供するすべての価値についてその対価を支払わない顧客がいたら、それはわが社が提供する価値を完全には理解していないからだ」。そこでチームに対して、会社の提供価値（バリュープロポジション）を「研ぎ澄ます」よう指示を出す。販売員には、会社が多方面から顧客のニーズを満たし、さらにはニーズを上回る活動もしていることを「もっと手際よく」説明できるよう訓練を施す。マーケティングキャンペーンや販促資料を注意深く設計し直して、会社の「ベストインクラスの最先端ソリューション」や「深い顧客満足を提供する類《たぐい》まれな能力」をもつとうまく伝達しようとする。

それなのにいまは、サプライヤーが提供価値を的確に表現しようとお金をかけて努力しても、たいていの顧客の反応は「えっ！　知りませんでした」ではなく、「ええ、知ってましたよ」に近い。

たとえば次のように、あらかじめ譲歩の姿勢を見せる客も多い。「おっしゃるとおりです。素晴らしい！　貴社のソリューションは断トツです。ぜひいっしょにやらせてください！」ただし、そのあとにこう付け加える。「だから、3社のうちの1社としてこの入札にご参加いただいたのです。ただし、貴社のソリューションも素晴らしいが、こちらの会社のソリューションも悪くない。それにずっと安い。もしその値段で貴社のソリューションが手に入るなら、決めようと思いますが！」

これではやっていられない。

頼まれな価値を上手に伝えようと最大限努めても、今日の顧客はそれにお金を払ってくれるとはかぎらない（たとえ価値を認めていても）。少なくとも、2番目の選択肢が「そこそこ」であれば、あなたの提供する価値にお金を払ってはくれない。

つまりサプライヤーは、顧客に認知・検討・推薦してもらうという点での勝負には勝っても、「お金をいただく」という肝心な点ではまだ勝てていない。現代のソリューション販売の中心的ジレンマはここにある。サプライヤーの最大の競争相手は、ライバル企業の販売力ではなく、むしろ顧客の決断力なのだ。

この5年間、CEBの担当チームは、営業・マーケティングの能力と顧客の購買行動に関する大量の調査研究を用いてこの問題を掘り下げ、サプライヤーが過去の失敗を繰り返さないために何ができるかを知ろうとした。そこからわかったことは興味深い(少々厄介でもあるが)。問題の本質は、サプライヤー組織が上手に売れないことではなく、顧客組織が上手に買えないことにある。そして、その問題の大部分は、顧客がソリューション購買のほぼすべてに関与する幅広い関係者の合意をなかなかとりつけられない点にある。

5.4人の興亡

顧客のコンセンサスは特別新しい課題ではない、とおっしゃる向きもあるかもしれない。たしかに、これは昔から聞く問題である。それに、2009年の景気低迷はこの問題をさらに悪化させた。コスト意識とリスク回避傾向の高まった意思決定者が、たとえ小さなことがらでもひとりで決めるのをためらうようになったからだ。

ただ、現在に話を戻すと、奇妙なのは、グローバル経済は重要と思われるほとんどの指標で大きく回復しているのに、顧客コンセンサスの問題は同じ時期にむしろ悪化している点である。

営業幹部に対する最近の調査では、80％近くが、取引に関わる顧客関係者の数が増えつづけていると回答した。

なぜか？ 関係者が増える理由はいろいろあるが、以下が主なものになる。

①グローバルな経済危機のあと、顧客組織と顧客関係者が広くリスクを回避する状況が続いている。

②今日のソリューションの大半は技術的な要素を伴い、価格も安くないため、ＩＴ部門の関与だけでなく、オペレーションや調達担当の幹部による精査も必要となる。

③規制要件や情報保護手順が厳しくなるなか、それらを必ず守らなければならないと法務やコンプライアンス担当責任者が気を揉《も》んでいる。

④政府の規制改革（とくに医療分野）により、顧客の事業運営や購買活動のあり方を業界全体で変革しなければならない。

⑤顧客が事業を全世界に拡大しようとする結果、各地域の新しいプレーヤーがプロセスに加わる。

⑥サプライヤーが提供するソリューションの大半は、顧客へのインパクトや価値を高め、使い勝手をよくするため、顧客サイドのたくさんの機能やタスクを統合するようになってい

る。

⑦新しい経営スタイルや組織構造の影響で、組織がフラット化かつネットワーク化し、頻繁な横の連携が重視される。

以上のトレンドの一つひとつが意味するのは、一般的な購買案件に関わる人が増えたということ、さらに、かつては関わっていなかった役割の人も関わるようになったということである。当然、そうしたトレンドが近いうちに反転する可能性は低い。要するに、予算権限者、インフルエンサー（影響力の強い人物）、エンドユーザー、外部コンサルタントなどなど、挙げればきりがないほど幅広い人たちを考慮に入れずに取引を成立させることは、いまや不可能に近い。

だが、コンセンサスをめぐるストーリーが進化を続けるなか、最も厄介なのは、「同意」すべき人の数が増えたことではなく、「署名」すべき人の数が同じように大きく増えたことである。2006年の頃はひとりの上級意思決定者と彼（彼女）のチームを口説き落とせばだいたいよかったが、現在のコンセンサス問題はもっと複雑になっている。50人の会社であろうが5万人の会社であろうが、いまは神話的な上級意思決定者が全員を代表して複雑な取引を単独で承認するケースはまず見られない。

多くの場合、実態は「委員会による購買」である。幹部社員のフォーマルまたはインフォーマルなグループの集団的コンセンサスが必要なのだ。ただし、それぞれの幹部がいわば拒否権を持っており、自分のニーズや優先順位に合わない取引にストップをかける。なおかつ、この問題は大手の顧客や戦略的な顧客にとどまらない。従来は単一の交渉窓口を通じてビジネスが実行できていた中小の顧客にも、コンセンサスの問題が発生することがある。飲食業界のある営業リーダーが冗談交じりにこう言っていた。「家族経営の会社に売るときでも、夫婦の意見が一致するとはかぎらなくて」。中小企業であってもコンセンサス問題を免れない。

実際の数字を当てはめてみよう。一般的なB2B購買に関わる3000人以上の関係者に尋ねたところ、購買決定に正式に関わる人数は平均で5・4人になる、と顧客自身が答えている。誰かが「ノー」という可能性もそれだけある。サプライヤーとしてはいろいろな疑問が浮かぶ。たとえば、その5・4人が誰かをわれわれは知っているのか？ さらに言えば、その5・4人が誰かを顧客もわかっているのか？ 各人の興味関心はどこにあるか。当社のソリューションは彼らのニーズをどう満たすか。どうやって彼らを説得するか……。

顧客コンセンサスをめぐるこの新しい世界でクセモノなのは、たんに人数が5・4人なのではなく、5・4の異なる視点や考え方があるということだ。われわれが尋ねた顧客関係者の4分の3が、この5・4人は幅広い役割、チーム、部門、地域にまたがると答えた。これは相当面倒な問題である。同じような人が5・4人いるのではなく、新しい視点がそれだけ増えたのだ。

どんなサプライヤーにもこれと似たような話がある。たとえばITソリューションの販売者なら、いままでは顧客企業のCIOやその部下を訪ねていればよかった。だが、最近のITソリューションは他のビジネス分野にも関係するので（または技術的な要素に関わる意思決定事項が増えているので）、ソリューション（システム）の利用者に応じて、CMO（最高マーケティング責任者）やCOO（最高執行責任者）、人事責任者にも接触しなければならない。さらに、ソリューションの対応範囲が広がっていることから、CFO、調達部門、はたまた地域責任者にも話をする必要があるかもしれない。それから、忘れてならない法務部（別名「販売防止部」）。実際、医療業界のあるマーケティング責任者は最近、次のように話してくれた。「うちにとっては5・4人ではなく、委員会が5・4あるようなものです！」

要は、業界に関係なく、どのサプライヤーも同じ問題を抱えている。以前はXに売っていたが、いまはX、Y、Z、さらにはA、B、時にはCにも売らなければならない。おまけに全員が違っている。違う優先順位、違う視点、違う権限。サプライヤーのソリューションがそもそもどういうものなのかに関する知識レベルも違ったりする。

それが現在の顧客コンセンサスの実態である。単なる数の問題ではなく、多様性の問題だ。これらのグループが集まって決定を下すと、まず間違いなく話は決裂すると思われる。

図1・1を見てほしい。

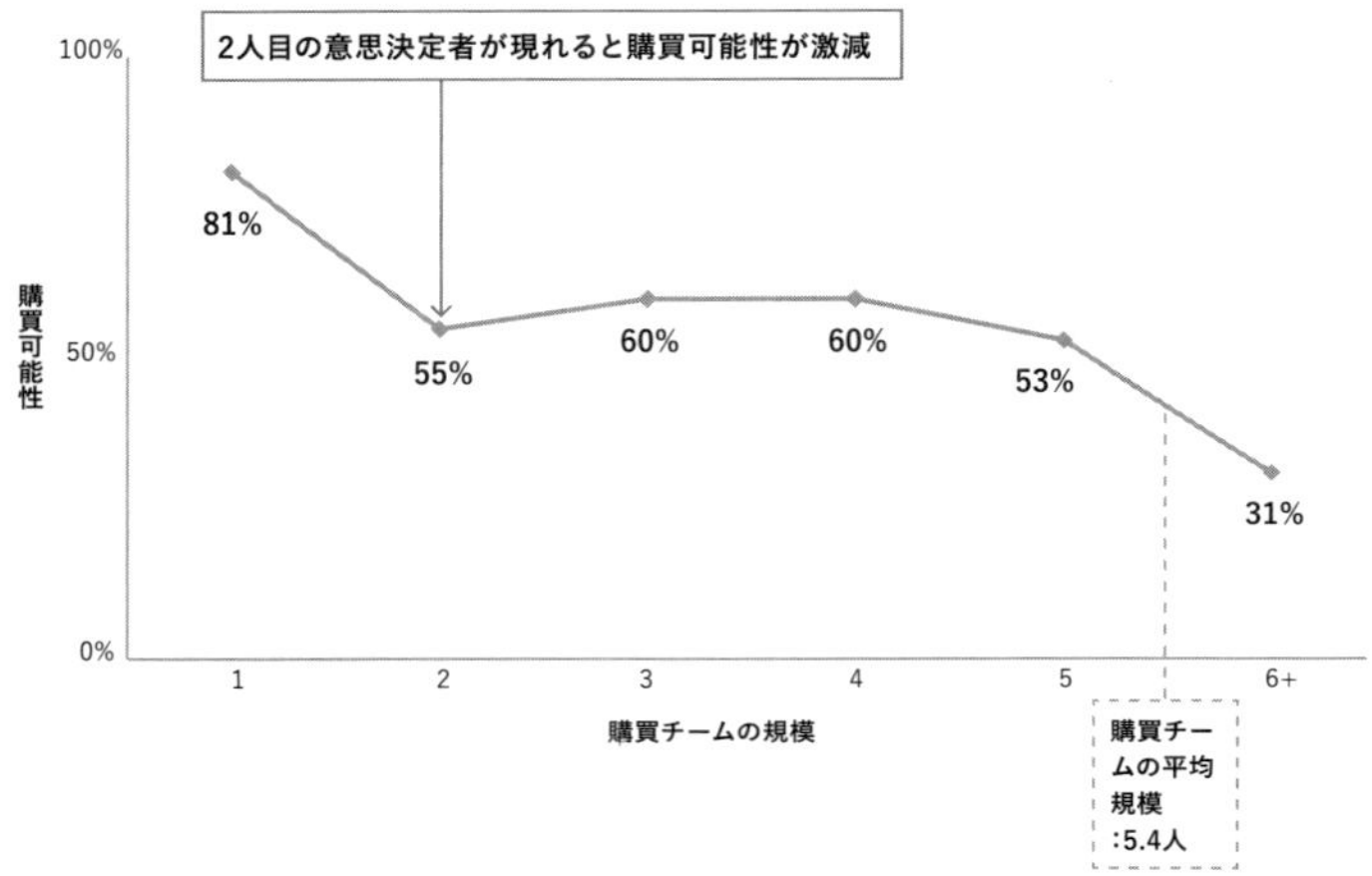

出典:CEBによる分析

図 1.1　購買チームの規模と購買意思の関係

B2B購買に関わる3000人の顧客関係者へのアンケートで、「今後半年のあいだにこのサプライヤーからぜひ購入したい」と思うかどうかを1~10の10段階で尋ねた（半年以外の期間もテストし、ほぼ同じ結果を得た。半年のときに最大のサンプルを確保できた）。そして購買チームの人数に従って回答をマッピングした。

図1・1の折れ線には、明らかな下降線が2つ見られる。まず、購買の意思決定者が1人から2人になるだけで、購買可能性が80%から50%半ばへ大きく落ち込んでいる（たしかに夫婦の意見が一致するとはかぎらないらしい）。その後はしばらく横ばいが続き、5人を超えたところで購買可能性がまた30%程度まで低下する。5・4人に売

るサプライヤーにとって、これは見るに忍びないグラフである。左から右へ、「決められない」状態への片道切符。終着点は、一部の営業リーダーが「ソリューションの墓場」と呼ぶようになった場所か。

この調査結果はきわめて重要である。サプライヤーが抱えているのは販売上の問題というより、むしろ購買上の問題だということが初めて明らかになったからだ。その問題を引き起こしているのは、いまやどんなソリューション購買にも関わるようになった、多様な新しい登場人物たちである。

しかしサプライヤーにとって、これは受け入れがたい事実だ。どう対処したらいいか、わからないのだから。結局、顧客の多様化という問題は、サプライヤーが顧客に「法務や調達の方々が本件に目配りされる必要はないかと……」と言ってもなくなりはしない。その試みは短期的に奏功したとしても、長期的には高くつきかねない。あるグローバルメーカーの最高営業責任者は最近、次のように言った。「去年、それと同じことを試したら、うまくいったのです！執行責任者以外は購買プロセスから外すことに成功し、記録的な短時間で成約となりました」「問題は」と彼は続けた。「販売した製品を据え付ける段になって、以前に外した人たちがそのことに気づき、反対の大合唱で設置を妨げたことです。難しかったかもしれませんが、最初から彼らをプロセスに加えていれば、もっとうまくいったのにと思います。というのも、設置が難航したことでわだかまりが生じ、今後しばらくは私たちが外されそうだからです」。あとの祭りである。

だが、次のような疑問が生じる。顧客の多様性を完全には（部分的にも）なくせないとしたら、サプライヤーはそれにどう対応すればよいか？　ますます多様化する顧客の購買集団に対して、どんな販売戦略をとるのが正解か？

全員を追跡し、説得する

多様な関係者への販売戦略は、世界中で共通のもどかしい現実を追いかけている。それには多大な時間と労力が必要となる。販売のプロに言わせると、顧客コンセンサスをめぐる戦いは2次元で展開される（1次元ではない）。

1つ目は相手への接触。主要な関係者全員へのお目通りの権利を勝ち取ることだ。これが難しい。まずは、そもそも誰が関係者かを見極めなければならない。「この取引の5・4人は誰なのか」と問うことだ。拍子抜けするくらい簡単な問いだが、答えるのは意外に難しい。多くの場合、たんに新しい人たちというのではなく、そのサプライヤーが過去に接触したことのない役割や部門、地域の人たちである。おそらくは彼ら関係者自身も、購買プロセスにおける自分

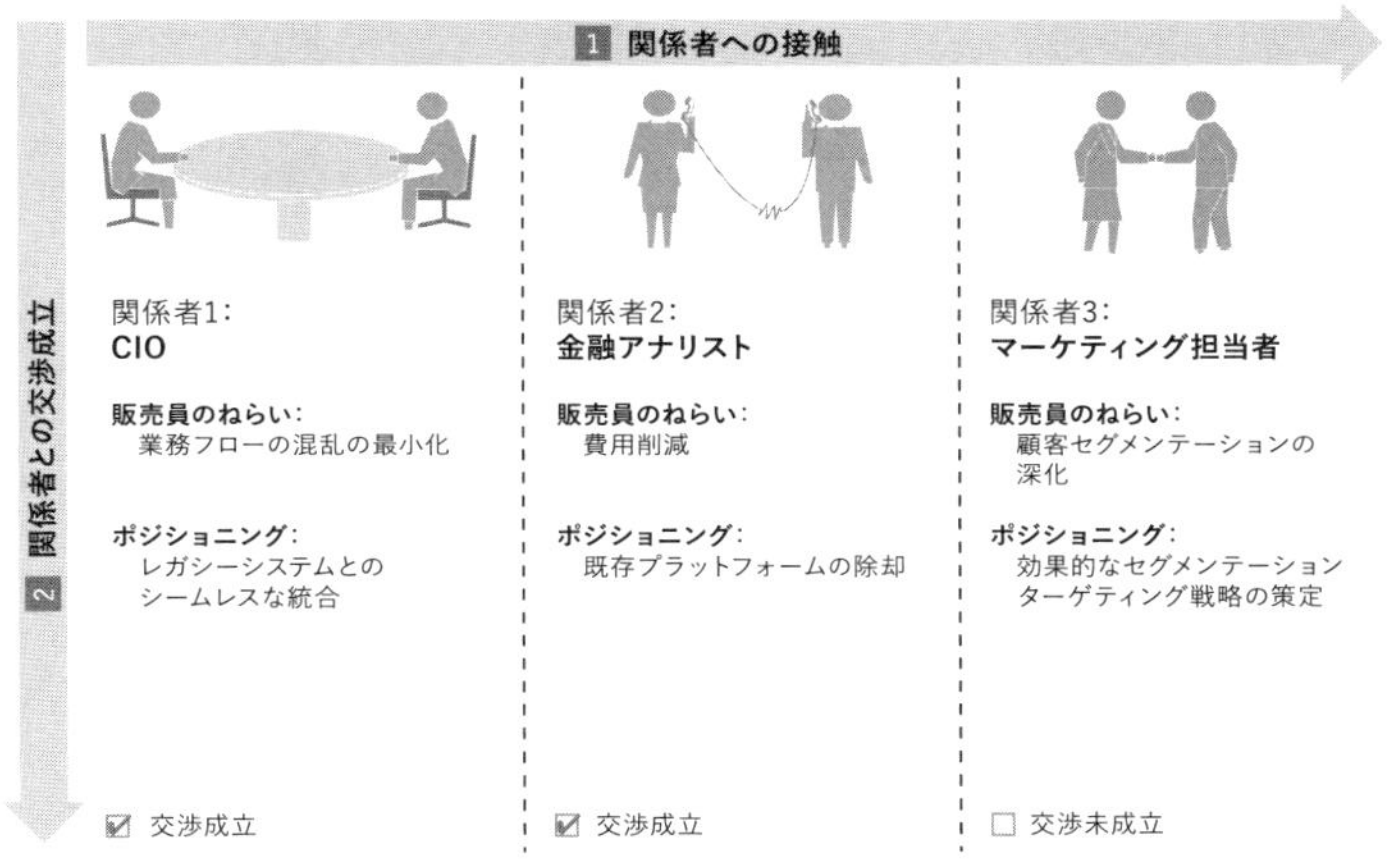

出典:CEBによる分析

図 1.2　一般的な合意形成戦略

の役割がよくわかっていない。

　しかし、誰が関係者かを特定しても、彼らと話す権利を獲得するのはさらに難しい。販売員が過去の経験や既存のコネクションに頼れないからなおさらだ。長い関係がある顧客であっても、それは変わらない。しかも、ターゲットであるその関係者にすれば、自分の直近の関心事をどうにかしてくれそうだと思わないかぎり、そのサプライヤーと話す差し迫った必要などない。

　しかし、関係者にお目通りがかなったとしても、一人ひとりを口説き落とすというさらなる難関が待っている。自社の製品のポジショニングをできるだけ正しく理解してもらい、それぞれの関係者のニーズや優先事項に応えなければならない。おまけに、これを5・4回やらなければならない。彼ら全員を追跡し、全員を説得するのだ。

何も目新しいところなどないではないか、とおっしゃる向きもあるかもしれない。追跡・説得というのはただの優れた販売活動で、それはこの何年も変わらない、と。だが本当に大変なのは、これがもはや一度きりの販売ではなく、連続的な販売であること、そしてそれぞれの販売が少しずつ違っており、各関係者に対して注意深くポジショニングしなければならないということである。たしかに優れた販売ではあるが、それが5・4回もあるのだ！ 関係者一人ひとりを順番にクリアし、彼らの承認を確実にとりつけなければならない。

販売マネジャーが部下たちに確認するのは、この点が中心になっている。「ここまで誰を訪問した？ 首尾はどう？ 受け入れられた？ なぜそう思う？ 次は誰？ どうやって会う？ ポジショニングはどうする？ どんな反応がありそう？ どんな反対を受けそう？ そのあとに残るのは誰？」

こうして販売員は関係者に順次アプローチし、一つひとつコンセンサスを積み重ねていく。われわれがインタビューしたベテラン営業マネジャーは、それをサーカスの皿回しにたとえてみせた。最初の皿を回したら、2番目の皿へ移る。2番目を回したら3番目へ。だがそのうち最初の皿がぐらつきはじめるので、それを再度ケアし、同時に4番目の皿に向かう……。一度に説得できるのは関係者1人だけ。「チェック！」「チェック！」「またチェック！」

だが、「5・4人の世界」に深入りすればするほど、彼らとの会話は難しくなる。よくある（でも痛手が大きい）シナリオを紹介しよう。メーカーに高度な技術ツールを販売している会社の営業責任者の話によると、同社の販売員はほとんどが専門教育を受けたエンジニアである。いままではそれでよかった。訪問相手が顧客組織内のエンジニアだったからだ。しかしこの5年ほど、販売する新しいソリューションの範囲、影響および費用が拡大するにつれて、顧客の財務責任者とも話をしなければ成約がおぼつかなくなった。問題は、販売員がCFOに売り込みをかけた経験がなく、なおかつ彼らを威圧的に感じているため、CFOへのアプローチを完全に回避していることである。あなたの部下の販売員が文字どおり顧客を恐れてアプローチしなかったら、どうするか？　一見ばかげた話に思えるかもしれないが、これは世界中で毎日のように起きている。5・4人の世界に販売員が足を踏み入れたときに起きる現象である。販売員にとってなじみのある「販売の安全地帯」とは比べものにならないスピードで、顧客が必要とする「購買の合意地帯」は拡大するのだ。

同じく、営業と並行したマーケティング活動もうまくいかない。最近のB2Bマーケティングにおける B2P（business to people）マーケティングへの移行は、この同じトレンドに起因している部分がある。たとえB2B購買の世界でも、購入するのは企業ではなくヒトである、という考え方だ。そして、一般的な購買に関わる人の数と種類が急速に増えると、サプライヤーはこれまで以上にそうした人々を理解し、これまでにないほど早く彼らに接触しなければならない。その際のコンテンツやキャンペーンも、彼らならではのニーズや優先事項のそれぞれに応えるものでなければならない。いろいろな意味で、それは「全員を追跡し、全員を説得する」営業戦略のマーケティング版と言える。

すると当然、進歩的なマーケティングチームは、より正確な顧客像を構築したいとの思いを強くし、個々の買い手およびそのニーズを知ろうとする。同時に、ターゲットを絞ったコンテンツづくりに時間とお金をかけ、5・4人のメンバーそれぞれの関心に応えようとする。

しかし、対応すべき範囲があまりに広いため、意欲はあってもすぐ途方に暮れてしまう(チームの構成員もごく少数であることが多い)。一般的な購買プロセスに関わる正しい人たちに、正しい場所とタイミングで、個別のオリジナルコンテンツを届けようとするが、ままならない。それに、この努力がビジネスの成果に直結するという具体的証拠はほとんどなかったりする。だからマーケターは、クリックスルー率の増加や、会社のフェイスブックページの「いいね」の増加といった中間的な指標を使って、時間やお金をかけたことを正当化する。

世界中の営業やマーケティングのリーダーが、販売コストの増加、サイクルタイムの長期化、取引の行き詰まり、取引規模の縮小に不満をもらすのも無理はない。5・4人のそれぞれを追跡し、一人ひとり説得するという戦いは、多大な時間と労力を必要とするだけでなく、絶えず困難がつきまとう。だから世界中の営業リーダーは同じことを考える。ある営業・マーケティング責任者はつらそうにこう言った。「もっといい方法があるはずです。顧客コンセンサスの問題は命取りになります！」

だが、どんな答えがあるというのか？

答えを求めて

こうしたパフォーマンスへの重圧をふまえて、ＣＥＢの営業・マーケティング班は顧客コンセンサスのダイナミクスをかつてないほど詳しく調べることにした。

その中心となったのは、われわれが過去に実施した大量の顧客調査を新しいデータで補完する作業だった。ねらいは集団購買のダイナミクスの解明。そのデータの多くは、一般的なＢ２Ｂ購買になんらかの形で関わる１０００人へのアンケートがもとになっている。カバーする産業と地域は多岐に及んだ。何よりも重視したのは、集団購買行動、業績結果、購買特性、販売員の行動をめぐる複雑な関係に新たな光を当てることだった。

そこから浮かび上がったストーリーは興味深く、一見きわめて意外である。実際、最初の分析では、その結果を信じるべきなのか確信が持てなかったほどだ。数字やデータ、サンプルを再確認したが、結果は動かなかった。最初はその意味するところがよく理解できなかったが、データを詳しく調べるうち（そして対応すべき課題を細かく分析しつづけるうち）、コンセンサスの問題に対する考え方が間違っていたとの結論に達した。営業やマーケティングへの含意《がんい》は莫大だった。

意外な発見

その意味をお伝えするため、まずはわれわれが「質の高い販売」と呼ぶ考え方から説明しよう。これは顧客コンセンサスに関するＣＥＢ調査のバックボーンとなるものである。

考え方はこうだ。サプライヤーがめざすのは単なる商談の成立ではなく、好条件の商談の成立である。したがって、希望どおりに売れず、現状を打開できないことが多いのは事実だが、たとえ成約を勝ち取っても、満足できる条件でないことが多いのも事実である。顧客はたぶん、中途半端な「そこそこ」のソリューションを購入したのだろう。あるいは、価格面で無理を押し通し、サプライヤーの利益率を大きく引き下げたのかもしれない。つまり「成約」と呼べても、内容的には「むなしい勝利」にすぎない。営業リーダーからはそうした発言がしょっちゅう聞かれる。本当の意味で痛手なのは、取引数量の少なさではなく、最終的な取引の質の低さなのだ。

われわれのデータで「質の高い販売」と言うとき、それが意味するのは、顧客が完全に近いソリューションをできるだけ高価格で購入するケースである。CEBの調査では、質の高い販売を以下のように定義した。

①顧客が中途半端なソリューションで手を打たない。

②ベースとなるものより高価な製品・サービスを購入する。

これらの点について、さまざまな調査のさまざまな設問を通じて検証した。

ここで持ち上がる疑問は、「サプライヤーはどうやってその質の高い成約を勝ち取るのか」。しかも、相手は5・4人の関係者である。

多様な関係者へ販売するための戦略について思い出そう。5・4人の世界における伝統的な営業・マーケティング手法は、「全員を追跡し、全員を説得する」だった。その手法に関わる各種の販売活動をわれわれのモデルで処理したところ、いささかショッキングな発見があった（図1・3を参照）。

2つの手法――全員を追跡＝関係者への接触（アクセス）、全員を説得＝個別のポジショニング――のそれぞれについて、質の高い販売可能性との関係を測定したところ、関係者へのアク

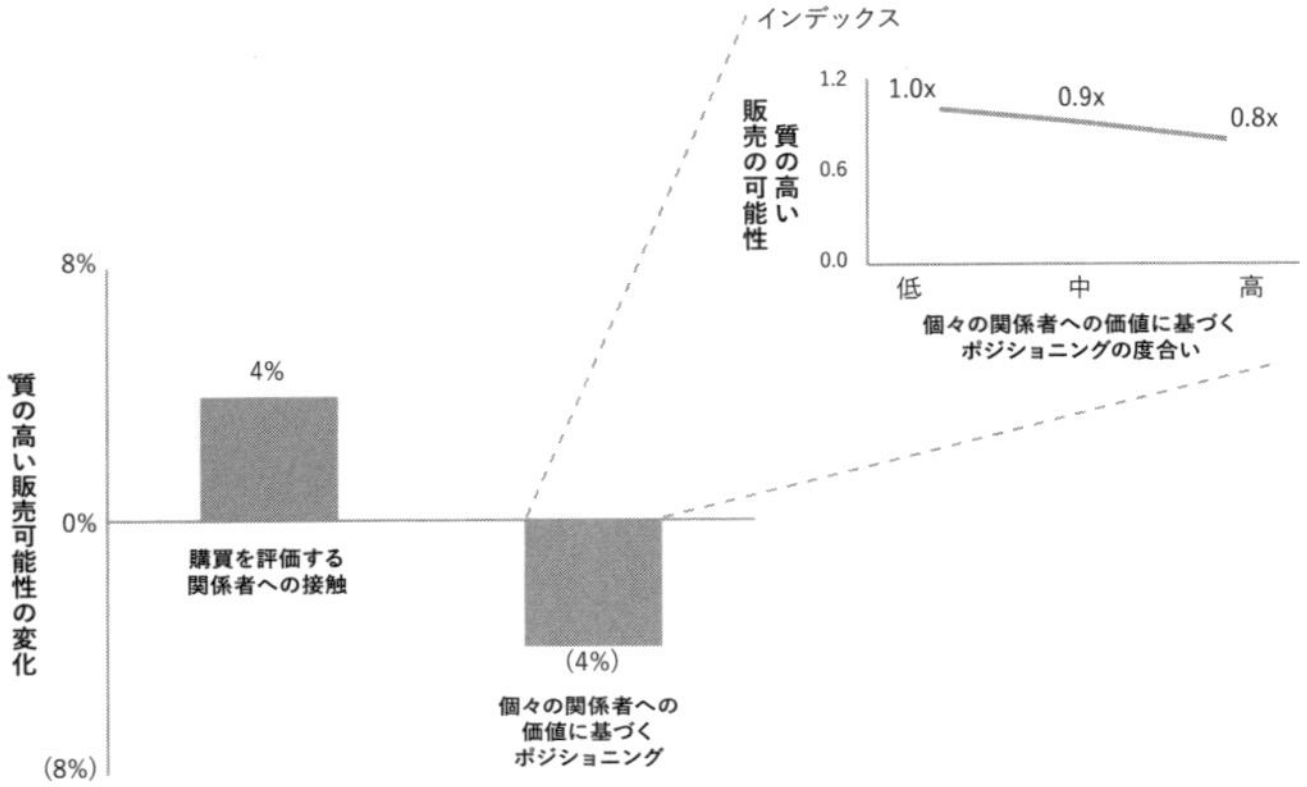

n＝946.

出典：CEBによる分析

※質の高い販売可能性の変化は、サプライヤーとして選ばれる可能性の増減と定義する。
ただし顧客は(1)中途半端なソリューションで手を打たない、
または(2)ベースとなるものより高価な製品・サービスを購入する。

図 1.3　サプライヤーが質の高い取引を勝ち取る可能性に影響を及ぼすドライバーの比較

セスを勝ち取るとその可能性が４％増加するが、各関係者に応じたポジショニングによってその可能性が４％減少することがわかった。

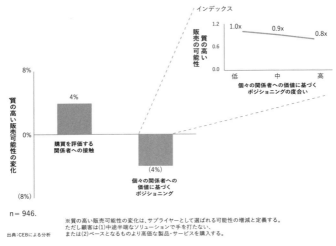

　では、この数字は何を意味するか？　順番に見ていこう。関係者への接触については、こんなふうに解釈できる。５・４人の関係者それぞれへの接触について平均以下のパフォーマンスから平均以上のパフォーマンスへ移行すると、質の高い成約の可能性は４％増加する。

　言い換えれば、接触は重要である。それは取引の質を高めるうえで統計的に有意な影響力を持つ。だが、読者も同じ思いではないかと想像するが、「それだけ？」という印象がある。４％の増加がそれほど重要とは思えない。ちょっとおかしい。

だがもっとおかしいのは、2つ目の手法についてだ。関係者一人ひとりの興味・関心に製品・サービスをできるだけ強く結びつけることで、彼らを順に説得していくというものだ。関係者のニーズに合うようなポジショニングによって、われわれが各人の優先事項や見解に対応し、そのタスク（目標管理、担当プロジェクトなど）に直結する働きができることを強調する。ところが、ここではマイナスの効果が出た。

いったいどういうことか？

要するに、製品・サービスをカスタマイズすればするほど、質の高い契約を結びにくくなるということだ。関係者それぞれに応じた個別化によって取引の質がむしろ下がるというのだから、悩みは深い。個別化によってそもそも回避しようとしていたコモディティ化の罠《わな》に、いっそう深くはまってしまうのだから。

データをさらに深掘りすると、個別化について平均以下のパフォーマンスから平均以上のパフォーマンスへ移行したとき、取引の質全体に対するマイナス効果の可能性が2割アップすることがわかった。換言すれば、個々に応じたポジショニングをすればするほど、取引の質にマイナス効果が及ぶということ。どうも腑《ふ》に落ちない。

実は最初、われわれはこの結果にとても驚いた。あわせて、少なからず不安になった。『チャレンジャー・セールス・モデル』のなかで、優れた販売員の決め手になるのは「指導」「適応」「支配」の能力だと結論づけたのだが、このデータを見ると、「適応」が逆効果に思えるではないか！

何がどうなっているのか知ろうと、いろいろ考えた。それがわかったのは、このストーリーの残りの部分が見えたときだ（それについては次に説明する）。あなたもきっと納得されると思う。いや、それが最初からもっと明らかになっていなかったことに、われわれと同じく驚かれるかもしれない。

だがその前に、『チャレンジャー・セールス・モデル』に関してひとこと。われわれは同書の結論を否定し、勘違いでしたと弁解するつもりはないので、ご安心いただきたい。いずれおわかりいただけると思うが、5・4人の世界では、（効果的な「適応」に満ちた）チャレンジャー的手法がおそらくいままで以上に重要になる。

とはいえ、同時に、誤解がもとで意図せぬ結果を招かないように、「適応」とはどういうことかをもっと正確に説明しなければならないことにも気づかされた。データは明確である。つまり適応の方法を間違うと、取引の質全体に大きなマイナス効果が及ぶ。接触を図り、売り込みをかける——これを5・4回繰り返す従来の営業アプローチは、ビジネスの成長を牽引するには不十分である。だが現在、ほとんどの営業・マーケティング組織はまさしくそういうやり方をしている。一見論理的に思える戦略（失礼！）を追求するために精一杯がんばっている。

では、その実態はどうなのか？　先述のように、この調査は販売行動ではなく購買行動を知るために実施した。もっと言えば、集団購買行動だ。最終的に解明したいのは、サプライヤーがどうすれば個々人に効果的に販売できるかではなく、どうすれば個人の集団に効果的に販売できるか。さらに言えば、多様な集団という点が重要だ。カギを握るのは集団の多様性だというのが、われわれの発見のポイントである。顧客コンセンサスに関するＣＥＢのあらゆる調査のなかで最も重要な発見がひとつあるとしたら、それは個人への販売と多様な個人の集団への販売は同じではないということだ。ただし厳密には、販売が異なるのではなく、購買が異なるのである。

正しい問題を解く

マーケターがコンテンツやメッセージの個別化などのＢ２Ｐマーケティングをめざすのは、結局のところ、購入するのは企業ではなくヒトである、という考え方からきている。その人たちをもっとよく理解し、彼らともっと上手につながらなければ、説得するのは難しいだろう。

しかし、われわれは各種の調査から次のように結論づけるに至った。ビジネスの世界でも、

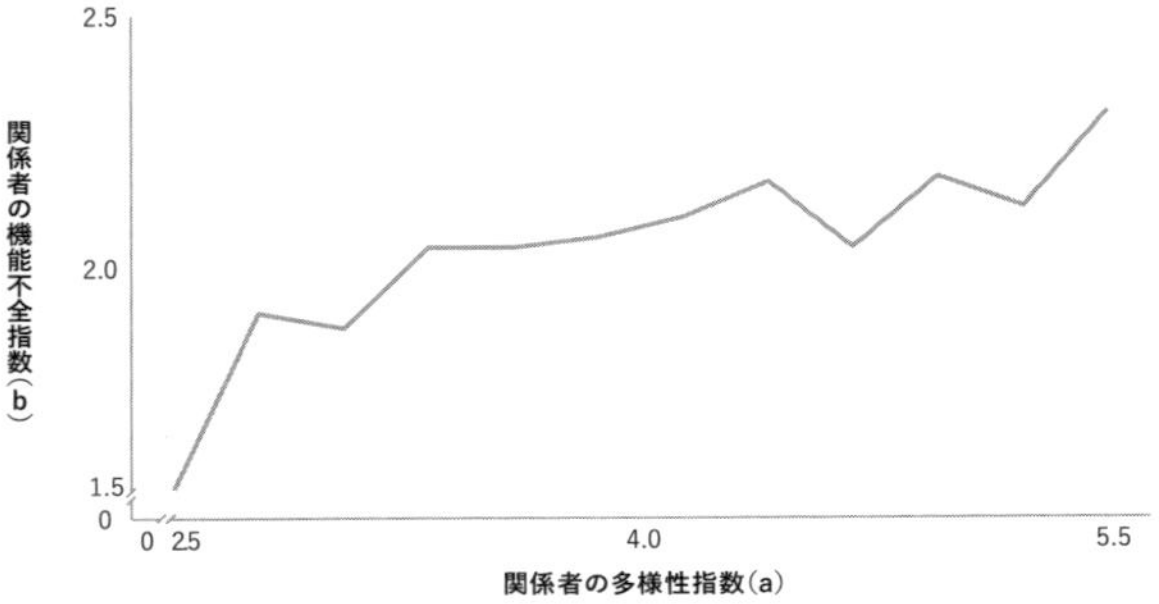

機能不全の構成要素

1 関係者が話し合いのなかで公正な発言の機会をもらえない。

2 関係者が購買に関する最も重要な事項について話し合いを避ける。

3 関係者が購買に関して何度も言い合いをする。

n = 911.

(a) 関係者の多様性指数は以下の変数を含む。さまざまな役割／チーム／地域の関係者の数、関係する部門の総数、関係者の関心事／優先事項／目標の違い。
(b) 関係者の機能不全指数は以下の変数を含む。関係者が話し合いのなかで公正な発言の機会をもらえない、関係者が購買に関する最も重要な事項について話し合いを避ける、関係者が購買に関してあちこちで言い合いをする。

出典：CEBによる分析

図 1.4　集団の多様性が集団の機能不全に及ぼす影響

購入するのは企業ではなくヒトであるというのは正しい考え方だが、今日のＢ２Ｂ環境では、購入するのはヒトではなく、ヒトの集団であるという考え方も同じように正しい。

これらの集団の協働のしかたを理解しないと（つまりは集団レベルを考えず、個人レベルだけで売っていたら）、今日のＢ２Ｂ販売の最も重要なダイナミクスを見失う可能性が高い。そのダイナミクスとは、購買集団を構成する多様な個人を、現状より高次のビジョンを中心にいかに結びつけるかである。

なぜか？　ちゃんとした理由がある。それはデータにも如実に表れている（図１・４を参照）。

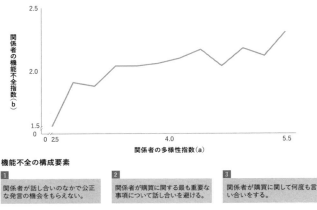

関係者の多様性と、「関係者の機能不全」とわれわれが命名した要素との関係を調べると、両者のあいだには明確な関係があることがわかる。

まずは定義から。関係者の多様性は、購買意思決定に直接関わるさまざまな関係者の役割、部門、チーム、地域、優先事項の幅広さを表す。関係者の機能不全は、購買集団の構成員が重要な側面での協業にどの程度苦労しているかを表す。もっと具体的に言うと、ここでは以下の場合に関係者の機能不全度が上昇する。

①さまざまな関係者が話し合いのなかで公正な発言の機会をもらえない。
②関係者が購買に関する最も重要な事項について話し合いを避ける。
③関係者が購買の細部について何度も激しく言い合いをする。

これらはどれも、アンケート回答者に対して、購買集団の他のメンバーとどのように協業したかを尋ねることで定量的に測定できる。あなたも見覚えがあるはずだ。最近関わった集団購買について思い出したら、ここに挙げたケースの1つか2つは実際に経験しているのではないか（たとえば、顧客関係管理〈CRM〉ソリューションを購入した直近の事例を思い出してみよう）。

では、多様性と機能不全の関係を見てみよう。データは明確である。関係者の多様性が増すと、機能不全も劇的に増す。別の言い方をすれば、サプライヤーの売り先である関係者の多様性が拡大を続けると、そうした多様な個人から成る集団の機能不全レベルも劇的に高まる。

これは大いに理にかなっている。多様性の高い集団がうまく機能しにくいのは当たり前だ。全社から異なる（時に対立する）視点や優先順位を持つ人たちが集まって仕事をしていたら、意見の相違が1つや2つ生じるのは避けられない。個人的な衝突ではなく、おそらくは仕事上の衝突だ。それぞれが自分にとって納得がいく優先事項をめざして働いているからだ。

そんな環境では、集団の話し合いのなかで各人が理解し合うことはまずない。人間はさまざまな種類やレベルのグループエンゲージメント（集団の積極的関与）について、その費用と便益のトレードオフを慎重に検討する傾向がある。「意見を言いたくありませんし、自分の立場を強く主張したくもありません。どうせわかってもらえませんから。労多くして益少なし。ムダです」

あるいは「バカだ、利己的だ、支配的だ、弱気だ、チームプレーヤーじゃないと思われたくないので、発言は控えます」。

他方、押し出しが強すぎる者もいるだろう。気力で、話術で、はたまた数の力で集団を口説き落とそうとするから、周囲の異なる意見を理解できるはずもない。

そうした環境で集団のコンセンサスを得るのは、きわめて難しい。時間がたつにつれて忍耐力が失われ、あきらめが支配する。そんなふうに考えると、集団が何かで合意できるのは奇跡に思える！

とはいえ、それに甘んじる必要はない。顧客コンセンサスを築くという点では、データが一《いち》縷《る》の望みを与えてくれる。多様性と機能不全の相関性が高いというだけでは、両者がつねにつながっているとは言えないからだ。

顧客の多様性はサプライヤーがどうこうできる問題ではないが、顧客の機能不全についてはできることがあるかもしれない。ただし、伝統的な営業・マーケティング戦略では、めでたく解決というわけにはいかないだろう。顧客の機能不全が高まっているなかで、「全員を追跡、全員を説得」式の手法がどう役に立つか想像してみてほしい。機能不全問題の解決を想定した手法ではないから、問題解決には貢献しない。現在の営業・マーケティング戦術は目的がまったく違う。顧客関係者同士をつなぐのではなく、顧客関係者とサプライヤーをつなぐことに重きが置かれている。

サプライヤーの古い販売手法が顧客の新しい問題（購買をめぐる機能不全）の解決にいかに不向きかを明らかにするため、そもそも購買集団が何の合意に苦労しているのかを詳しく見ていこう。結局のところ、顧客が機能不全に陥る原因はサプライヤーとは無関係なので――。

「私」から「私たち」へ

顧客関係者が購買プロセスを前に進めるために通るべき各種ステージについて考えたとき、それはおよそ3つに絞り込むことができる。どれも非常に重要である。

①問題の定義
②ソリューションの特定
③サプライヤーの選定

このうちどのステージでも、顧客関係者が合意に達しない可能性があり、するとものごとが思うように進まない。

たとえば、ある企業が、データに基づく質の高い知見（インサイト）がないせいで、戦略的な意思決定ができないことに気づいたとしよう。どうすればよいか？　まず、何がそもそもの問題かについて意見の一致を見なければならない。データの質か、データの数量か、データ収集か、分析力か？　それとも、必要なデータはすべてあるのに、レガシーシステムのせいで有効活用できていないのか？　いずれにせよ、解決しようとする問題をまず定義しなければならない。

問題の定義で合意できても、今度はどう対処するかが問われる。たとえば、データ分析が問題視されたとしよう。では、どうやってデータ分析力を向上させるか？　高性能の分析ソフトウェアを買うといった比較的単純な方法から、スタッフがデータを新しい切り口で扱うのに必要なツールを提供する、高度な分析に必要なスキルを養成するための教育研修や能力開発に投資するなど、やり方はいろいろある。当然そのなかでも、比較的安いものや革新性の低いものから、高価なものや革新性の高いものまで、数多くの選択肢がある。しかし具体的な行動指針についての合意がなければ、その取引はどこにも行きようがない。

仮に、購買チームの全員が合意できるソリューションが特定されたとしよう。たとえば、新しい分析ツールの購入で意見が一致したとする。次なるステップは、さまざまなベンダーを見て回って、どこがニーズに一番合ったソリューションを提供できるかを判断し、全員が合意できるベンダーを選定することである。

これよりも複雑で入り組んだソリューション購買はざらにあるけれども、この仮事例からは、一般的な購買プロセスの各「意思決定ポイント」の相対的な難しさを知ることができる。

この分析で解明しようとしたのは、あるビジネスサービス企業の幹部の印象深い言葉を借りるなら、「わめき声や歯ぎしり」が社内で最高潮に達し、その取引が最大限の顧客機能不全にさらされるのはどの時点か、である。もっと身もふたもない言い方をするなら、その購買がど

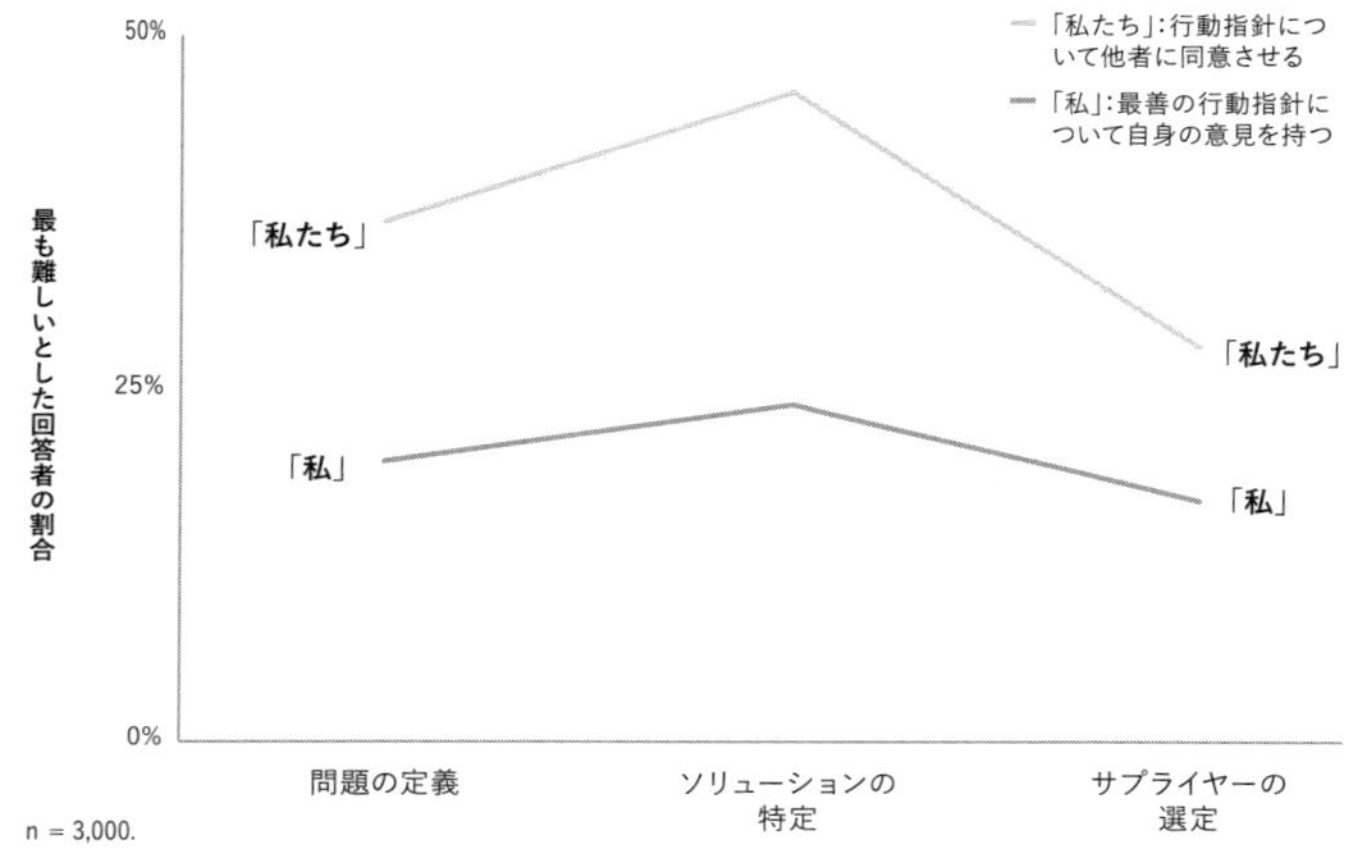

出典：CEB/MotistaのB2Bブランド調査（2013年）、CEBによる分析

図 1.5　各購買ステージにおける意思決定の難しさ

の段階でぽしゃる可能性が高いか――。

それを知るため、B2B購買に関わる顧客関係者3000人に対する調査のなかで、これら3つのステージの相対的難しさを評価した。それぞれ、個人の意思決定（「私」の決定）と集団的合意（「私たち」の決定）の両方を測定した（図1・5を参照）。

分析でまず判明したのは、集団の意思決定のほうが個人の意思決定よりずっと難しいということだ。全体として、3つの意思決定ポイントのそれぞれで、集団（「私たち」）の意思決定が個人（「私」）の意思決定よりかなり難しいことがわかった。この差は定量化できる。平均すると、集団の意思決定は個人の意思決定の倍近く難しい。あなた自身が関わった大型購買について思い出したとき、うなずける点があるのではないか。多様な購買集団に対して、われわれはこれだけの代償を払っている。

しかし、この分析結果でさらに興味深いのは、「私たち」の意思決定の難しさが3つとも同じではないということだ。「ソリューションの特定」がとくに難しいとされている。

つまり、問題があるという点では見解が一致しても、その問題を解決する最善策については意見が相当分かれることが、データから（日常的な体験からも）わかる。これは価値ある情報だ。サプライヤーが顧客コンセンサスの構築に時間と労力を割くとき、最も注力すべき場所は、サプライヤーとは無関係に、顧客が抱える問題に対する具体的ソリューションであるとわかるからだ。

また、分析からは、関係者のあいだで最も意見が分かれにくいのは「サプライヤーの選定」だということもわかる。なぜか？　優先順位の高い明確な問題と、そのためにどうすべきかという行動指針について集団の意見がまとまったら、多くの場合、あとはどのサプライヤーが適切なソリューションを比較的安価に提供できるかを決めればよいからだ（「3分の1問題」を思い出そう！）。

だが、もしそれが事実なら、このデータからはさらに、たいていの販売員やマーケターがいままさにやっていそうなこと（何かをやっているとして）がわかる。伝統的に、すべてのサプライヤーが顧客関係者に合意させたい点がひとつあるとすれば、それは彼らの会社が偉大であるということだ。うちがナンバー1！　お客様がすでにお探しのソリューションを何でも提供いたします！

そのメッセージはこんな具合だろう。「当社は、最先端イノベーションに支えられた革新的ソリューションを提供する世界有数の企業です。お客様中心の姿勢を貫き、さまざまな組織のニーズに応じて、これまでにない、幅広い価値創出の機会をお届けします。おまけに、環境にやさしい企業でもあります」

聞き覚えがないだろうか？　すべてのサプライヤーが顧客に合意してもらいたい点がひとつあるとすれば、これがまさにそうだ！　うちは市場リーダーです。ナンバー1ブランドです。ベストパートナーです。顧客のニーズを満たすだけでなく、ニーズを上回る製品・サービスを提供します！

サプライヤーはみんな、その点にフォーカスする。

だが、それがサプライヤーの合意形成努力の中心だとしたら、3つのポイントのうちひとつにしか対応していないことになる。しかも、そのひとつは顧客が最も合意しにくい項目ではなく、最も合意しにくくない項目である。同時に、紛糾しやすい残る2つのポイントについては、顧客に任せきりになっている。

したがって、購買の意思決定が行き詰まるとしたら、そのタイミングはほとんどのサプライヤーが思っているよりもたいてい早く訪れる。彼らの関心の中心がもっぱら、自社製品・サービスの価値について顧客の意見が一致しているかどうかである場合は、なおさらだ。

営業リーダーは部下の販売員が「早めに入り込む」ことを望むが、このデータからはっきりわかるのは、どうにか早めに入り込めたとして、彼らはその機会を使って、顧客が早めに直面している課題の克服を助ける必要があるということだ。しかも、その課題はサプライヤーの選定とはほぼ関係がなく、どの問題が解決に値するか、問題解決のためにめざすべきソリューションは何かと関係がある。サプライヤーが誰かは関係ない。

この手の不整合がいかに不幸を招くかを、ある医療機器メーカーのCMOの話から感じ取ってもらおう。彼はこのデータを見て、次のような話をしてくれた。かつて、彼の会社の販売相手は外科医だった。議論の中身は、その会社の製品とライバル製品の長所の比較である。どの会社の製品性能が優れているかをめぐる純粋な戦いだった。ところがいまは、同じ病院を訪れると、席に就いているのはもはや外科医だけではない。外科医長、CFO、調達責任者、各種事務員など、多様な購買者たちが顔を並べている。したがって、このきわめて多様な購買集団が話し合うのは、どのサプライヤーの医療機器を買うかではなく、医療機器をそもそも買い足すのか、とか、その資金で新しい駐車場をつくって収入源を増やしてはどうか、などの内容になる。

多様な関係者が集まるとこんなふうになる。視点も違えば優先順位も違うので、機能不全が起こるのも無理はない。だが、どのサプライヤーを選ぶかをめぐる機能不全や対立ならまだしも、ほとんどの場合、それは、そもそもどんな問題に対処するか、どのように対処するかをめぐる対立である。

現実は厳しい。だが、サプライヤーの誤りもここからわかる。ソリューションを買ってもらううえで最大の障害（と思われるもの）を顧客が克服できるようサポートしているつもりでも、実は、顧客コンセンサスを勝ち取るための最大の課題は、サプライヤーのソリューションとはまったく関係ないのである。

さらに厄介なことに、顧客の主なコンセンサス課題は、売り手が登場してくるずっと前に生じている。

37と57のギャップ

ある調査で（『ＤＩＡＭＯＮＤ ハーバード・ビジネス・レビュー』２０１２年12月号「ソリューション営業は終わった」を参照）、ＣＥＢのチームは顧客関係者に一般的なＢ２Ｂ購買プロセスを初め

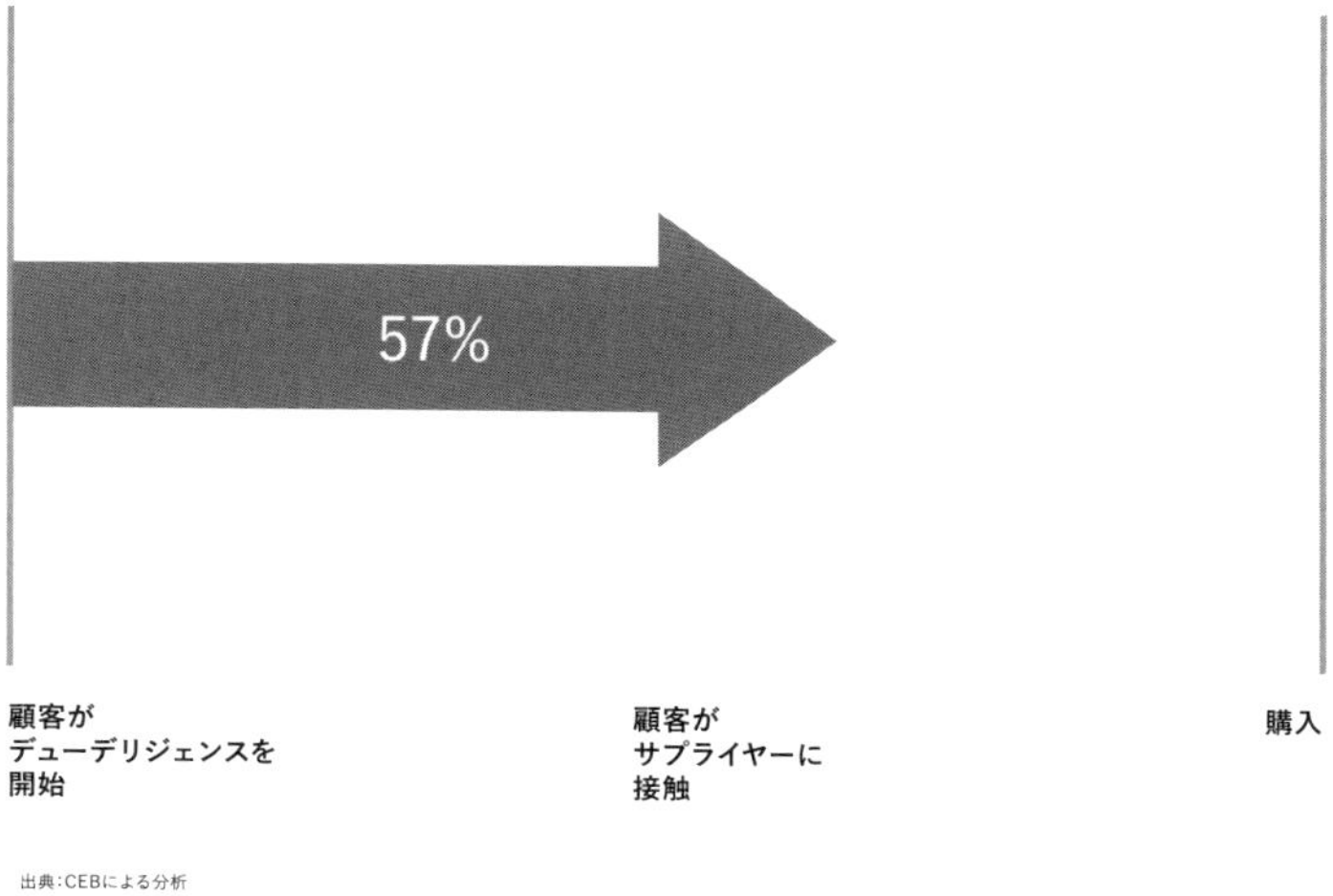

図 1.6　顧客がサプライヤーに接触した時点での購買進捗度

から終わりまでイメージしてもらい、どの時点でサプライヤーの助言を求めることが多いかを教えてもらった。答えは「57％」。サプライヤーの販売員に接触して直接のアドバイスをもらう前に、顧客は平均で購買プロセスの57％まで進んでいる（図1・6を参照）。

複雑なソリューションを扱うサプライヤーの場合、取引が複雑化すればするほど、顧客からの接触も遅くなる。なぜか？　おそらく複雑なソリューションに多額の投資をしようとする顧客は、デューデリジェンスに念を入れ、カリスマ的な販売員に心動かされてしまわないようにしたいからだろう。

さて、この57という数字はサプライヤー

にとって大きな意味を持つ。57％の内部で何が起きているかというと、サプライヤーがいっしょにやろうとしていたことのほとんどを顧客が単独で行っている可能性が高い。ニーズの特定および優先順位づけ、そのニーズを満たすために必要な能力の特定、その能力を提供できるサプライヤーの特定……。各サプライヤーのコストについても顧客はたいてい予備調査を実施している。したがって、サプライヤーが呼び込まれる57％の時点では、価格くらいしか議論すべきテーマは残っていない。ある経営幹部が次のように言ったのが忘れられない。「その57％はＲＦＰ（見積依頼書）行きの列車で、われわれはそれに乗っています」

しかしもっと面倒なのは、その57％という数字を顧客コンセンサスの文脈に置いてみたときである。フォローアップ調査で、顧客の内部対立がピークに達し（「わめき声や歯ぎしり」が最高潮に達し）、取引が空中分解する危険が最大化するのはどの時点かを尋ねたところ、答えは「37％」だった。

集団内の対立は37％の時点でピークに達する。そこは「私」から「私たち」へ至る山の頂上であり、取引が最も瓦解しやすい地点である。そしてご記憶のように、そのピークの中心テーマは「ソリューションの特定」であり、「サプライヤーの選定」ではない。

この2つの数字をいっしょにしたとき、どうなるかを考えてみよう。購買意思決定が37％時点で最も行き詰まりやすく、しかしサプライヤーの販売員は57％時点まで呼ばれないとしたら、そのギャップは非常に現実的かつ厄介な疑問を投げかける。すなわち、顧客が37%ラインを越えて自力で取引を持続させられないなか、サプライヤーはどのくらいの取引を知らないうちに失っているか？　もっとシンプルに言うなら、販売員は勝とうとする前から負けていることがどれくらいあるか？　答えはもちろんわからないが、それでも不安は募る。なぜなら37%から57%までの道筋には、5・4人が合意できなかったために日の目を見ることなくついえた取引の残骸が死屍《しし》累々《るいるい》横たわっているからだ。

　このギャップはサプライヤーにとって重要な意味を持つ。従来、ほとんどの企業は顧客コンセンサスを主に営業の問題と捉え、現場でひとりずつ顧客の合意を獲得するよう販売員に求めてきた。だがデータからは、営業に頼って合意をまとめ上げようとしているかぎり、大事な部分を見失っている可能性が高い。顧客コンセンサスは営業の課題ではなく、経営上の課題である。たしかに、57%をこじ開け、顧客の議論に早めに参加するために販売員ができること、すべきことはいろいろある。だが多くの場合、サプライヤーがマーケティングも用いてコンセンサス問題に早めの対処をしないかぎり、営業部隊がチャンスを切り開く前に取引がついえる可能性が高い。この課題は両方向から同時に攻めなければならない。マーケティングに関しては、キャンペーンやコンテンツの個別化を通じて個々人の共感を得るだけでなく、顧客との断絶可能性を早めに予測し、これを回避する方法を探さなければならない。ここに手をつけないままだと、サプライヤーの利益に大きな痛手が及ぶ。

「最低の共通項」に抗う

あらためてまとめると、サプライヤーにとっての優先課題は自身の販売能力の改善ではなく、「合意できない顧客」への対応である。

理解を助けるため、「メンタルモデル」と呼ばれる考え方を導入してみよう。詳しい検討は後ほどに譲って、ここではシンプルに、個人の世界観の表現をメンタルモデルと考える。3つの円が重なったベン図でこのモデルを表してみる（図1・7を参照）。

異なる部門や地域に属する3人がおり、それぞれのメンタルモデルで各人が各人の目標、優先順位、手段、指標を持っている。

これが機能不全の原因となる。関係者の異なるバックグラウンドそのものが原因なのではなく、その異なるバックグラウンドが異なるメンタルモデルをもたらすという事実が問題なのだ（当然、サプライヤーが5・4人の関係者をターゲットにしなければならないときは、その相違もそれだけ悪化する）。

非常に単純な考え方だが、このように単純なコンセプトを使えば、質の高い取引をめぐって

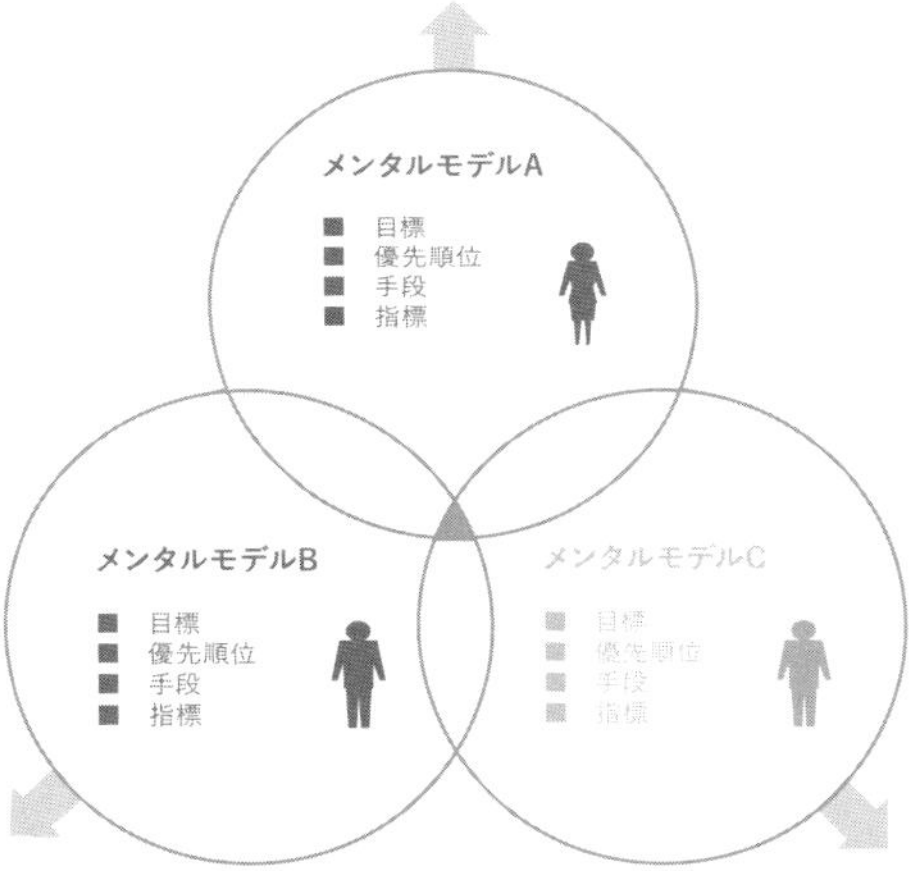

出典：CEBによる分析

図 1.7　関係者のメンタルモデルの相違

幅広い顧客コンセンサスを築く際にサプライヤーが直面する課題をわかりやすく視覚化できる。なぜなら、こうした図を見ると、「われわれが接触すべき関係者のさまざまなメンタルモデルにどの程度重なる部分があるか」がわかるからだ。全関係者のメンタルモデルに共通の合意点は、その重複部分しかない。そこでこそ彼らは交わり、合意する。

そしてもしその重複部分がとても小さければ、その集団はわずかしか合意できない。

関係者めいめいの意思に任せていたら、共通の優先事項や相互理解の土台がほとんど見つからないとき、彼らは最も合意しやすい「最低の共通項」に落ち着いてしまう。たとえば、リスク回避、慎重な行動、混乱の低減、経費削減……。

そのような合意を受け入れたらどうなるかは、どのサプライヤーも重々承知である。機能不全とはこのことだ。われわれはそんなものしか手にできない。

多様な購買集団がいっさい合意できないのではなく、放っておけば合意できる点が少なく、革新的または野心的な合意がめったにできないのだ。

これがサプライヤーにとって意味するのは次のことだ。関係者の多様性が増すと、関係者の機能不全も増す。それはメンタルモデルの重なりの減少によって引き起こされる。

ベン図の中心にある小さな三角形（重複部分）が縮小しつづけると、サプライヤーは当然、現状維持や小規模取引、低利益率を警戒しなければならない。多様な関係者が集まった機能不全集団に残された共通点はそこだけである。

これが「3分の1問題」の中核にある、そしてサプライヤーが日々逃れようともがいている、コモディティ化の罠の正体である。共通のビジョンに合意できず、しかし何かに合意しなければならない本来的な機能不全集団は、共通の土台を見つけるため、（できるだけ）何もしないことに合意しようとするのだ。

この現象はデータにも表れている。機能不全集団はそうでない集団に比べて、高価格製品・サービスを購入する可能性が50％も少ない（図1・8を参照）。

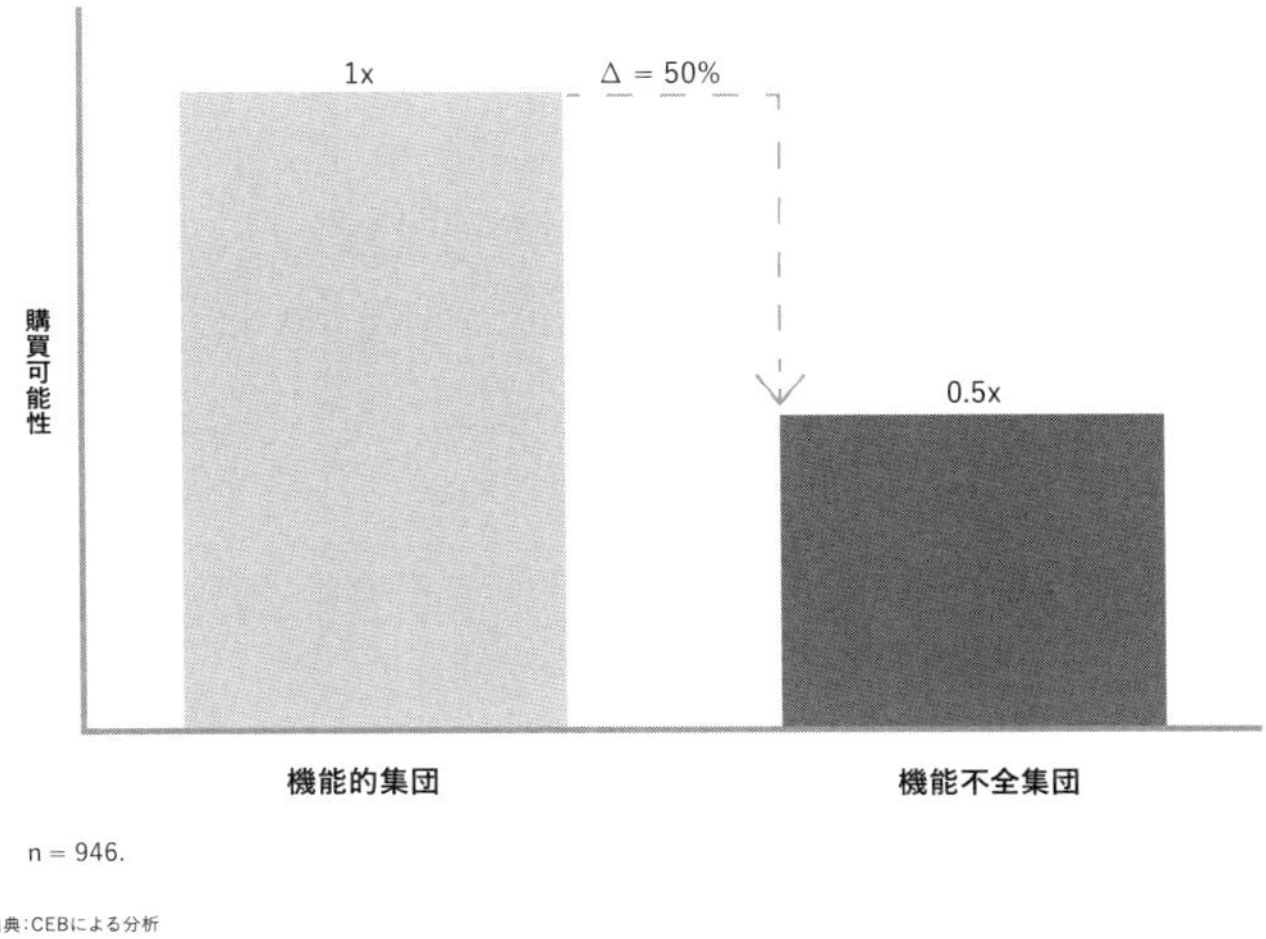

図 1.8　高価格製品・サービスの購入可能性に対する機能不全の影響

顧客コンセンサスを築くためのサプライヤーの一般的アプローチを思い出し、それをここに当てはめてみると、先だっての発見をもっとよく理解できる。

思い出してほしい。「全員を追跡、全員を説得」式のアプローチについて検討したとき、関係者への接触は有効だが、各関係者のニーズに応じた注意深いポジショニングは、少なくとも質の高い販売を勝ち取るうえではむしろ逆効果であることがわかった。意外な発見だった。

だが、先ほど示したようなベン図を使うと、なぜそうなのかがよくわかる。

サプライヤーの提供価値を関係者それぞれの異なるメンタルモデルに合わそうとすると、ごく基本的なことでしかそもそも合意できない集団のバラバラ度を悪化させることにしかならない。そうすると、図1・3の右側の棒グラフがマイナスなのも道理である。結局、サプライヤーの昔からの営業・マーケティング努力は、差異を克服するどころか強化した可能性が高い。相互のつながりを強めるどころか、個人の分離を促したのである。

興味深いのは、こうした発見が、今日の複雑な販売における最ももどかしい現象のひとつを解き明かすことだ。重要と思われる各関係者の支持をどうにかとりつけても、取引が実を結ばないのはなぜか？

この現象はもう日常茶飯事だ。マーケティングの個別化コンテンツにより、見込み客がひとり生まれる。5・4人の最初のひとりだ。営業チームがその人の関心事をふまえてアプローチをかける。そして5・4人を一人ひとり追跡し、全員を説き伏せることに成功する。万事問題なさそうに思える。ところが最後の最後、全関係者が「イエス」と言ったあとに、どういうわけか取引はご破算になる。あるいは、当初の案に比べてはるかに低い価格に縮小されてしまう。販売員は途方に暮れるばかり。「いったいどうなってる？　こちらの意のままだと思ったら、すっかりこぼれ落ちてしまった！」

ある営業リーダーはこう言った。「各人は『イエス』というのに、集団は最終的に『ノー』と言う。ここはそんな世界です。まるで1＋1＋1＝0の世界。ありえません」

メンタルモデルを用いると、それがありえる理由がはっきりわかる。取引がご破算になるひとつの理由は、販売員がそれぞれの関係者を説得するとき、自社の製品・サービスのうち、各人のニーズに直接関わる部分や要素をとくに強調するからだ。なぜ？　そうするよう訓練を受けたからだろう。

でも、その手法が機能不全集団にどう影響するかを考えてみよう。販売員が製品・サービスを個別化しすぎると、5・4人が集まって情報交換したとき、提案されている内容が、自分がサインしようと思っていたものよりずっと大規模、高価、革新的であることに気づく。そして集団としては当然、受け入れ可能なレベルに取引をサイズダウンさせる。

もしサプライヤーがメンタルモデルの違いを克服するために何もせず、意思決定基準の違いを越えた重要なつながりを関係者に理解させられなかったら、その取引はまず間違いなくごみ箱行きか、みんなが賛成できるレベルにまで縮小される。

要するに、サプライヤーが共通点を見いださなければ、顧客が見いだすまでだ。

顧客が合意できるのが「何もしないこと」しかないなら、結局、彼らは何もしないのである。ただし、サプライヤーが敗れたのは、個々の関係者を自分たちに結びつけられなかったからではなく、関係者同士の結びつきが弱いという事実を見逃したからだ。1＋1＋1＝0とは、そういうことである。各人から「イエス」と言われても、顧客全体からは「ノー」と言われてしまう。

では、サプライヤーは顧客全体から「イエス」を引き出せるのか？ もちろんだ。本書はそのためにある。だが、そうやって「私」から「私たち」への橋を架けるには、特別な関係者をターゲットにした具体的戦略が必要になる。

個から全体へ

話をわかりやすくするため、一般的な購買プロセスが3つのフェーズから成ると考えよう（図1・9を参照）。

フェーズ1は「現状」の顧客からスタートする。すると、なんらかの必要性を感じたせいで、あるいはサプライヤーが提供するインサイトを知ったせいで、顧客組織のなかの1人ないし2人が「変わらなきゃ」と思う。実際、需要が生まれるのはフェーズ1からフェーズ2への、この最初の移行時である。ここで、パフォーマンスの高い販売員（「チャレンジャー」）が顧客に優れたインサイトを授け、事業に対する彼らの考え方に異を唱える。このあたりは『チャレンジャー・セールス・モデル』で詳しく解説した。

この最初の移行時には、コンテンツやアプローチをうまく適応させるのが、当該関係者を説

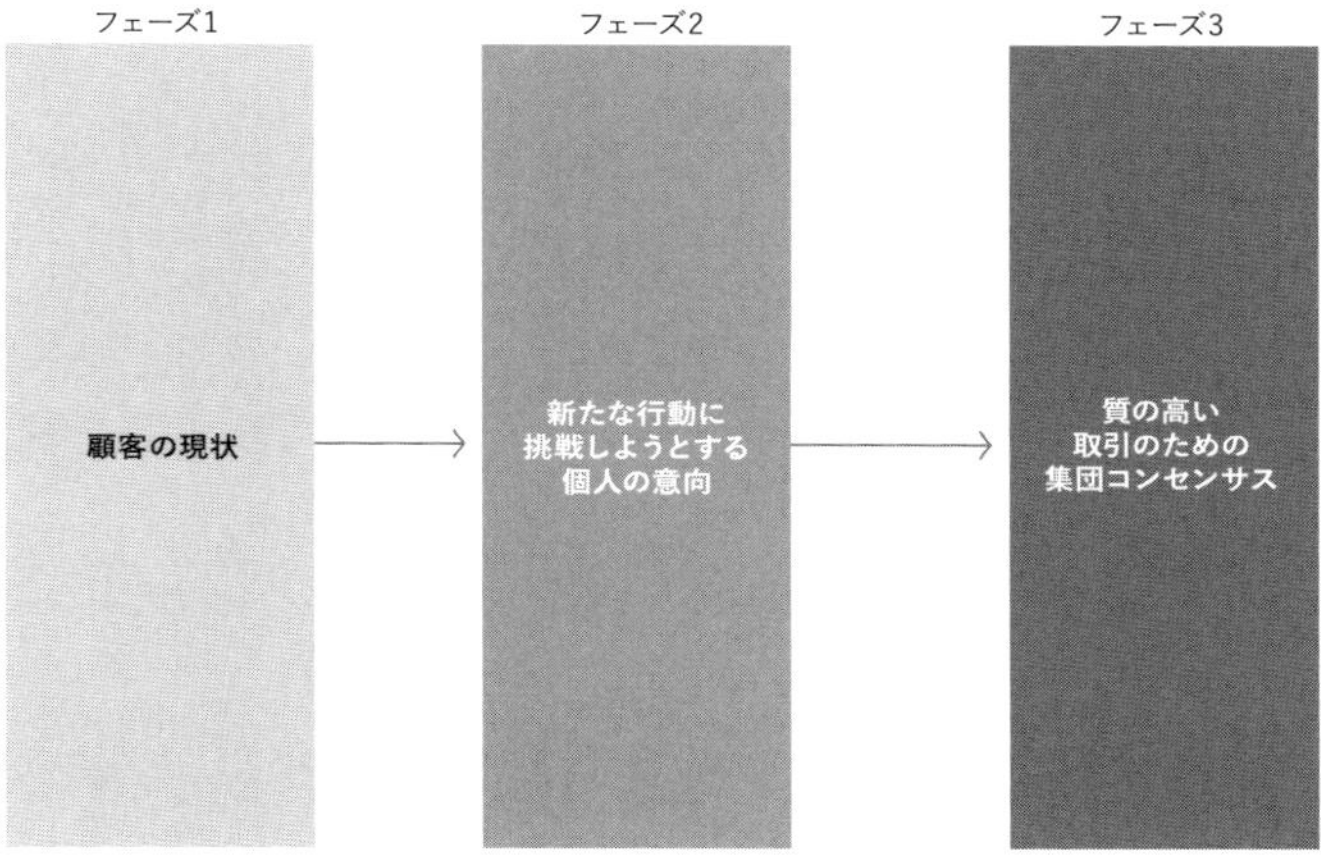

出典:CEBによる分析

図 1.9　購買プロセスの概要イメージ

得するために不可欠である。それがうまくいけば、これらの関係者はフェーズ２「新たな行動に挑戦しようとする個人の意向」へ進む。つまり顧客組織内の誰かが、自分たちには対応すべき明確なニーズがあると気づき、責任を持ってそれをさらにめざす。もちろん、サプライヤーが自分たちに有利な方向へそのビジョンをどの程度アレンジしたかが重要である。

『チャレンジャー・セールス・モデル』はここまでを扱った。フェーズ２では数多くの顧客関係者が、新しいアイデアとそれが会社にもたらす可能性について胸を躍らせる。

しかし、サプライヤーがフェーズ２で個々の賛同を苦労して勝ち取っても、実際の成約まではまだまだ遠い。フェーズ2からフェーズ3への第2の長旅が待っているからだ。ここでは購買決定に関する集団の合意がとれる可能性もあれば、とれない可能性もある。

個人の支持が集団の合意に進化しなければならないのは、この2つ目の移行時である。サプライヤーは先の関係者と協力して、他の4・4人への橋を架け、「私」から「私たち」、個から全体へ移行する。

これは難しい仕事である。なぜなら、他の関係者を巻き込み、説得し、合意させなければならないからだ。調達部門も関与するし、財務の承認も要る。法務のチェックも欠かせない。だから、フェーズ2から3までの距離はフェーズ1から2までよりずっと長い。あるメンバーは「よい取引はここに葬られます」と冗談めかして言った。実際、ここは「ソリューションの墓場」である。

この場所では、販売員の適応戦略も全面的に変化を遂げなければならない。個人の賛同ではなく集団の合意のために適応するのだ。「私」から「私たち」に橋を架け、集団のイエスを獲得しようとすれば、このプロセスのどこかで、サプライヤーは個々の関係者と自社をつなぐのではなく、関係者同士をつなぐようにやり方を変えなければならない。

ただ、顧客の議論や会話の多くは見えない場所で密かに行われ、販売員の影響が直接は及ばないので、そこに影響を与えるのは信じられないほど難しい。

さらに、販売員がいないなら、関係者がその議論に影響を及ぼす必要があるけれども、調査からは、その能力が関係者全員に等しくそなわっているとは言えない。言い換えれば、ある方針を同じように支持したとしても、すべての顧客関係者が残る4・4人を等しく説得できる（説得したがる）とはかぎらない。

花形販売員はここで重要な選択をする。顧客全体からイエスを引き出すのを手伝ってくれる関係者こそ重要度が高いと知っているからだ。顧客組織のなかの適正なパートナーがいなければ、「私」から「私たち」への橋渡しができず、骨抜きにされたような取引しか実現できないだろう。

では、どんな人を選べばよいのか？　次はそれがテーマになる。仮にあなたがマーケティング担当でも、次章は読み飛ばしてもいいと考えないで、引き続きお読みいただきたい。これからご覧いただくストーリーは、会社組織全体——営業スキルとマーケティングスキルの両方——にたいへん重要な意味を持つからだ。

第2章

モビライザー

サプライヤーとして顧客の誰をターゲットにするかは、営業という活動が生まれたときからつきまとう問題である。マーケティングの側からすると、それはまさに仕事のコア、すなわち地域や業界、戦略適合性、顧客行動、心理的属性など、さまざまな切り口による市場セグメンテーションを指す。営業の側からすると、科学的に多少見栄えがしないけれども、一定の販売手法や新しい研修プログラム、はたまた「業界での30年の営業経験」に基づく営業マネジャーからの具体的指導などに、この問題は行き着く。

しかし、営業であれマーケティングであれ、これらのアプローチがはっきり優先していないのは、他の4・4人に橋を架けるために、顧客組織の誰をターゲットにすべきかという系統立った思考である。批判しているわけではない。たんに昔と世界が変わったのだ。販売の世界は変わっていないとしても、少なくとも購買の世界は変化した。利害関係者管理(ステークホルダーマネジメント)に対するコンセンサス志向のアプローチは、ほんの数年前まではそれほど重要視されていなかった。上級意思決定者に頼れば、それで事足りていたからだ。しかし、先に説明した集団購買のダイナミクスのせいで、現代の営業・マーケティング幹部は、5・4人のなかで誰をターゲットにすべきかをもっとはっきり見極め、最もお金になるコンセンサスを促進しなければならない。だが、誰を選べばよいだろう?

結果的に、それはとても興味深い疑問だった。

野心的な調査

CEBの営業・マーケティング班は数年かけて、複雑な販売というテーマをめぐる世界最大級のユニークなデータセットを構築した。この取り組みの一環として4つの調査を行い、「花形販売員はコンセンサスに基づく販売をどのように勝ち取っているのか」との疑問に答えようとした。

4つの調査のうち2つは販売員のパフォーマンスに焦点を当て、残る2つは顧客の購買行動に焦点を当てた。前者2つはまず、40社以上の花形パフォーマーと中核的（平均的）パフォーマー1000人以上からデータを集め、販売員の行動や信条を幅広く調査した。販売員たちには、機会の発掘からプロセスの実行、ステークホルダーエンゲージメントまで、自分のさまざまな考え方や行動を評価してもらった。ねらいは、サプライヤーの優秀な販売員の日常的な振る舞いについて、できるだけ正確な像を描くことだ。調査の眼目は、花形販売員の取引の「実情」。いつものように、主な産業、地域、CEBの市場開拓モデルを広くカバーしている。

重要な点としては、「チャレンジャー」販売員だけを調べて結果が偏らないようにした。多くの企業がチャレンジャーモデルを積極的にめざしているのは知っているが、そこにとどまらず、できるだけ幅広い範囲を対象とし、調査結果が（チャレンジャーアプローチを採用している企業だけでなく）すべての企業や営業リーダーに当てはまるようにしたかった。それでも結果を見ると、花形販売員の行動には「チャレンジャー」的な要素が色濃く反映されているのは確かだろう。

販売員アンケートを回収したあとは、花形パフォーマーに構造化インタビュー（あらかじめ質問事項を決めた面談）を実施して、アンケート調査を補強すると同時に、彼ら独自の行動パターンを直接教えてもらった。この対話は実に興味深いものになった。

また、2つの顧客調査も同時に実施した。第一に、顧客コンセンサスが調査テーマなので、B2B顧客組織内の約600人の関係者にアンケートを実施。目的は、チームによる購買決定がどのようになされるか（誰がどのように関わるか）を突き止めることである。第二に、B2B購買に関わる700人以上の顧客関係者に別途アンケートを行った。こちらは、変革を推進し、組織内に合意を形成するのがもともと上手な関係者がいるのか――それを探るのがねらいである。複雑な購買の経験がない人や、小規模な組織（従業員1000人未満）に勤務する人は対象者から除き、基準をクリアした関係者に、実際の購買体験に関する135問のアンケートに答えてもらった。

以上4つの調査からは大量のデータが得られたため、その整理には時間がかかったが、一歩引いてすべてを一度に眺めれば、花形販売員が実に独特の戦略を用いていることがわかる。たんに合意を見いだすのではなく、合意を築くための戦略である。マーケティングを担当する読者にとっては、質の高い取引からさかのぼって、花形パフォーマーがその取引を勝ち取るために何をしているかを知れば、提供価値の構築から需要創出、メッセージングまで、アップストリームマーケティング（顧客セグメントなど）の取り組みにも大いに参考になる。

新しいハイパフォーマンス戦略

営業の世界には、昨今のＢ２Ｐマーケティングへの移行を映したような表現が昔からある。売る相手は会社ではなくヒトである、と。顧客エンゲージメントが営業・マーケティングの核心なのだ。それはずっと変わらない。結局、顧客と膝を交え、彼らの目を見て、契約を勝ち取ろうとしなければならない。それはアートでもあり、サイエンスでもある。だがいずれにせよ、研修、コーチング、ツールなど、あらゆる素材が結集される夢のような時間——少なくとも、取引を前へ進められる人物と話をしなければならない。

データによると、この会話に関して、花形販売員はまるで違う内容を違う方法で語るだけでなく（この点は「チャレンジャー」もそうである）、まるで違う人と話をしている。言い換えれば、売る相手がヒトというのは真実だが、花形販売員はさらにそのヒトを選んでいる。彼らはどのように売るか、そして誰に売るかを意識している。だが、それが誰なのかを見る前に、かつてはどうだったかをまず確認しておこう。

顧客エンゲージメントへの伝統的アプローチ

多くのサプライヤーが同意しそうなことがひとつあるとすれば、それは、成約を勝ち取るには、どこかの時点で上級意思決定者を探し出し、その人に会わなければならないということだ。したがって、販売員の時間の多くは、その人への接触を認めてくれる人を探すことに費やされる。だが、ソリューション販売が複雑化したいま、そうした伝統的営業の「物理学」はもはや通用しない。

実際、数百社の上級意思決定者（この伝統的手法の中心ターゲット）を調べたところ、彼らがサプライヤーの選択に際して一番気にするのは、そのサプライヤーが顧客組織全体で幅広く支持されているかどうかだった。言い換えれば、上級意思決定者が複雑な取引で最重要視するのは、サプライヤーのソリューションではなく、自社の賛同である。ちょっと考えてみれば、それも道理だとわかる。新しいソリューションに何百万ドルも使って、結果的にみんなに反対された

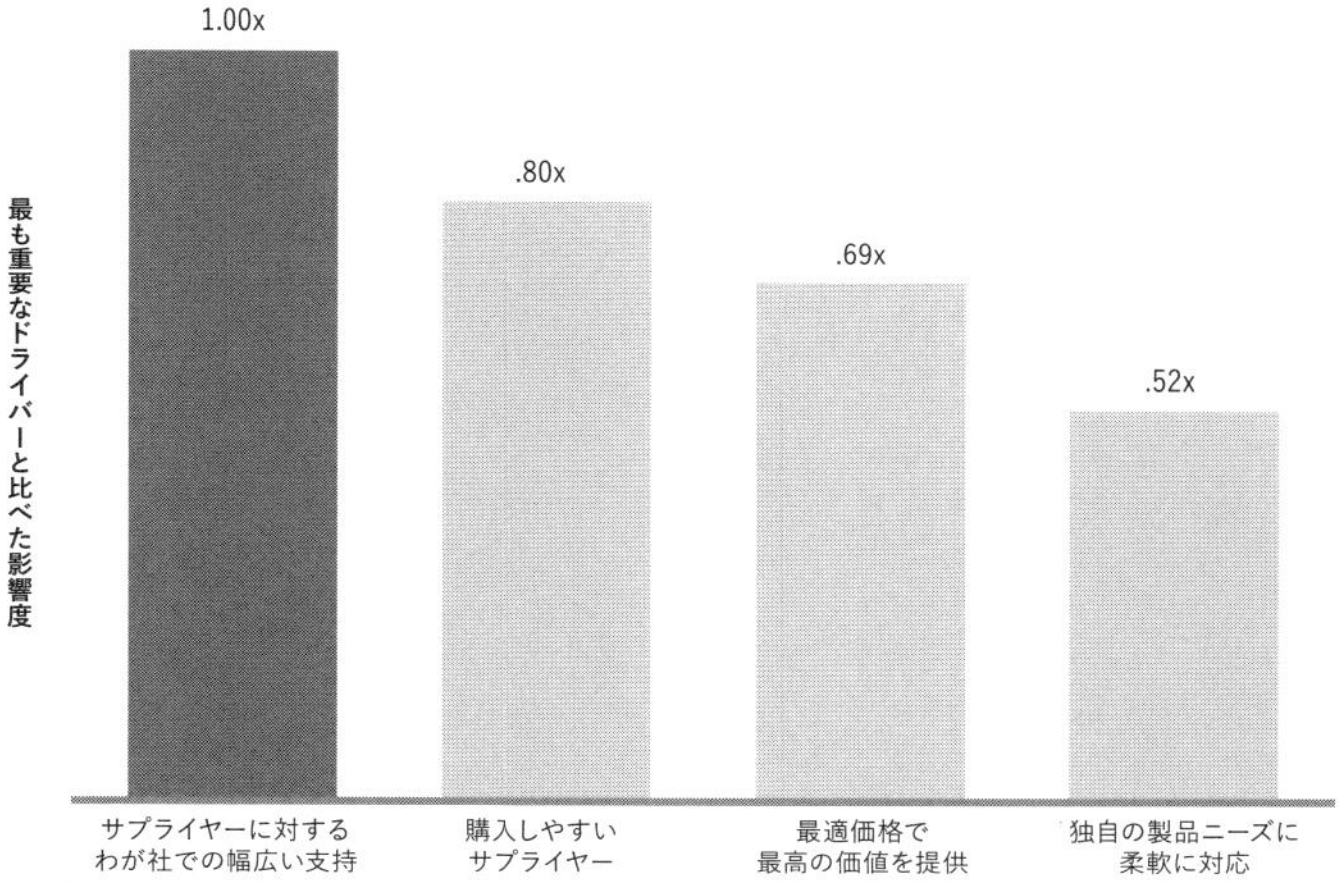

n = 2,400.

出典：CEBによる分析

図 2.1　顧客ロイヤルティのドライバーとしての営業体験

ら目も当てられない。それは災いのもとである。クビも危ない。

　このように、企業が顧客に売るソリューションが複雑化すると、当然、意思決定者は独力で決めることに慎重になる。その結果、販売員が苦労して上級意思決定者と面会し、説得力ある売り込みをかけても、最後はこんなセリフを言われてしまう。

「素晴らしい。ぜひ協力したい！　でもその前に、この人に会ってもらわないと……あと、この人と、この人と、この人と……そうしたら準備はばっちりだよ！」

　このような取引は、最重要とされる人の支持を得ても頓挫する危険性が高い。販売員が賛同者の口利きで重要人物に会い、その人を説きつけて成約と相成るような時代は遠い昔。合意形成の世界にあっては、全員が重要人物だ。いまでも「決裁権限者」や最終的な「意思決定者」はいるかもしれないが、実態はチームベースの購買である。

では、どうするか？　販売員はそれでも誰かに会って話をする必要があるが、いったい誰に？　5・4人のなかで誰をまずターゲットにせよと、販売員に教えればよいか？　多くの企業はいま、どうしているのか？

そこで、世界中の100人を超す販売リーダー、営業責任者、営業研修リーダーに、ステークホルダーマネジメントについて販売員にどう教えているかを尋ねた。すると、理想的な顧客関係者はこういう人だと販売員が教えられる属性はどれも似ていることがわかった。

この理想的な関係者は「賛同者」と呼んでもいいし、「指南役」と呼んでもいい。いずれにせよ、顧客組織のなかで購買意思決定の実情について助言し、そのプロセスの舵《かじ》取りを手伝ってくれる人に働きかけろというのが、その世界の常識である。

たとえば、接触しやすい人。サプライヤーに会って話をするのを厭《いと》わない人が必要である。また、サプライヤーの手に入りにくい貴重な情報を提供してくれる人。たとえば、顧客組織内の政治情勢に関する内部情報や、購買プロセスが実際どのように展開するかという有用な情報を提供できる人が考えられる。それから当然、サプライヤーのソリューションをライバルのソリューションよりも支持する関係者が望ましい。同僚に影響を及ぼし、彼らをこちら側に引き

賛同者／指南役

1. 接触しやすく、話すのを厭わない。

2. サプライヤーの手に入りにくい情報を提供する。

3. サプライヤーのソリューションや製品に賛同。

4. 他者に影響を与えやすい。他者の説得が得意。

5. 真実を話す。

6. 信用できる。同僚から意見を求められる。

7. 新しいアイデアを他の関係者に上手に伝える。

8. 責任を（期待以上に）果たす。

9. 取引から個人的利益を得る。

10. 販売員と他の関係者のネットワークを築く。

出典：CEBによる分析

図 2.2　従来の理想的な関係者像

寄せるのが得意な人なら、なおよい。そのためには他者に信用される人でなければならないし、もちろん、ビジネスケースを明確に説明して買う気を起こさせるだけの説得力も必要である。

また、正直で信頼できる人がいい。サプライヤーや同僚に真実を言う人、責任を最後まで果たすと信頼できる人でなければ、他の優れた特徴が無に帰す。理想的には、この関係者自身にも「一枚嚙《か》んで」もらいたい。自分も利益を得る立場の賛同者であれば、もっと助けになる。そして最後に、販売員と他の関係者のネットワークを築き、最終意思決定者をはじめ、他のインフルエンサーをサプライヤーに紹介してくれる人。

やけに長いリストだ。いっそ最終意思決定者自身に直接かけあったほうが簡単では？　論理的にはそのほうが単純明快に思えるが、その意思決定者が、決定を下すために必要な幅広い支持を得られるよう販売員を送り込んだりすれば、結局は同じことである。

われわれが探しているのは、たんに重役室へ導いてくれる人物ではなく、会社のあらゆる場所でわれわれの主張を述べさせてくれる人物である。だから、属性リストがここまで長くなる。実際、これだけ長いリストが象徴するのは、ここ20～30年のソリューション販売活動を通じてベテランから新人、マネジャーからチームへと綿々と受け継がれてきた一般通念である。そして正直なところ、これらの属性が妥当でないと主張するのは難しい。このすべてに当てはまる顧客関係者を歓迎しないサプライヤーなどいないはずだ。

だが、ひとつだけ問題がある。ＣＥＢのあらゆる調査のあらゆるデータを調べてみても、こうした人は存在しないのである。

もちろん、どんな顧客組織でも幅広い関係者をあたれば、これらの属性をすべて見つけることができるだろう。だが、そのすべてを兼ねそなえた人物はまずいない。

なぜそれが問題か？　「売る相手はヒト」だからだ。売る相手は属性ではない。販売員は、こうしたリストをもとに営業するとき（頭のなかに入れていることもあれば、トレーニングマニュアルに書かれていることもある）、それが別々の特徴を列記したものとは考えず、実在の人物の記述だと考えやすい。その結果、存在しない人を探して膨大な時間を費やしてしまう。

だが当然、平均的販売員はどこかの時点で選択を迫られる。誰かと話をしなければならないからだ。これらの属性をすべてそなえた人は見つからないため、最低でも一部をそなえた人で妥協せざるをえない。

だが、どの属性を優先すればよいか？ ビジネス推進の点で優先すべきものがあるか？ それをどのように見分けたらよいのか？

販売員はそれ以上のアドバイスはもらえず、自身で推測しなければならない。しかし、その選択は容易ではない。この理想的な賛同者を見つけてこいと販売員に命じるのは、網を持たせて森へ放り込み、「一角獣をつかまえてこい」と言うようなものだ。みんなそれなりの創造性を発揮するので、手ぶらで帰ってくる者はほとんどいないが、獲物はせいぜい大きなヤギか、やせたサイ。四つ足で角《つの》があるけれども、同じではない。一角獣も存在しないからだ。

正しい選択をしようと誠意を尽くす平均的販売員だが、結局は間違いを犯し、花形販売員が成約のために頼る人物を通り過ぎてしまう。

顧客関係者の7つのタイプ

数百の顧客組織の関係者700人以上に、135の属性や特性、視点について自己評価してもらい、因子分析という統計技法を使ってデータを分析したところ、関係者のタイプをいくつかに分類することができた。そして最終的に、各タイプの関係者が大規模な購買をめぐる具体的行動を引き起こす力がどの程度あるかを知ることができた。

どういうことか？　簡単に言えば、この分析から2つのことを知りたかった。まず、そもそもどんな顧客がいるのかをデータで理解したかった。先ほどの直感的なリストより信頼できる実像を知ろうとした。第二に、それぞれのタイプの顧客が合意形成や変革推進の能力をどの程度持っているかを理解したかった。

結果は驚くべきものだった。あらゆる計算・分析を終えてわかったのは、一般的なB2B販売において、顧客関係者は7つのタイプに分かれるということだ。「チャレンジャー」調査のときもそうだったが（ここでは販売員が5つのタイプに分かれた）、これら7つのタイプは必ずしも相互排他的ではない。現実には、2つ以上のタイプにまたがるのが自然である。

だがそれでも、データから明らかなのは、サプライヤーとの協業に関しても、自社内での変

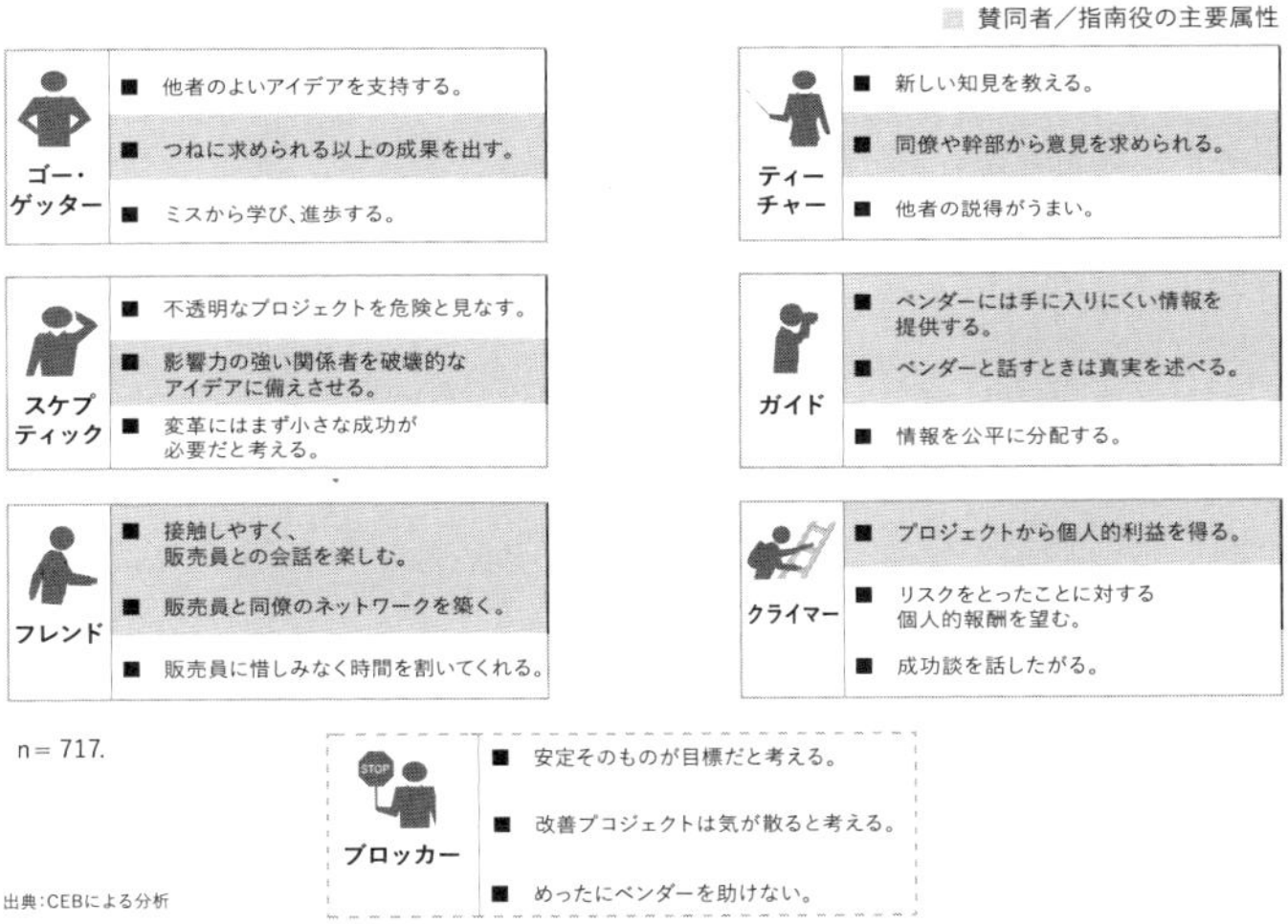

図 2.3　顧客関係者のタイプ（因子分析による）

革推進に関しても、ほとんどの顧客に「主要な態度」がそなわっているということだ。

それぞれのタイプにどんな特徴があるかを簡単に確認しよう。あなた自身の経験からも、各タイプに見覚えがあるかもしれない。あなたなら、そのなかでどのタイプを歓迎し、どのタイプを回避するだろう？

第1のタイプは「ゴー・ゲッター《やり手》」。組織改善一筋の人物である。つねに優れたアイデアを探し求め、見つけたらそれを支援する。出所は問わない。さらに、結果を出す。プロジェクト管理者、実用主義者であり、新しいチャンスをすぐに業務計画、成果物、マイルストーン、成功指標に転換・具現化する。サプライヤーの提案の「なぜ」ではなく、「どのように」を重視する。

次は「スケプティック《懐疑派》」。「ゴー・ゲッター《やり手》」とは対照的に、変革案の「なぜ」に重きを置き、立証責任を強く求める。何にでも抵抗し、「あなたが言う変革は予定どおりに進まない」という前提からスタートする。新しいアイデアやチャンスに対する最初の反応は、「それがここではうまくいかない理由を説明しましょう」だったり、「前回同じようなことをしたときは、時間とコストは2倍かかったのに、成果は予定の半分でした」だったりする。ただ、相手を困らせようというのではなく、複雑な大型プロジェクトに対して慎重で、販売員がアピールする効果について悲観的な見方をしがちなのだ。販売員が嘘つきだと考えているのではなく、自分の会社が変革の成果を100％実現できるとは思っていないから、そんな反応になる。その結果、納得できる材料をたくさん欲しがり、計算ずくで注意深く下準備を行う傾向がある。

第3のタイプは「フレンド《友だち》」。販売員にとって接触しやすく、組織内の他の関係者とのネットワーク構築に尽力してくれる。つねに時間をとって外部の販売員と会ってくれる。職業上の礼儀からにせよ、純粋に人脈を拡大したいとの思いからにせよ、時間をつくって販売員と会うのをまったく厭わない。大半の顧客は販売員のメールや留守電に返事をよこさないが、「フレンド《友だち》」はけっしてそんな思いやりのないまねはしない。

第4は「ティーチャー《教育者》」。アイデアや知見の伝達・共有を旨とする。同僚から助言や意見を絶えず求められる。他者の説得がうまい。類まれな弁舌やコミュニケーションの才があるため、経営幹部のメッセージ作成もよく手伝わされる。顧客組織内の「ブルーオーシャン戦略」（競争のない未開拓市場の開拓を標榜《ひょうぼう》する戦略）信奉者である「ティーチャー《教育者》」は、大胆で意欲的なビジョンを描くのが好きで、他の人々にも自分と同じくらいそこに思い入れを持ってほしい。

次に「ガイド《案内役》」。顧客組織の外にいたら手に入らない情報を提供してくれる。ウリは情報――単純明快である。彼らはその情報（とくに機密情報）を使って、他者からの認識を高める（内情に通じていたら、名刺の肩書よりも上の重要人物と思ってもらえるとのねらい）。噂話が好きで、社内のさまざまな人間の最新動向を教えてくれる。部外者を気まずくさせるような内部情報を伝えることも少なくない。

それから「クライマー《上昇志向》」。個人的な利得をもっぱら重視する。「一枚噛む」タイプの関係者で、自身の認知度アップ、影響力強化または地盤拡大に役立つプロジェクトを積極的に支援する。プロジェクトを支持するのは、もしそれがうまくいったら、自分も成功報酬がもらえると思うからだ。過去の実績や成功談を自慢するのも好きである。

最後に、「反関係者」とも言うべき「ブロッカー《阻害者》」。彼らはもともと変化を避け、現状を擁護する傾向がある。安定や継続を強く望み、変化や混乱をもたらすプロジェクトを積極的に回避（阻止）する。したがってサプライヤーを助けることはまれで、社外ベンダーにわざわざ話しかけたりしない。そうした妨害行為が個人的理由（かつてサプライヤーにひどい目に遭った、レガシーシステムを開発した、など）によるものか、たんに現状維持が好きなのかは関係ない。「ブロッカー《阻害者》」を特定し、対策を講じるのは不可欠だが（本書でも後ほどふれる）、ここでは彼らを除外しておく。根がこのようなタイプなので、販売員が彼らに頼ることはけっしてない。

以上がわれわれの発見した7つのタイプである。あなたの会社の直近の取引をいくつか思い出すと、7つのタイプそれぞれに具体的な名前を当てはめられるのではないか？

しかし、こうした分類法は便利だが、驚くべきは次の点である。図2・2で示した10の理想的属性が、これら7つのタイプにおよそ均等に散らばっているのである。

平均的販売員にとってそれが現実的にどんな意味を持つかを考えてみよう。図2・3で網をかけた主要属性すべてをそなえた人物を探すと、非常に時間がかかる。それらの属性が見つからないのではなく、データによれば、同じ人が全部をそなえているケースはきわめて稀《まれ》だからである（ついでに言えば、5つとか6つでも稀）。いや、必ずしも相互排他的ではないのだから、全部の属性の持ち主に出会うことも厳密には可能ではないか、との主張も成り立つには成り立つが、正直、それは現実的ではない。計算したところ、同じ人が理想的な関係者属性をすべて持ち合わせている確率は1％に満たない（700人中7人未満）。一角獣ほどの珍しさではないにしても、まあ稀は稀だ。

要は、理想的で重要な属性をすべてそなえた一握りの人を探すために、販売員にどれだけの時間を使わせたいかである。幸い、現実世界ではそんなことになっていない。

では、実際はどうなっているか？　ここで話がいよいよおもしろくなる。7つのタイプのうち、平均的販売員と花形販売員はほぼ正反対のタイプをターゲットにしていたのだ。

どういうことか？　まずはちょっと考えてみよう。

7つのタイプをあらためて思い出してほしい。花形パフォーマーがそのうち3つのタイプととくに強い関係を結ぼうとしているとしたら、それはどの3つだと思うか？　次に、平均的パフォーマーも3つのタイプに引き寄せられるとすれば、それはどれだと思うか？　ヒント——重なりはまったくない。「ブロッカー《阻害者》」はどちらもターゲットにしない（先述のように、このタイプは変化を嫌い、販売員が関係を持つのは難しい。あなたが話したいと思っても、向こうが話したがらない）。

モビライザー

販売員データを分析して、以下のことがわかった。われわれが詳しく調べたのは、たとえば、販売員がある顧客関係者を他の関係者より優先するとき、どんな属性を目安にしているかである。「接触しやすい」「予算権限者」「上級幹部の肩書」「情報を共有してくれる」など、関係者の特徴を記した長いリストを販売員に見せ、販売の後押しになる関係者を探すうえでそれぞれがどのくらい重要かを1〜7で評価してもらった。次いで販売員のパフォーマンス水準ごとにその回答を切り分け、花形パフォーマーがどの属性を最重要視しているかを確認した。結果は意外だった。取引を前へ進めるためにどんな関係者に頼るかを決める際、花形パフォーマーは総じて2つのことをとりわけ気にかけていたのである。

花形販売員にとってあまり重要でないのは、上級幹部の肩書、予算権限者、意思決定権限など、多くの人がリストの上位にくるだろうと考える伝統的な属性である。一方、花形販売員が探し求めているのは、①組織全体で変革を推進し、②同僚のあいだで合意を形成することができる顧客関係者である。この2つだけが突出していた。さらに興味深いことに、そうすることを花形販売員に教育した者は誰もいないと思われる。彼らは時間とともに自分自身でそれを把握した。5・4人の世界では、ソリューション取引を成立させるための関係者の価値を予測するうえで、合意を築き、変革を推進する能力が何より重要であることを、意識的にせよ無意識にせよ発見したのだ。

さて、これはきわめて価値の高い発見である。なぜなら、データから見いだした例の7つのタイプに戻り、次のような単純だが重要な問いを発することができるからだ。これら7つのなかで、合意形成と変革推進にとくに秀でているのは誰か——。

それを突き止めるため、7つのタイプそれぞれが「組織的行動」を推進する可能性や能力を注意深く検証した。具体的には、「変革に着手し、複雑な購買や変更をめぐる合意をとりつける可能性・能力」である。

実際的な言い方をするなら、複雑な取引における合意形成能力を測定した。誤解のないよう言っておくと、変革推進や合意形成がどれだけ得意かを単純に訊《き》いたわけではない。どのみち、自分はそれが得意だと思っている人がほとんどだ。そうではなく、状況判断を問う一連のシナリオに対する回答をもとに、各関係者の傾向を指数化し、それを比較・分析した。このシナリオは「典型的」なビジネス状況を象徴するもので、顧客関係者はソリューション購買、組織変革、大規模プロジェクトに関して果たすべき役割を選択肢から選ばなければならない。回答の選択肢は幅広く用意した。たとえば、「自分の利益になるなら変革を支持する」「プロジェクト計画に納得できたら変革を支持する」「現状維持に努め、変化の範囲をできるだけ小さくする」など。回答者は、どの「態度」が自分の関わり方に最も近いかを選択する。これを何度も繰り返して、その人の傾向を判断した。この方法によって、各人が変革を推進する本当の可能性を客観的に測定することができた（「変革推進が得意ですか」と直接的に訊いていたら、全員がイエスと答えていただろう）。

この分析を先の販売員データと突き合せたところ、以下のことがわかった。パフォーマンスの高い販売員は「ゴー・ゲッター《やり手》」「ティーチャー《教育者》」「スケプティック《懐疑派》」との関係づくりを重視

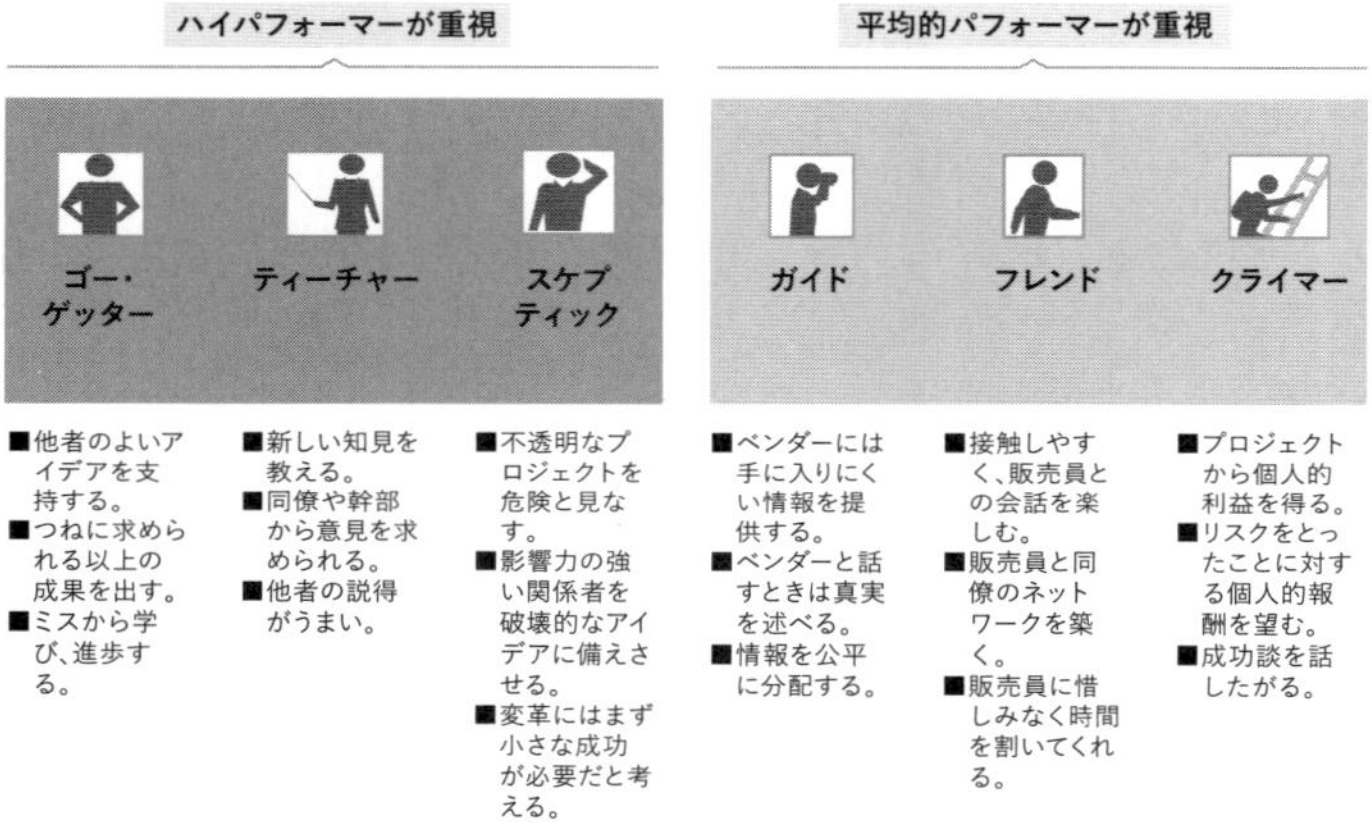

n＝717.

出典：CEBによる分析

図 2.4　販売員が好む顧客関係者タイプ（販売員のパフォーマンス水準別）

し、平均的なパフォーマンスの販売員は「ガイド《案内役》」「フレンド《友だち》」「クライマー《上昇志向》」をターゲットにする――。

売る相手がヒトというのは正しいが、どうやら平均的パフォーマーと花形パフォーマーは同じ人に違う売り方をするのではなく、違う人に違う売り方をするらしい。

このデータを興味深くしているのは、その事実というよりも、なぜそうなのかという理由である。

「ゴー・ゲッター《やり手》」「ティーチャー《教育者》」「スケプティック《懐疑派》」は、合意に基づく変革を推進するのが得意である（図2・5を参照）。「ゴー・ゲッター《やり手》」は目に見える事業成果につながるアイデアを支援しようとするからだし、「ティーチャー《教育者》」は新しいアイデ

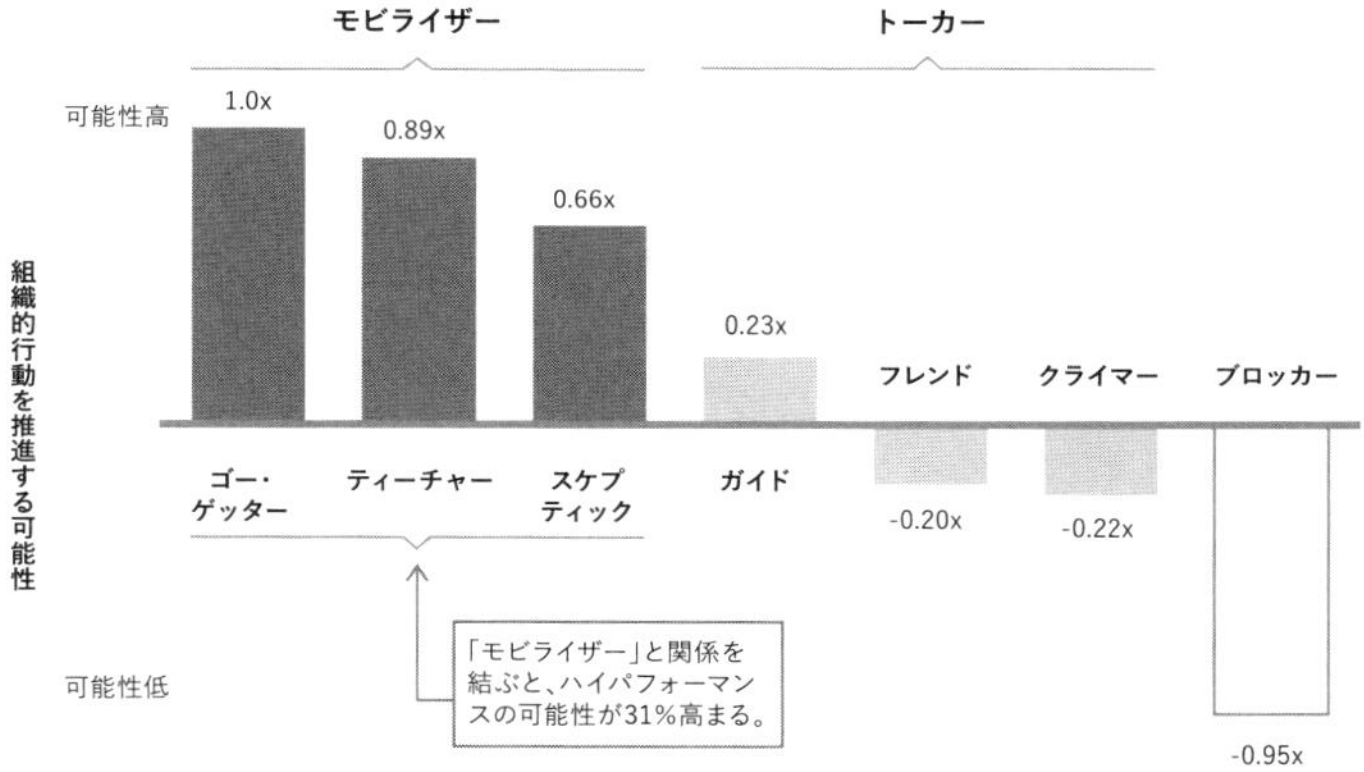

n = 717.

出典：CEBによる分析

図 2.5　組織的行動の推進に及ぼす効果（顧客関係者タイプ別）

アに勢いをつけるビジョンを描けるからだ。また「スケプティック《懐疑派》」は、用心深い性格ではあるものの、よく調べて問題がなければ着実に変革を推進する。

顧客組織のなかでものごとを前へ進めているのは、こうした人たちである。この先、これら3種類の関係者（「ゴー・ゲッター《やり手》」「ティーチャー《教育者》」「スケプティック《懐疑派》」）を「モビライザー（動員者）」と呼ぶ。彼らはまさに組織の各種リソースを動員して行動を喚起し、コンセンサスを築き、変革を後押しする。

一方、平均的パフォーマーがターゲットにする3種類の関係者（「ガイド《案内役》」「フレンド《友だち》」「クライマー《上昇志向》」）は、組織変革への影響力が比較的少ない。話すことには関心があるが、行動することにはさほどでもない。彼らをまとめて「トーカー（話し好き）」と呼ぶ。

「モビライザー」と「トーカー」のこの差は、ある重要な疑問を投げかける。大規模、複雑、破壊的なソリューションを、これら7タイプの関係者がいる企業に売るとき、「モビライザー」と「トーカー」のどちらに話をすればよいか？

実際、花形販売員と平均的販売員がこのフレームワークのどこに位置するかを思い出すと、この発見の重要性がわかってくるだろう。平均的販売員は「トーカー」に売って失敗し、花形販売員は「モビライザー」に売って成功する。それはコンセンサスに基づく販売を勝ち取るカギである。

売る相手がヒトというだけでなく、優れた売り手は正しいヒトに売る。この差は実に大きい。実際、販売員のパフォーマンス分析を思い出すと、モビライザーと関係を結んだ販売員は、そうでない販売員よりもハイパフォーマーになる可能性が31%高かった。

これらのタイプをもう少し詳しく分析すると、その理由がわかる。一角獣を探す平均的パフォーマーを思い出してほしい。ひとりの人間に10の属性すべてを見つけられない彼はどうするか？　簡単なのは、話をしたがる人を見つけることだ。つまり「ガイド《案内役》」か「フレンド《友だち》」を。彼らはオープンで親しみやすく、近づきやすい。それればかりか（「ガイド《案内役》」の場合は）情報も共有してくれる。文句のつけようがない。

だが、目標が会話を楽しむことではなく、成約を勝ち得ることだとすれば、これらの人はあなたを遠くまで連れて行ってはくれない。花形パフォーマーはまったく違う種類の会話を探し求めている。もう一度「モビライザー」を見てみよう。彼らに共通するのは何か？　身もふたもない言い方をすれば、彼らはあなたに話しかけたいとはとくに思っていない。モビライザーが重視するのは、ものごとをなし遂げることだ。会社や自分自身を絶えず駆り立て、違う考え方や動き方をめざす。調査のなかでインタビューしたある花形パフォーマーが、こんな印象深いコメントをした。

「単なる話し相手以上の人が必要です。ビジョンを持ち、コトを起こそうとする人が」

だが平均的な販売員にとって、モビライザーとの会話は必ずしも簡単ではない。いや、不快ですらあるかもしれない。何よりも、売る側のソリューションではなく、会社の課題がおのずと話題の中心になる。したがって「話すパンフレット」として優秀なだけでは物足りない。顧客にとって重要な実際上の問題について、意味ある関わりができなければならない。また、モビライザーと話していると質問攻めに遭うだろう。販売員にそうやって圧力をかけるのは、「ゴー・ゲッター《やり手》」はそうしたいから、「ティーチャー《教育者》」は知りたいから、「スケプティック《懐疑派》」は検証したいからだ。とくに「スケプティック《懐疑派》」はアイデアを一つひとつ分析し、あらゆる角度から調べ上げたうえで、しぶしぶサポートを提供する。

平均的パフォーマーの多くは、そんな会話はごめんこうむりたいと思う。でも花形パフォーマーは、それがあるから毎朝ベッドから起き出すほどである。考え方次第で、それは最悪の会話にもなれば、最良の会話にもなる。疑い深い顧客と新しいアイデアについて正面から論じ合い、その顧客独自の事業課題に即してそれを解体・再構築する――そんな素晴らしい会話を年中交わせるのだ。

そんな会話をしたいのは誰か？　そう、花形販売員である。彼らはそうした「接近戦」を生きがいにしている面があるが、それ以上に、モビライザーの本質を見ている。つまり、この関係者に頼れば有意義な進捗が得られ、最終的に成約を果たせる、と。あるハイパフォーマーはインタビューで次のように述べた。「向こうが懐疑的でなければ、そしてこちらに圧力をかけてこなければ、それは私が何かを間違ったか、それとも向こうがあまり本気でないかです」。平均的パフォーマーはそんなふうに思えるだろうか？

このデータをいったん脇へ置き、ここで何が起きているかを考えてみよう。たぶん、あなたとわれわれが考えているのは同じことだ。自社のベスト販売員（「チャレンジャー」販売員）を考えたとき、彼らがモビライザーに惹《ひ》かれることに不思議はない。なぜならモビライザーは彼らに似ており、いわば顧客組織の「チャレンジャー」だからだ。一方、「関係構築」タイプの販売員（顧客の要求を特定し、これに従うことを重視する販売員。ＣＥＢのデータによれば、最も花形パフォーマーになりにくい)は「トーカー」に惹きつけられる。「トーカー」は顧客組織の「関係構築」タイプなのだ。人当たりがよく、惜しまず時間を割いてくれる。でも、結果的に何も変わらない。平均的販売員はよくわからないから「トーカー」を選ぶのではなく、ラクだから「トーカー」を選ぶ。だが、顧客側の「トーカー」はサプライヤー側の「関係構築」タイプと同じように成約が苦手である。ある営業責任者は次のようにまとめてみせた。「チャレンジャーはチャレンジャーに売り、関係構築タイプは関係構築タイプに売る。それぞれが顧客組織のなかの自分の双子のきょうだいを探して、関係を結びます」。花形販売員はこのようにして、たんに合意を見いだすのではなく、合意を築いている。そもそもコンセンサスを築くのに最も適した人物、「私」から「私たち」への格上げを手助けしてくれる人物をターゲットにしている。

モビライザーのポテンシャルを引き出す3つのカギ

「モビライザー」と、顧客の購買プロセスで彼らが果たす役割を5年近く調査した結果、われわれは次のような結論に達した。サプライヤーはモビライザーの可能性をフルに引き出すため、3つのことを正しく実行しなければならない。

①「モビライザー」に、どこで学べばよいかを「指導」する。
②「モビライザー」への関与のしかたを、それぞれのタイプに「適応」させる。
③「モビライザー」が合意形成プロセスを「支配」できるように導く。

なぜ「指導」「適応」「支配」か?

本書のフレームワーク――「指導」「適応」「支配」――は『チャレンジャー・セールス・モデル』の読者にはなじみ深いだろう。「モビライザー」調査の分析に同じフレームワークを用いるのには、3つ理由がある。

第一に、本書は「チャレンジャー」のいわば「鏡像」である。最初の何ページかでわかるように、本書はソリューションの販売ではなく、ソリューションの購買について述べたものだ。「チャレンジャー」販売員ではなく、顧客のなかの「チャレンジャー」がテーマである。したがって、多くの点で、本書は「チャレンジャー」的アクションに対する顧客のリアクションについて述べている。(サプライヤーの視点ではなく顧客の視点から)同じフレームワークを用いるのは理にかなっている。

第二に、継続的な変更管理の取り組みをサポートできる。「チャレンジャー」モデルに思いきって取り組んだ販売リーダーは、ここまでの変更管理の努力とは無関係な、新しい別のフレームワークを望んでもいないし、必要ともしていない。『チャレンジャー・セールス・モデル』でも述べたように、この新しいアプローチは一朝一夕に導入できるものではない。変更・変革は一筋縄ではいかないし、進捗は（日や週ではなく）月や年の単位で測定される。ほとんどの組織は「チャレンジャー」による最初の変化の波を、まだ消化しきれていない。競合する別のフレームワークを採り入れることは、販売員、マネジャー、マーケター、CSO（最高戦略責任者）、CMOなど、誰のためにもならない。われわれの目標は、ものごとをもっと難しくすることではなく、「チャレンジャー」モデルをめざす組織が新たな「モビライザー」インサイトを導入しやすくすることである。「指導」「適応」「支配」という考え方について、『チャレンジャー・セールス・モデル』のとき以上に詳しく読者にお伝えしたい。すでに同モデルを追求中の企業には、さらなるデータ、分析、視点、助言を提供し、同モデルの効果についてまだ様子見のリーダーには、追加のデータを提供する。その意味では、これは「チャレンジャー2・0」と考えてもらってかまわない。「チャレンジャー」とまったく異なるものではない。

第三に、このフレームワークは道理にかなう。われわれはチームとしてこれを長らく論じてきた。そしてそのたびに、ここで起きているのは「指導」「適応」「支配」にほかならない、という必然的な結論に行き着いた。本書を読めばきっと同意してもらえると思う。

これらの必須原則をひとまずざっと確認しておこう（追って詳しく検討する）。

第一に、「指導」について。『チャレンジャー・セールス・モデル』では「（コマーシャル）インサイト」という考え方を紹介したが、コンセンサスや「モビライザー」について調べるなかで、思わぬインサイトこそが、新世界の「チャレンジャー」モデルの中核に存在するという事実を再確認できた。残念ながら、「チャレンジャー」モデルの実践に際して企業が最も苦労するのもこの点である。インサイトの構築は販売員個人のスキルではなく、組織の能力であると理解できていない（インサイトの生み出し方に関する営業研修が巷《ちまた》にいろいろあるにもかかわらず）のも理由のひとつであるし、思わぬインサイトは「ソートリーダーシップ」（革新的な哲学や考え方で業界をリードすること）と同じだと誤解している（実はこの2つはまったく別物）のも理由のひとつである。

また、直近の調査により、「指導」は販売員だけの仕事ではないことが確信できた。マーケティングも、インサイトの構築、さらにはその展開に関与しなければならない。なぜか？　顧客はいまや自力で学べるからだ。「モビライザー」関係者が学びたいとの気持ちを持っているのは間違いないが、あなたの会社の販売員から学びたいと考えるかどうかはわからない。少なくとも最初の段階では、その保証はない。だからインサイトの種をまいてモビライザーをまずつかまえるのが重要である。ただしそれは、彼らがどこで学ぶ可能性が最も高いかがわかっている場合に限る。もし営業（販売員）から学ばないのなら、マーケティングがどうにかして、しかるべきチャネルにそのコンテンツを仕込まなければならない。

第二に、「指導」の次はモビライザーへの「適応」について。『チャレンジャー・セールス・モデル』でも説明したように「適応」はやはり非常に重要だが、とくに、モビライザー個人を説き伏せるための最初の移行時（図1・9または図2・6を参照）に、その重要性は増す。ここで言う適応とは、あなたが思うモビライザーのタイプに内容を合わせることだ（モビライザーには「ゴー・ゲッター《やり手》」「ティーチャー《教育者》」「スケプティック《懐疑派》」の3タイプがあったことを思い出そう。それぞれのインサイトとの関わり方は少しずつ違う）。だが、それではまだ、第1章で見た事実——個別のポジショニングはむしろ害になりかねない——を説明できない。それどころか、第1章でよくないと言ったことを販売員にわざわざ勧めているかのようではないか。

われわれが学んだのは、個人レベルでの適応はその人を説得するのにきわめて重要だが、質の高い取引を勝ち取るにはまったく不十分だということである。どこかの時点で、個人を説得するための適応から、集団を説得するための適応へ、大きく舵を切らなければならない。集団を説得するための適応には、個人の場合とはまったく違う適応術が必要となる。追って、「支配」について述べる第8章で、個人の説得から集団の説得へ切り替わる第2の移行時に「適

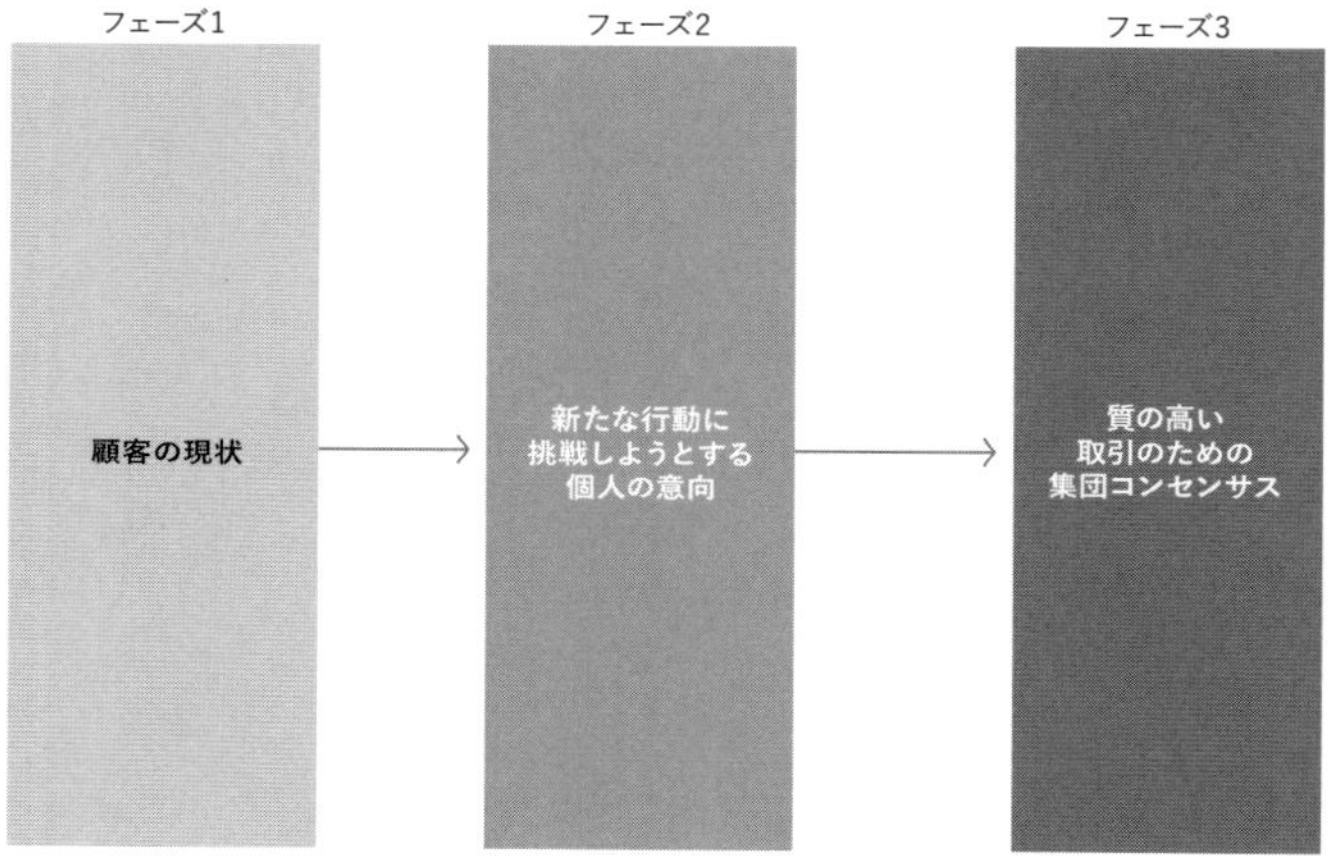

出典：CEBによる分析

図 2.6　購買プロセスの概要イメージ

応」をどうすべきかについて説明する。このフェーズでは、個人の賛同を得るための適応ではなく、組織のコンセンサスを得るための適応が求められる。

この2種類の適応は中身が違う。最初の適応だけして第2の適応を怠れば、モビライザー個人は説得できても、取引の質は低くなってしまう（または取引がまったく成立しない）かもしれない。なぜなら、その関係者とわれわれをつなぐことに成功しても、その人（モビライザー）と残る4・4人をつなぐことに失敗するからだ。

では、どうするか？　われわれがひとつ学んだのは、モビライザーもよくわかっていないかもしれないということだ。モビライズ（動員）の意向があるからモビライズできるとはかぎらない。そこで、こちらが一役買おうというわけだ。合意形成プロセスを実質的に「支配」し、集団を合意に導くのである。幸い、マーケティングも営業も、コンテンツやアプローチの「適応」を通じて合意形成プロセスの「支配」をサポートし、第2の矢印（図2・6）で勝利を得るために、大きな役割を果たすことができる。ここは重要ポイントである。個人の賛同を得てもしょせんお金はもらえない。5・4人が合意して初めてお金をいただける。それは「ソリューションの墓場」から抜け出すためのチケットである。

では次いで、第2の長い矢印の「支配」に移ろう。第1章での議論はここからスタートした。サプライヤーの営業活動の第2の移行時（1人の個人を迎え入れる段階から、集団の合意をとりつける段階への移行時）に何が起きるかという話である。集団の多様性（と、そこから生じる5・4人の機能不全）ゆえ、取引の多くは、たとえ出だしが何もかも正しくても、最終的には「ソリューションの墓場」行きとなる。

なぜそうなってしまうのか？　すでに見たように、それぞれの関係者にはそれぞれのメンタルモデルがあり、その重なり部分は非常に小さいからだ。合意プロセスに臨む際の各人の思惑には違いがある。何が重要か？　何を提案に盛り込んでほしいか？　「勝利」の意味は？　それぞれの裁量に任せていたら、彼らは協力するどころかばらばらになる。個人レベルのみの適応によって生じる（または悪化する）現象であり、結果的に集団はほとんど意思決定ができない状態に陥る。サプライヤーにすれば、最初は複雑かつ長期的で利鞘《りざや》の大きなソリューションだったはずが、利鞘の小さい単純な陳腐化製品が買われておしまいとなる。集団があれこれ言い争ううち、もはや合意できなくなるからだ。

これをどう克服するか？　ここで「集団的学習（コレクティブラーニング）」というコンセプトを詳しく見ておこう。コンセンサスについて調べてきたこの5年間で、われわれを最も大きく啓発した考え方のひとつである。「コレクティブラーニング」は合意プロセスを「支配」するための技法である。具体的にはサプライヤーが、多様な（機能不全を起こしている）購買集団を共通のビジョンにつなぎ止めるフレームワーク——新しい集団的なメンタルモデル——を提供することで、合意形成の促進を手助けする。共通のビジョンとは言い換えれば、集団の関係者全員がまとまることのできる大きな願望である。先述のように、これはわれわれとモビライザーを結びつけるという意味ではなく（われわれと個々の関係者を結びつけるという意味でもなく）、他の4・4人を互いに結びつけるという意味だ。関係者一人ひとりから同意をとりつけ、彼らがひとつの決定でまとまるのを期待するという従来のやり方から、ひとつの共通合意を集団から引き出すやり方へ、営業・マーケティングアプローチを変更することである。

だがモビライザーは、合意形成に欠かせない資産ではあるものの、サプライヤーのソリューションの購入となるとなにがしかの支援を要する。そこで次に、2つ目のコンセプトを紹介したい。それは「支配」にも近いもので、「コマーシャルコーチング」という。つまり、（顧客に売り方をコーチしてもらう従来の方法とは逆に）モビライザーに買い方をコーチするのだ。

準備はいいだろうか？　まずは「指導」という考え方を明らかにしておこう。

第3章

「忘れさせること」の効能

すべてのB2Bサプライヤーに共通する単純な真実がひとつあるとすれば、それは彼らがみんな同じものを売っているということだ。その同じものとは「変化」である。ライバルではなくウチから買ってほしいと顧客を説得する場合であれ、自社でやらずにウチにアウトソースしてほしいと依頼する場合であれ、古いバージョンのままではなく新しいソリューションにアップグレードしてほしいと口説く場合であれ、ほとんどのソリューション販売は顧客に変化を説く作業が中心となる。

だが、それが意味するところを考えてみてほしい。（他に選択肢がない場合は別だが）ほとんどの組織が是が非でも避けたいものは何か？　それは変化である。理由はいろいろある。お金がかかる。リスクがある。混乱する。どうなるかわからない。そう、すべてのサプライヤーが売っているものは、ほとんどの顧客が避けたいものなのだ。だから、ソリューション販売が難しいのも当然である。また当然、現代のサプライヤーの最大の競争相手はライバル企業ではなく、顧客自身の現状維持志向である。

さらに、顧客の合意形成という枠組みのなかで変化を売る必要を考えれば、ソリューションの販売が途方もなく難しくなったことがわかる。1人の購買責任者に「おたくのいまの製品・サービスはいまひとつだ」と納得させるだけでも難しいのに、5・4人の多様な関係者の集団に同じことをどうやってわからせろというのか？　しかも最終的には、（全員とは言わないまでも）一部の人ができるだけ避けたいと考える組織変革が必要になるとしたら？　もし５・４人が何かに合意しやすいとすれば、それはリスクの回避、慎重な行動、混乱の最小化、経費削減である可能性が高い。サプライヤーはどうやって、変化に対するそうした広範囲な抵抗を克服すればよいのか？

モビライザーを動かす

このように考えると、花形販売員がモビライザーをあてにするのも納得がいく。彼らはそもそも、顧客組織のなかで最も変化を受け入れやすい人たちである。斬新なアイデアに飢え、新たな行動を検討するのにやぶさかでなく、おまけに、その新たな視点に対する他者の賛同を勝ち取ることができる。もちろん、モビライザーがサプライヤーを（なかでも特定のサプライヤーを）あてにしているかというと、必ずしもそんなことはない。しかし彼らは少なくとも（時にはしぶしぶであれ）、サプライヤーが何か価値ある情報を持っていそうだと感じたら、そのサプライヤーとの会話を受け入れてはくれる。端的に言うと、花形パフォーマーは自分たちが変化を売っていると認識したうえで、変化を最も厭わないタイプの人間を注意深くターゲットに選び、その人たちを頼りに組織内全体でその変化を推進している。ある営業幹部はそれを「営業の新

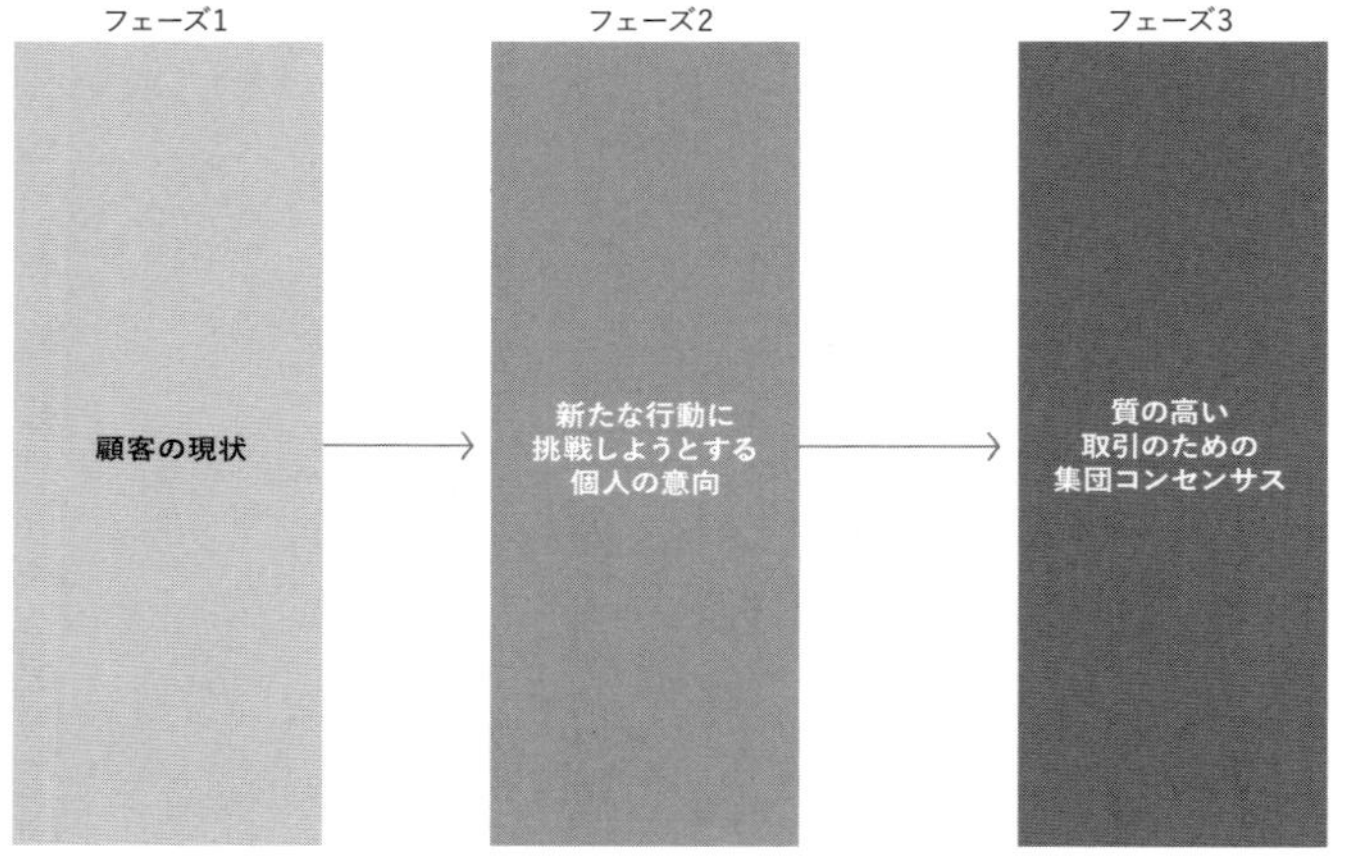

出典：CEBによる分析

図 3.1　購買プロセスの概要イメージ

しい物理学」と呼んだ。いわく、「モビライザーのおかげで慣性を最小限に抑え、最大限の推進力を得ることができます」。

　とはいえ、第1章で紹介した3段階の顧客購買モデルに戻ったとき（図3・1を参照）、その物理学は購買プロセスのさまざまなポイントで、さまざまな方法で展開されることになる。

　フェーズ1からフェーズ2にかけて、サプライヤーはまず顧客組織内の誰かに、変化が必要であることを納得させなければならない。目標はソリューションを買わせることではなく、行動を変えさせることである。変化一般を支持しやすい人がいたからといって、彼らが特定のサプライヤーが勧める変化を支持するとはかぎらない。したがって、サプライヤーのメッセージのつくり方（変化の必要性の訴え方）が大事になる。ある営業責任者は次のように述べた。「仮に私がモビライザーだったとしても、提案されたすべての新しいアイデアを前へ進めるとはかぎりません。文脈や背景がとても大切です」。それは正しい。フェーズ1からフェーズ2への最初の移行時にモビライザーを活性化するには、説得力のあるビジョンと、その変化に価値があるという確かな証拠が必要である。

ただ、これはまだ手始めにすぎない。モビライザーが変化を受け入れても、残る4・4人がそうとはかぎらないからだ。そのモビライザーは、フェーズ2（「私」）とフェーズ3（「私たち」）のあいだに橋を渡すための厳しい戦いを強いられる。そして、その努力をサプライヤーがどうサポートできるかによって、モビライザーが購買集団の残るメンバーに変化の必要性を説得してくれるかどうか、そして説得に成功するかどうかが決まる。

さらに厄介なことに、サプライヤーが関与できない部分が必ずある。CEBの顧客調査によれば、顧客が販売員に接触するのは、一般的な購買プロセスのなかでもずいぶん遅くなっている。57%という数字を先に紹介した。購買プロセスが57%進んだ時点で、顧客は積極的に販売員の意見を求めるのである。この数字ひとつで、3段階のプロセス全体がもっと難しいものになる。なぜなら、57%時点まで販売員が関わらないからといって、そこまでに何も起こらないわけではないからだ。顧客はその間、自分自身で判断を下す。

売り手にとって、購買プロセスのもっと早い段階でのアクセスを取り戻す方法はいろいろある（そのなかのひとつ「ソーシャルセリング」については後ほど検討する）。サプライヤーの観点からは、少なくとも、57％という数字によって次のことがわかる。モビライザーの特定や動機づけを可能にするのは、販売員による対面接触ではなく、顧客ともっと早い段階でつながるための幅広いマーケティングチャネルである——。営業とマーケティングが密に協力しないかぎり、サプライヤーがこの変革プロセスに思いどおり影響を及ぼすことはできないだろう。

だがまず、顧客が販売員との接触をなるべく遅らせようとするのはなぜか、その理由を考えてみよう。答えはシンプルだが示唆に富む。つまり、遅らせることができるから遅らせるのだ。われわれはあらゆる調査研究に基づいて、顧客とサプライヤーの関係をめぐる一種の「ゴールデンルール」にたどり着いた。

顧客は放っておけば、サプライヤーへの関与をできるだけ遅らせようとする。

言い換えれば、顧客が57％時点までサプライヤーに接触しない理由は、サプライヤーと話しても得るものがないと考えているからだ。販売員と話さなくても、そのサプライヤーのウェブサイトへ行けば、少なくとも必要な情報は手に入る。「もしサプライヤーに接触したら、彼らは自分たちの製品・サービスについて長々としゃべり、ありきたりの質問をたくさんするだけだろう。売らんかなの偏った情報だし、うちのビジネスの助けにはならない……」と顧客は考える。この時代、そんな情報はインターネットで入手できるから、サプライヤーと直接話すのは時間のムダに感じられる。現実問題、本書の読者の多くは生活のために営業している。すると、自分に売り込みをかけてきた相手に対しても、まったく同じように感じるのだ。本当に必要だと感じないかぎり、販売員と話そうとは思わない。

そこで「指導」の出番となる。顧客、とくにモビライザーに、販売員と話さなくてはならないと感じさせるのだ。

「指導」を展開すべき文脈や背景はいささか複雑だが、いまはそれを具体的に理解しやすくなった。現代のサプライヤーの「指導」は、次のようなものでなければならない。

①モビライザーの注意を惹きつける。
②行動変革を支持したいと彼らに思わせる。
③共通のビジョンのもと、他の4・4人の支持を集めさせる。
④そのビジョンをきっかけに、顧客にサプライヤー独自のソリューションを想起させる。

なかなか高いハードルだ。この特別なコンテンツには名前がある。それが「コマーシャルインサイト」だ。コマーシャルインサイトが強力なのは、例の購買プロセスの3段階すべてを通じて、いつでも顧客の購買行動に影響を及ぼすことができるからだ。そのような「指導」はコマーシャルインサイトしか見つかっていない。顧客関係者にモビライザーになってもらう場合も、そんなモビライザーを導いて、変化に消極的な他の4・4人を説得させる場合も、力を発揮するのはコマーシャルインサイトである。そのねらいは、顧客のいまの考え方（何も考えていない場合を含む）を変えることだ。サプライヤーがことごとく変化を売る時代には、そうした影響力を持つコンテンツを生み出すことがきわめて重要になる。

だが、コマーシャルインサイトが顧客の購買プロセス全般に対して幅広い影響力を持つためには、正しい「設計原則」に従う必要がある。サプライヤーが生み出すコンテンツのうち、その種の行動改革を促そうとするものは、ほんのわずかしかない。設計原則のなかでも重要なのは、「効果的なコマーシャルインサイトの目的は、教えること（teaching）ではなく、忘れさせること（unteaching）だ」という考え方である。

教えるよりも忘れさせる

顧客の注意を引こうとしたら、当然、サプライヤーのコンテンツは何かしら価値あることを言わなければならない。だが顧客の行動変革を促すために、いったい何を言うべきか？　どんなコンテンツにそれができるだろう?

それを解明するため、CEBのチームは数百人の顧客関係者に大規模なアンケートを実施した。すべてB2B購買の関係者で、主な産業、地域、市場開拓モデルを広くカバーしている。

もっと正確に言えば、顧客の現在の考え方(現状維持であれ、特定の行動指針であれ)に大きな影響を及ぼす「コンテンツ属性」を、データで明らかにしたかった。言い換えれば、次のような問いかけをした。「どんなサプライヤーコンテンツが、顧客の『私』から『私たち』への道筋に影響を与えるか」

ただ、「どんな情報に心動かされますか」と顧客に訊くだけではダメだ。彼らはたぶんわかっていないし、わかっていても認めないだろう。そこでまず、複雑なソリューションの最近の購買事例を思い出してもらい、購買プロセスの方向性がどの程度変わったかを1〜7のスケールで評価してもらった。

またそれとは別に、顧客が購買プロセスの一環として消費するコンテンツのさまざまな側面(「読みやすさ」「妥当性」「データの質」「信頼性」など)にどれだけ価値を置くかを評価してもらった。

これら2種類の質問を組み合わせて、それぞれの要素が顧客の購買方向性を変えるうえで及ぼす影響を、統計的に明らかにできた。結果は興味深いものだった(図3・2を参照)。

何が重要かを見る前に、何が重要でないかを見ておこう。検証したコンテンツ属性のうち、

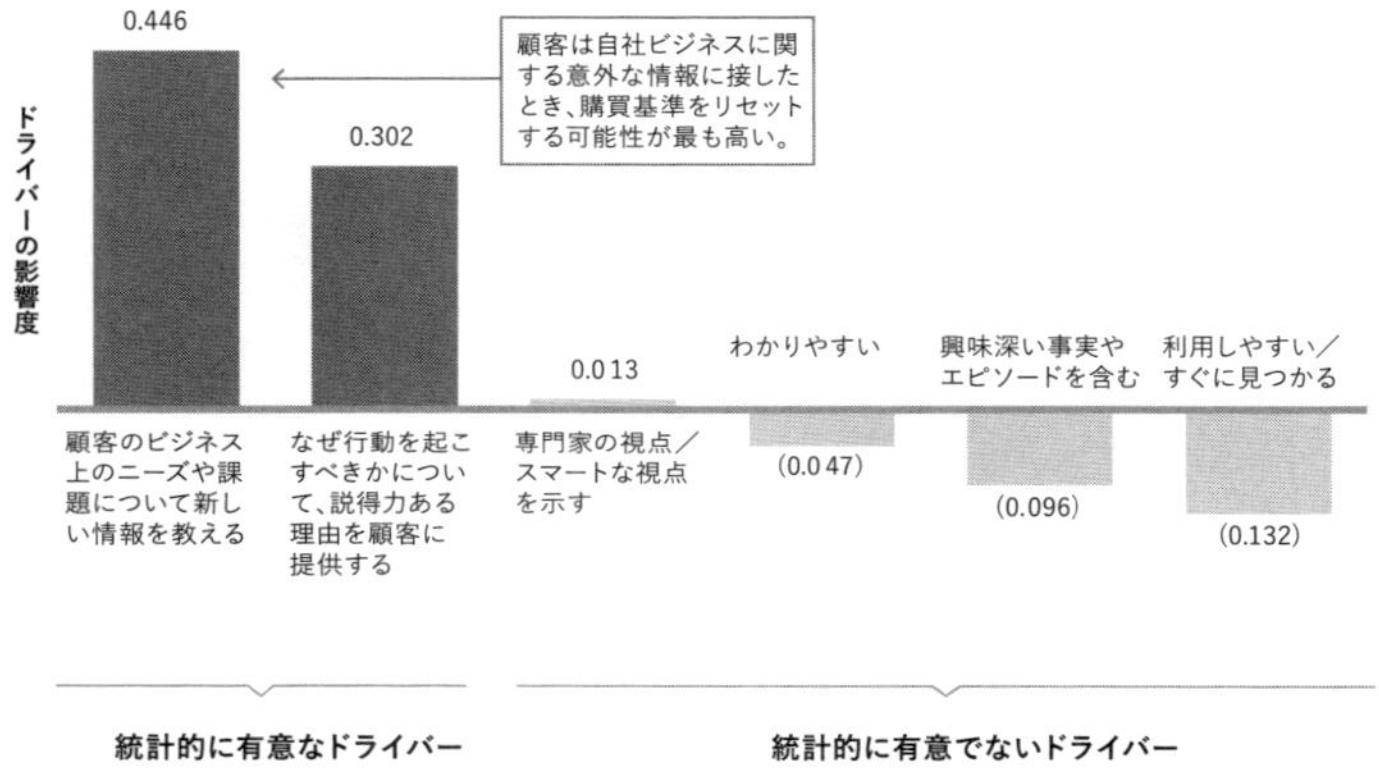

n = 545.

出典：CEBによる分析

図 3.2　顧客の方向性を変えるドライバー

統計的に有意だったのは2つだけである。それ以外はすべて、顧客の購買方向性を変えるうえで統計的に有意な影響をまったく及ぼさなかった。

たとえば、コンテンツが「利用しやすい／すぐに見つかる」という事実は、顧客が考え方を変える可能性とは無関係である。コンテンツが「興味深い事実やエピソードを含む」かどうか、「わかりやすい」かどうかも、やはり関係がない。

多くの点でそれは理解できる。コンテンツがすぐに見つかるとか、うまく書かれているとかの理由だけで、顧客が方針を変更するとは思えない。

だが、同じように有意でない属性のなかでも、かなり意外なものがひとつあった。

「専門家の視点／スマートな視点を示す」というドライバー（要因）だ。

多くのサプライヤーにとって、この結果はたいへん興味深い。その属性は、世界中のほとんどのB2Bマーケターの戦略を映しているからだ。質が低く、妥当性のないコンテンツがあふれた世の中では、質の高いコンテンツを提供してこそ頭角を現すことができる、と多くのマーケターは考える。それはつまり、自分たちを業界の「ソートリーダー」と位置づける、独自のスマートな視点を表現することでもある。コンテンツのみならずサプライヤーの能力をも差別化するには、ソートリーダーシップが欠かせないという考え方だ。質の高いソートリーダーシップを生み出す企業は、質の高いソリューションも提供できる。そこから信頼・信用が生まれ、顧客には「私たちはこの世界を熟知しています」「意思決定の前に私たちにご一報を」というメッセージが届く――。

実際、この5年間ほど、コンテンツマーケティングやマーケティングオートメーション技術の台頭に押されて、マーケターは多大なリソース（時間や資金）をソートリーダーシップのために投じてきた。それはまさに前記のような理由からだ。多くのCMOがわれわれに次のように語った。ライバルがひしめく市場では、油断するとすぐ陳腐化してしまう。そこで頭角を現すための戦略がソートリーダーシップである、と。

だが、もしそうなら、このデータは少々厄介だ。その戦略は顧客の購買行動を変えるうえで、統計的に有意な影響を及ぼさないのだから。とりわけ、サプライヤーの敵が顧客の現状維持である世界にあっては、控えめに言っても、それは気がかりな結果である。

では、顧客の購買行動の変化に対して、統計的に有意な影響力を持つ属性は何か？　分析からわかったのは、たった２つのドライバーだ。

①顧客のビジネスについて新しい魅力的な情報を教える。

②なぜ行動を起こすべきかについて、説得力ある理由を顧客に提供する。

言い換えれば顧客は、世界全般ではなく、彼ら自身のビジネスに関する意外な情報に接したとき、現在の針路を考え直したり、従来の購買基準をリセットしたりする可能性が最も高い。もっと具体的には、行動を起こすことのメリットだけでなく、行動を起こさないことのコストについて説明した情報が効果的である。

この種のコンテンツを、われわれは「インサイト」と名づけるようになった（「コマーシャル」部分については、また後ほど）。販売員との会話を通じて提供されるにせよ、その他のコンテンツチャネルを通じて提供されるにせよ、インサイトは次の事実を顧客に対して実証することを目的としている。いくら学習し、専門知識を持っていても、あなたは自社のビジネスパフォーマンスにとってきわめて重要な何かを見逃している——。それはたとえば、収益増、経費削減、リスク低減、新市場参入の新しい方法だったりする。いずれも顧客単独では発見できないような情報がもとになっている。

換言すれば、インサイトはたんに顧客が思いもしなかった新しい知見を教えるのではなく、顧客がすでに持っている情報を忘れさせるのもねらいのひとつである。

ここまでインサイトについて述べてきた。この概念は『チャレンジャー・セールス・モデル』でも最初から中心的役割を担っていた。その間、われわれはこの言葉をできるかぎり正確に定義するよう留意してきたが、全世界の企業と仕事をするなかで、何がインサイトかにとどまらず、何がインサイトでないかも慎重に定義する必要があることを知った。

インサイトはソートリーダーシップにあらず

「インサイト」という言葉はいま、「偽陽性」問題に直面している。インサイトと謳《うた》われるものの多くが、もっと広範で、おそらくはもっと価値の低い「ソートリーダーシップ」のカテゴリーに属している。では、インサイトの意味をめぐって明確な境界線が引けるのかどうかを見ていこう（図3・3を参照）。

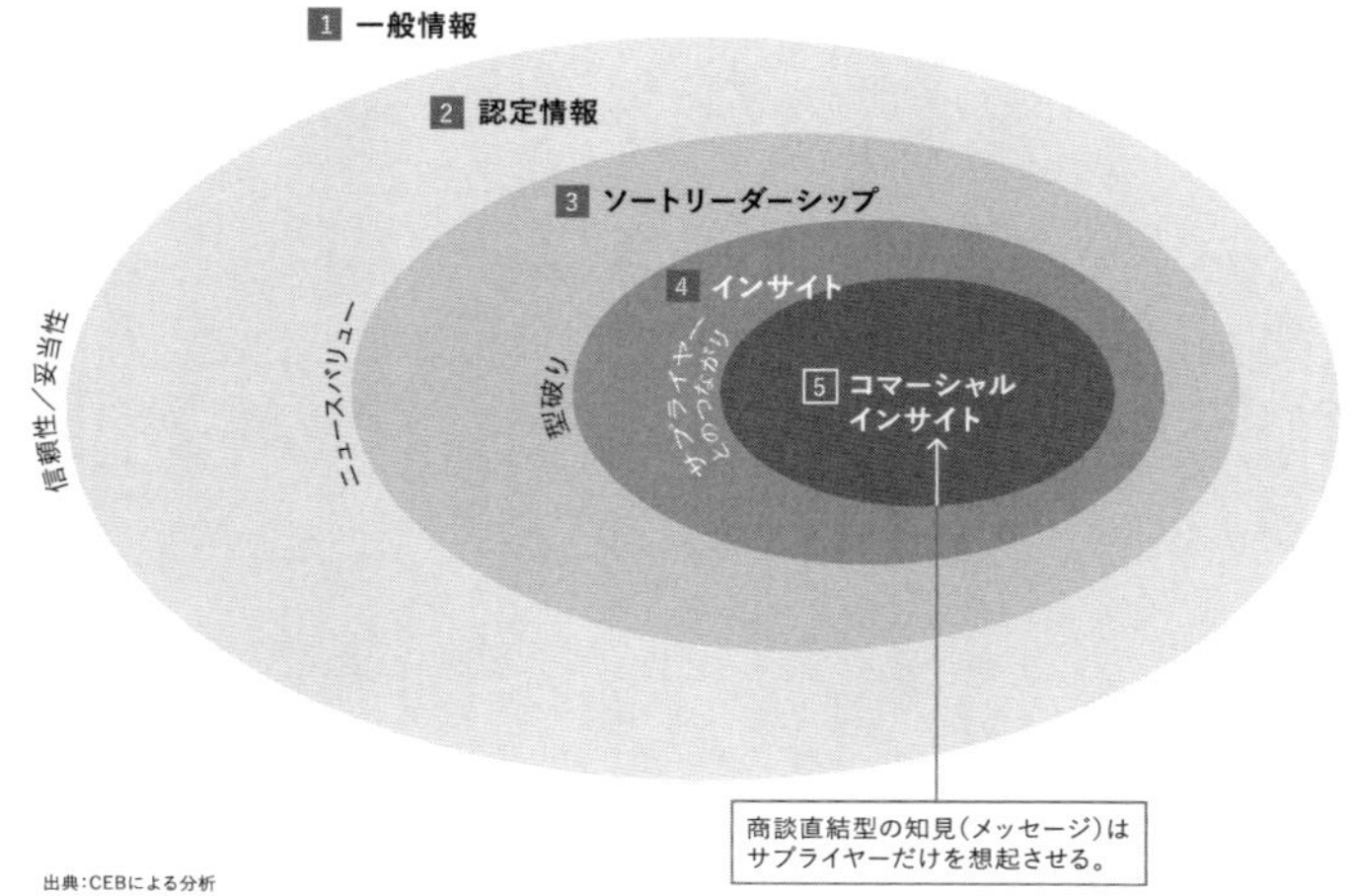

出典：CEBによる分析

図 3.3　ビジネス情報のタイプ別比較

サプライヤーがインサイトの名の下に生み出すあらゆるコンテンツを考えたとき、そこにはいくつかの「層」があり、それぞれの層は境界線で隔てられていることがわかる。

まずは「一般情報」から。文字どおり、ほぼすべてのものを全般的にカバーする情報である。圧倒的な情報量なので、顧客はそれを取り込むよりもむしろ選別することに時間をかける。したがって、サプライヤーがインサイトを築く際にまずクリアしなければならないハードルは、顧客の注意を引き、話を聞いてもらうことである。

つまり、コンテンツ創出における最初のハードルは、インサイトの名前で何を生み出すにせよ、信頼性や妥当性を確保することだ。顧客に信じてもらえなかったり、自分たちには合わないと思われたら、サプライヤーの「インサイト」は注目を浴びないだろう。

もちろん、ひと口に信頼性といっても、その目標は場合によって変わってくる。サプライヤーのインサイトのいわゆる「立証責任」の程度によって、そのインサイトのもとになる情報がどの程度信頼できなければならないかが決まる。発見内容が意外であればあるほど、立証責任は重くなり、したがって証拠も確かでなければならない。

サプライヤーの公表する情報がその最初の条件をクリアしたとしよう。信頼性も妥当性もある。結構なことだ。しかし、それはまだインサイトではなく、いわば「認定情報」の仲間入りをしたにすぎない。

認定情報は信頼性と妥当性があるものの、正直な話、さほど関心を引かない。まあどこにでもある情報だ。擬似事実（ファクトイド）やデータポイントの形をとることも多い。インサイトの名の下に、実は認定情報でしかないデータを毎日山のように生み出している企業が、世間にはゴマンといる。例を挙げよう。

●CIOの90％が、クラウドコンピューティングが自社にとってどんな意味を持つか心配している。

- CEOの75%が、サステナビリティを優先事項に挙げながら、それをどうやって実現すればよいかわからないと認めている。
- 全世界の労働者の80%が「仕事から切り離されている」と感じている。

いずれも興味深く、妥当で、信頼できる統計であるが、しょせんは統計にすぎない。インサイトではない。インサイトとデータは同じではない。さらに、このデータは何も目新しい情報を提供しない。クラウドコンピューティングが自社にとってどんな意味を持つか心配しているCIOが90%いるとは知らなかったとしても、それくらいたくさんいることは容易に推測できる。

それが認定情報の特徴である。相手が知らなかったことを言うのではなく、すでに知っていたことを確認・追認するのだ。

そのため、顧客は必ずしも情報を無視せず、それに目を通す。ダウンロードもするし、「いいね」と言ったりもするだろう。しかし、それに関わる行動を起こすことはない。少なくとも、何か新たに行動を起こそうとはしない。それでも、この手の情報をもとにつくられるコンテンツや販促資料は驚くほど多い。しかも、ことごとくインサイトの名の下に提供される。

次は何か？　われわれが「ニュースバリュー」と呼ぶ境界線を越えてみよう。

相手に違う行動をとってほしければ、まず相手に違う考え方をさせなければならない。そのためには、ニュースバリューのある情報を示す必要がある。それが情報の第3層「ソートリーダーシップ」である。

興味深いことに、ここまでに説明したどのカテゴリーのコンテンツにも増して、ソートリーダーシップはサプライヤーを困惑させる可能性が高い。ほとんどのサプライヤーがこの種のコンテンツを作成しているという理由もあるが、それだけでなく、ほとんどのサプライヤーがこの種のコンテンツを作成したがっているのも理由である。マーケターの10人中ほぼ10人が、自社は業界の「ソートリーダー」になりたがっていると言うだろう。

ではソートリーダーシップとは何か？　顧客単独では発見できなかったであろう、興味深く、ニュースバリューがある、追加的な情報だ。認定情報とは違って、ソートリーダーシップは新たな内容を付加する。単なる追認ではなく、教えるべき情報を含んだ新しい視点やデータを提供する。だから、公正を期して言えば、この第3層で初めて一定の指導が発生したことになる。ついでに言うなら、それはなかなか素晴らしいことだ。

だが、伝統的なソートリーダーシップの本当の限界は、必ずしも行動を喚起しないことにある。人はそこから学習するが、行動するとはかぎらない。「いいね」を押し、リツイートしても、アクションは起こさない。なぜなら、ほとんどのソートリーダーシップは既存のアイデアを批判するのではなく、新しいアイデアを提示することを重視しているからだ。だからいったんは注目を集めても、その効果は長続きしない。

「こいつはおもしろい！」とみんなが思うけれども、その後は元の日常に戻ってしまう。顧客の行動を変えさせるだけのパワーがないので、取引上の効果も大きくない。

さて、他に何があるか？　次なるフィルターは「型破り」かどうか。本当の意味で「インサイト」と呼べるコンテンツであるための、最後にクリアすべきハードルだ。でもなぜ「型破り」なのか？　われわれは、インサイトはまったく別物であると気づいた。それは現状をひっくり返すためのものだ。だから、1つで終わらず、2つをなし遂げなければならない。（ソートリーダーシップのように）顧客ができるかもしれないアイデアを伝えるだけでなく、顧客がいまやっていることに関するストーリーを伝え、その行動のせいで思いのほか時間やお金がかかっているという事実を明確にするのだ。

それがカギである。現状の行動に伴うコストと、別の行動のポテンシャルを対比させるのだ。優れたインサイトに内在するのは、「ねえ、それ間違ってますよ！」という簡潔なメッセージである。うまくいけば、「じゃあ変えなきゃ！」と顧客に言わせることができる。だから「型破り」なのだ。

多くの企業がめざす伝統的なソートリーダーシップからは、こうした結果は得られない。インサイトは顧客の需要をつくり、つくり直すための強力な手段である。現状の行動と、別の新しい行動とのあいだに認知的・感情的不協和を引き起こすのがねらいである。

優れたソートリーダーシップに対する顧客の反応は、「なるほど、スゴイ」。

優れたインサイトに対する顧客の反応は、「なんと、私は間違っていた」。

言うまでもなく、ずっと述べてきたように、そのメッセージの伝え方がとても重要である。インサイトが効果的であるためには（そして攻撃的でないためには）、プロらしく、如才《じょさい》なく、共感を呼ぶように、そして文化的に正しく伝えなければならない。単なる緊張ではなく、建設的な緊張をもたらす必要がある。さもないと、インサイトというよりも単なる侮辱で終わる。

それでも、CEBチームがメンバー企業の生み出すインサイトについて検討するとき、われわれがまず尋ねるのは、「それを示すデータやグラフ、事実を見せてください。お客さんの目を見て『それは違う』と言うときのことを教えてください」。もしそのような瞬間が見つからないなら、それはたぶんインサイトではない。

CDKグローバル（かつてのADPディーラーサービス）の販売チームがよく言うように、「変わらないことの痛みは、変わることの痛みより大きい、と顧客に教えなければならない」。

ただ、これでおしまいではない。お金をもらえるようにする必要がある。どうすればいいだろう？

インサイトでお金をもらう

顧客の行動を変えさせたからといって、あなたをサプライヤーとして選んでくれるとはかぎらない。あなたが顧客に新しい情報（インサイト）を教え、顧客がそれを入札にかけ、あなたのライバル企業が落札するというシナリオは、あまりうれしいものではない。われわれはそれを「無料コンサルティング」と呼ぶ。その罠に陥りながら事業を伸ばしつづけたサプライヤーはまずいない。

サプライヤーがせっかくのインサイトにお金を払ってもらうためには、まだ最後のフィルターを通過する必要がある（図3・3を参照）。顧客の事業について教えたインサイトをきっかけに、そのサプライヤーが他社より秀でている能力について思い起こしてもらわなければならない。

これが「コマーシャルインサイト」である（または「商談直結型の指導〈コマーシャルティーチング〉」とも呼んでいる）。「型破り」であると同時に、変革のための行動を支援できる唯一の存在として、そのサプライヤーを顧客に想起させるインサイトである。

顧客が「これはどうにかしないとまずい！　誰に助けてもらおう？」と言ったとき、サプライヤーは彼らの目をじっと見て、「お助けできるのは私たちだけだということをお示ししましょう」と言えなければならない。

最近のCEBの仕事は、メンバー企業が自社独自のそうしたベネフィットを明らかにするためのサポート業務が多い。そのベネフィットをコマーシャルインサイトの基礎として使うためだ。ただし、それはそう簡単に明らかにならない。

自社ならではのベネフィットを探るサプライヤーは、3つの問いに答えなければならない。1つ目はシンプルだ。

①われわれは何が得意か?

この答えは紙を2、3ページ埋め尽くすくらいがいい。サプライヤーが販売するソリューションの特徴やベネフィットだけでなく、そのソリューションを取り囲むさまざまな能力も対象になるからだ。たとえば、サプライチェーン、資金調達、データによる市場分析……。幅広く考えよう。

しかし、2つ目の問いはもっと難しい。

②われわれだけが得意なのは何か?

たいていの企業は問い①にはうまく答えられても、問い②にはさんざん苦労する。

ある食品素材企業の営業責任者に訊かれたことがある。「うちは事業のひとつとして塩を販売しています。高級な塩でも高品質な塩でもなく、海塩でもありません。ごく普通の塩です。それを山ほど扱っています。そして当社の塩は他社の塩となんら変わりません。その場合の独自の強みって何でしょう?」

われわれの答えはいたってシンプル、「わかりません」だった。とはいえ、そのサプライヤーの塩ビジネスにも実は、何かしら独自の強みがある可能性が高い。だがまた、その強みは塩そのものにはない可能性も高い。独自の強みとはそういうものだ。その事業ならではの強みは、塩を市場に届けるために同社が発揮する各種の能力にあるかもしれない。たとえば、塩の精製場所がたくさんあるので供給ラインが短く、ジャストインタイムの納入が可能になり、顧客の運搬コストが削減できるかもしれない。あるいは世界中で精製可能なため、地政学的条件や気候条件が変わっても供給が途切れないかもしれない。あるいは金融部門が強いため、顧客は塩価格の変動リスクをヘッジするための金融商品を買えるかもしれない。

いずれも単なる推測だが、企業は自社ならではの強みを規定しようとするとき、このように広い網を投げなければならない。製品・サービスだけに的を絞ると、数多くの優れた差別化要因を見過ごす可能性が高い。

ではそろそろ、最後の3つ目の問いに移ろう。

③われわれ独自の強みのうち、持続可能なものはどれか？

独自の強みが簡単にまねできたら、それは独自の強みではない。

要するに、真の差別化要因は何か？　真の差別化要因は原則として「ユニーク」「有益」「防御可能」そして「持続可能」である。

単純明快な条件であるが、参考までに、どんなものがそこから洩《も》れるかを見ておこう。以下は差別化要因ではない。

①サプライヤーの市場で一般的な特徴やベネフィット。
②サプライヤーの製品が生み出す結果（アウトカム）。
③「革新的」「環境にやさしい」「使い勝手のよい」「ソリューション」という表現をひとつでも含む、曖昧な記述や使い古された記述。

この3つを除いたら、ほとんど何も残らないという企業が少なくない。実際、最近実施したCMOアンケートでは、自社の差別化要因が他社に比べて程度で勝る（「当社のほうがまし」）のではなく、中身がそもそも違う（「当社は別格」）と自信を持って述べたマーケターは5分の1しかいなかった（図3・4を参照）。

すると当然、われわれが考える究極の「差別化要因テスト」に合格した人は13％しかいなかった。すなわち、「あなたの販促資料から社名やロゴを取り除き、それをライバル企業から顧客に見せたときでも、その顧客はあなたの会社だと判別できるか」。

この質問にイエスと言えたら、コマーシャルインサイトの拠り所になる強力な差別化要因を持っていることになる。

個人ではなく組織としての勝利を

以上のような問いは販売員任せにしないほうがよい。われわれは世界中で、まさに販売員任せにする企業をたくさん見てきた。多くの場合、営業研修会社の言いなりになるのだが、するとほぼ間違いなく、不十分で危険な結果を招く。コマーシャルインサイトは交渉術やプレゼンテーションテクニックと同じようにスキルとして教えられるという前提の下、即席的な「インサイト生成」研修を販売員に受けさせるだけでは、必然的に貧弱なインサイトしか生まれない。効果的で持続可能なコマーシャルインサイトを築くには、もっと広範な組織能力が求められ

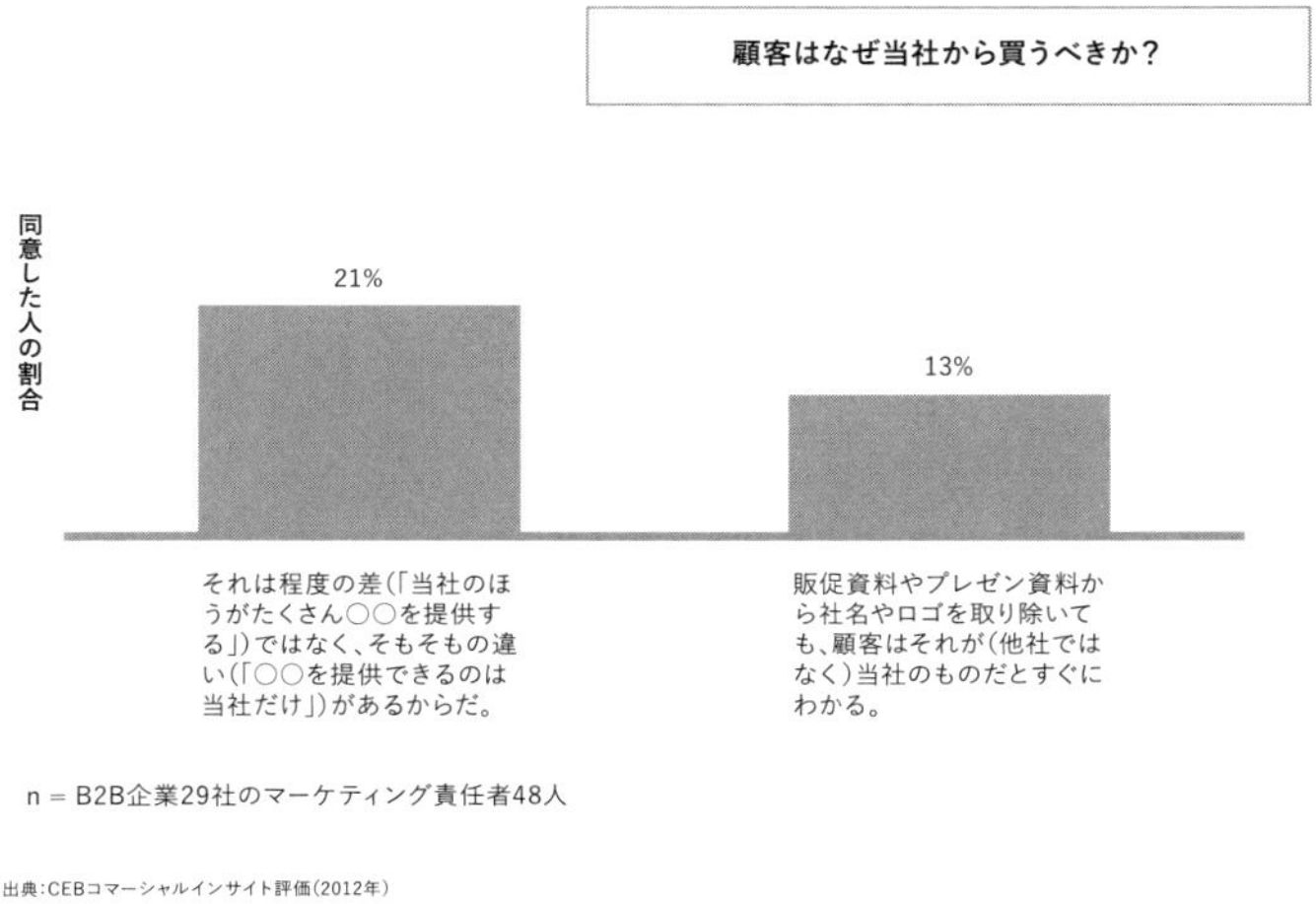

図 3.4 「同意」または「強く同意」すると答えたマーケティング責任者

る（たとえ、それが本当に難しいというだけの理由であっても）。いろいろな情報源が必要だし、会社の戦略的方向性を深く理解することも欠かせない。営業上の会話にとどまらない顧客との接触も必要になる。だが何よりも重要なのは、サプライヤーの営業、サービスおよびマーケティング上の各種コミュニケーション全般における、幅広い一貫した対応である。これに実効性を持たせるには、時間や忍耐、徹底した繰り返しのほか、経営幹部の変わらぬサポートが必要となる。

別の言い方をすれば、市場進出のしかたを抜本的に見直すことでもある。現場からのインプットももちろん大事だが、CEOを含む組織のトップ層からの指導がやはり不可欠だ。コマーシャルインサイトは販売員個人の営業テクニックではなく、組織の販売戦略そのものである。

そのためには最初、顧客についてまったく違う捉え方をしなければならない。

まったく違う「顧客理解」

この10年ほど、「顧客理解」に対する関心が爆発的に高まっている。マーケティング部門が顧客の期待に応えるだけでなく、顧客の期待を上回りたいと考えているのが大きな原因だ。

そこで当然、彼らは莫大な時間、労力、資金を、自社が「世界クラスの顧客体験」を提供しているかどうかを知るための広範なツールの開発に投じてきた。顧客とのあらゆる接点で忘れがたい「喜びの瞬間」を提供するのがねらいである。インタビューからフォーカスグループ、民俗学的実地調査まで、方法はいろいろあるが、その多くが依存しているのは最も実績があるマーケティングツール、すなわち顧客調査だ。とはいえ、その進化の度合いは著しい。顧客満足度から顧客ロイヤルティ、ボイスオブカスタマー（VOC）、ネットプロモータースコア、顧客体験へという具合に。実際、世界中の企業がこうした調査の結果を頻繁に参照し、それに基づいて大規模な戦略的意思決定を行い、莫大な資源を配分している。

しかしそれらの調査は、企業パフォーマンスをさかのぼって評価するうえでは有効だが、世界クラスのコマーシャルインサイトを先回りして構築するためには、ほとんど役に立たない。なぜなら、どの調査もまったく同じことを調べようとしているからだ。それはサプライヤーに対する顧客の認識である。「私たちのことが好きですか」「私たちに満足していますか」「私たちにロイヤルティを持ちつづけてくれますか」「私たちを推奨してくれますか」。たしかに、どれも大切な観点ではある。だが、サプライヤーにしか焦点が当たっていない。顧客がサプライヤーのことをどう見ているか、は正確にわかるとしても。

コマーシャルインサイトのカギになるのは、サプライヤーをめぐるストーリーではない。焦点を当てるべきは顧客のストーリーであり、顧客が彼らのビジネスにとって重要な何かを見逃していないかどうかである。したがって、世界クラスのコマーシャルインサイトを築くためには、サプライヤーは自分たちが顧客からどう見られているかを必要以上に詳しく知る必要はない。むしろ重要なのは、顧客が自分自身をどう見ているかである。

驚いたことに、「顧客理解」の名の下に行われている調査などのうち、そこにスポットを当てたものはほとんどない。幹部クラスのマーケターでも、顧客が顧客自身をどう見ているかはわからない、と述べる人が実に多い。なかには、顧客としゃべることなどめったにないと言う人もいる。

だが、本当のコマーシャルインサイトを生み出すには、その種の顧客理解が欠かせない。顧客に「あなたは間違っている」と（上手に）言うためには、彼らのそもそもの考え方をまず理解するしかないからだ。その考え方を、われわれは「メンタルモデル」と呼んでいる。

メンタルモデルの構築と破壊

先に見たように、ソリューションの販売とは、顧客を変化させることにほかならない。何も買わない顧客に買わせる、ライバル企業ではなく自分たちから買わせる、自分たちからもっと買わせるなど、販売チームの主なミッションは、顧客に現在の行動をやめさせ、新しく望ましい行動を起こさせることだ。

しかしいまや、顧客関係者個人も顧客組織全体も、サプライヤーと接触せずともみずから学べる時代。そんな時代の最大の課題は、顧客にいまの考え方を再検討させることである。それは特定の案件に対する購買基準かもしれないし、現状で「そこそこ」満足という強い信念かもしれない。

ご記憶のように、この課題には2つのレベルがある。まず、モビライザー個人に考え方を再検討させること。次いで、5・4人全員にその集団としての考え方を再検討させること。

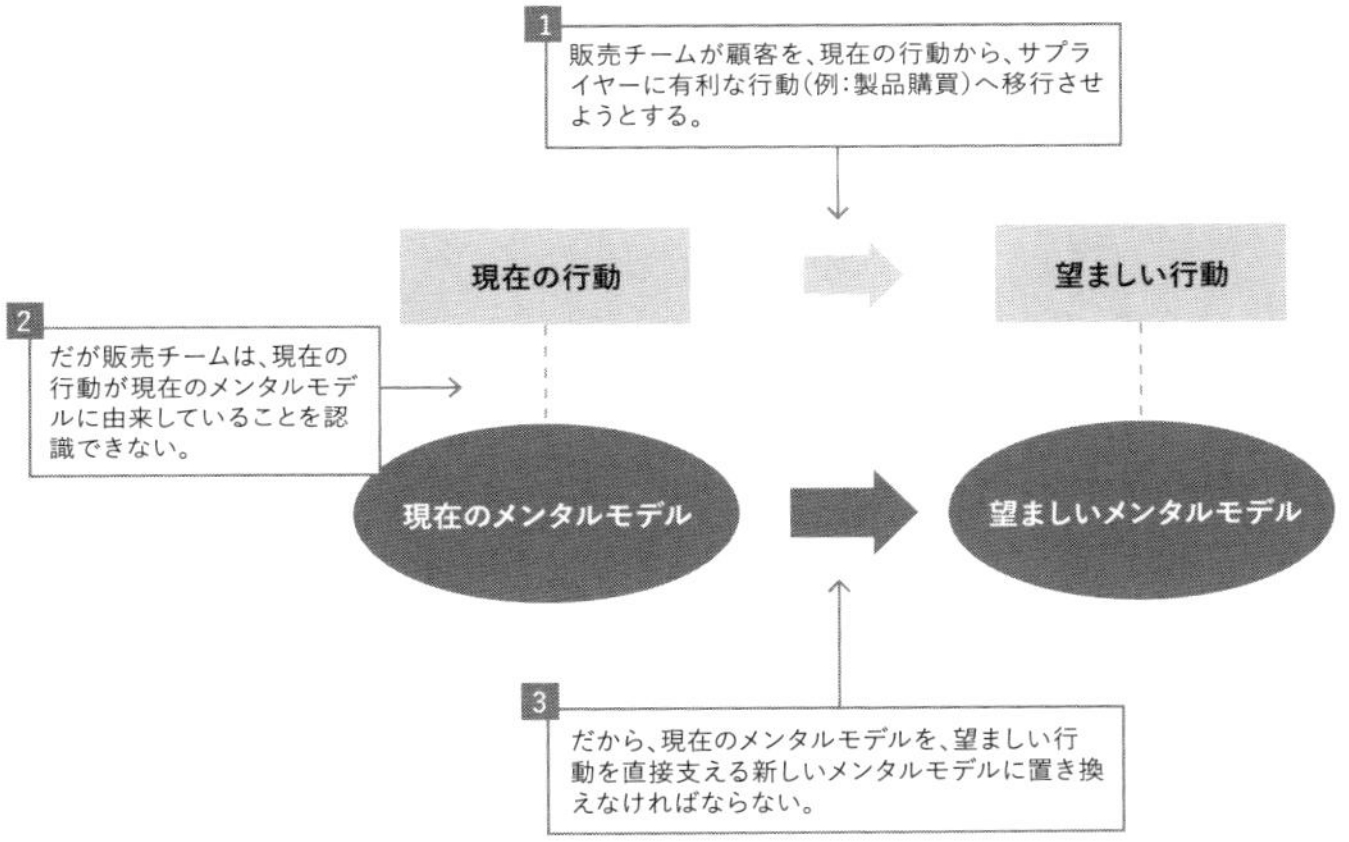

出典：CEBによる分析

図 3.5　顧客のメンタルモデル 概要

でも、どうすればよいか？　変革が可能であり、しかも望ましいということをどうやって信じさせるか？　現在の行動から望ましい行動へのシフトを苦労して推進することに、そもそも意味があるのか（図3・5を参照）。

さて、最も一般的な方法は、行動を変えるとどんなに素晴らしい世界が待っているかを描いて見せることだ（ただし、顧客がそれを受け入れるかどうかは別の話である）。

そこでサプライヤーは、彼らのソリューションが下支えする世界のメリットやベネフィットをこれでもかとアピールする。ありとあらゆるデータを駆使して新しい行動のメリットを強調し、ＲＯＩを算出して行動変革による経費削減効果を示す。申し分のないクオリティ、最先端テクノロジー、信頼と実績、新たな方向性を受け入れることで得られる「隠れた価値」など、幅広い魅力を提示し、この新しい世界がいかに素晴らしいかという顧客の証言を紹介する。

しかし残念ながら、これだけ努力しても顧客の反応は芳しくなく、これまでの行動をまったく変えようとしない。サプライヤーは頭をかきむしって困惑するしかない。「どこで間違った?」「ROIの計算法を変えるべき?」「もっとよい顧客証言が必要では?」「ウェブサイトを設計し直すべきか」「緊急性を高めないと」「提供価値をもっとシャープにしないと」。これだけの内省、非難、批判が生じると、どれだけ協力的な組織文化も損なわれてしまう。

だが、なぜこれほど苦労するのか? 顧客の購買行動を変えるのがなぜこれほど難しいのか? ほとんどのサプライヤーが十分理解していないのは、現在の行動が思った以上に深く根づいているということだ。たんに幅広い「組織慣性」が働いているからでも、サプライヤーのソリューションの優位性が理解されていないからでもない。原因はむしろ、世界のしくみに対する根強い考え方や思い込みにある。

心理学者はこれを「メンタルモデル」と呼ぶ。顧客のメンタルモデルはその行動のほとんどを決定づける。したがって非常に重要なものだ。

行動を変えたければ、まずメンタルモデルを変えなければならない。インサイトの実現のためには「型」を破る必要がある。別の言い方をするなら、顧客の行動を変える唯一の方法は、顧客の考え方をまず変えることである。

第1章で述べたように、5・4人それぞれのメンタルモデルは大きく異なっているため、変えるべき考え方は1つではなく、もっとたくさんある。

それでも、われわれの調査からは次のことがわかっている。つまり、優れた販売員（「チャレンジャー」販売員）と優れた企業（「チャレンジャー」組織）は、顧客の現在のメンタルモデルを、その行動を変えさせるためのレバレッジポイントと捉えている。だから優れたサプライヤーは、自社のソリューションの利点について顧客と話し合うのではなく、顧客の現在の考え方について話し合う。そしてその話し合いのなかで、顧客の現在のメンタルモデルを、如才なく、共感を呼ぶように、文化的に正しく、だが手順どおり粛々と破壊し、その誤りや不完全さを示し、お金や痛みを伴いすぎると思われている変化が、実は現状維持に比べてお金や痛みを伴わないことを明確に説く。

顧客の現在のメンタルモデルは誤っているだけでなく、顧客が思いもしなかったようなコストやリスクをもたらしている。変わらぬことの代償は変わることの代償より大きい——ということを、注意深く、相手の信頼を得られるように証明するのである。

それがしっかりできれば、コマーシャルインサイトの真の力が発揮される。変化が素晴らしい結果を招くことを説明するだけでなく、そのまま変わらないことが思った以上にマイナスになると教えるのがインサイトだ。同時に、ほとんどのサプライヤーはコンテンツ作成においてこの点を見落としている。顧客のメンタルモデルを理解し、それを別のモデルに置き換えるための、規律ある体系的アプローチが不足している。

要するに、顧客のあなたに対する考え方を変えさせるには、顧客の自分自身に対する考え方をまず変えさせるしか方法はない。

だから、顧客が自身のことをそもそもどう考えているかを理解する努力が大切である。そのような「顧客理解」がなければ、メンタルモデルをそもそも確立できない。そしてメンタルモデルがなければ、顧客のいまの考え方を効果的に転換できない。顧客の自身に対する考え方を知らなければ、その考え方を変えることはできない。

では、メンタルモデルは具体的にどのようなもので、人はそれをどのように形成するのか？その点は第5章で具体的・実践的な例をもとに検討するとして、差し当たり、コマーシャルインサイトについて学んできたことを、ごく簡単だがわかりやすい図でまとめておこう。

Aを壊してから、Bを築く

一見したところたしかに複雑な感がある内容を、次の2つに分けて単純化しよう。ひとつは顧客の現在の考え方や行動、もうひとつは望ましい考え方や行動である。

ここで「望ましい」とは、サプライヤーが顧客に望む考え方や行動である。その行動が当該サプライヤーのソリューションの採用に直接つながりやすいからだ。

このモデルを「A」「矢印」「B」で表すと、次のようになる。

われわれはこのモデルを気に入っている。というのも、これをもとにシンプルだが効果的な問いかけができるからだ。「販促パンフやプレゼンテーションスライドなど、お客さんにソリューションを買わせようとしてあなたの組織がつくっている資料は、基本的にAとBのどちらについてですか?」

ほとんどの組織がBと答えるだろう。すでに述べた理由により、サプライヤーはBのよいところを全力で褒めたたえる。自分たちのソリューションが支援する右側の世界がいかに魅力的か――その効用を説明し、利益を計算し、価値を実証し、ベネフィットを列挙する。左側の世界に比べて右側の世界がいかに素晴らしいかを、説得の力で理解させようとして。基本的にこれはBをめぐる戦いである。

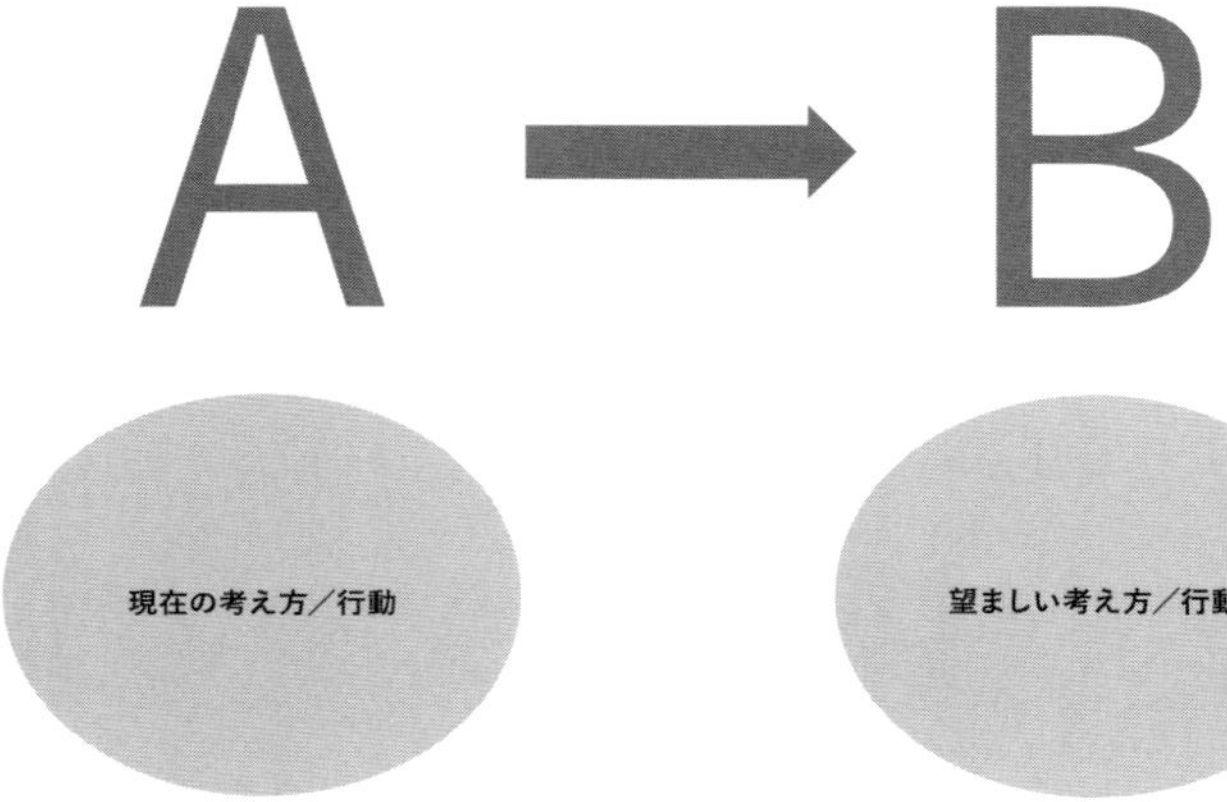

出典：CEBによる分析

図 3.6　顧客のメンタルモデルの転換 イメージ図

だが奇妙なことに、サプライヤーは戦闘に勝っても戦争に負けることが多い。顧客はサプライヤーの目を見て「Bのほうがいい」と力強く同意するが、それでもいまの行動を変えようとはしない。するとサプライヤーはたいてい、Bの説明をもっと改良しなければならないと結論づける。もっと説得力を持たせれば顧客も心変わりするはずだ、と。だが、それもほとんど功を奏さない。ある経営幹部がこう言ったのを思い出す。「食感がもっとサクサク(crisp)になったら、クラッカーにそう書く――提供価値がもっと明瞭（crisp）になったら、製品にそう書く――くらいでないと。だけど、それでもまだ不十分なんです！」

この問題を5年近く調べたわれわれは、

顧客の購買行動を変えるために本当に必要なのはBのベネフィットをうまく説明することではなく、Aのデメリットをうまく説明することであると結論づけるようになった。それがないと、Bが素晴らしく見えても、Aも「そこそこ」でありつづける。言い換えれば、ソリューション営業での勝利はBをめぐる戦いというよりも、Aをめぐる戦いである。

あるいは、こう言ってもいいだろう。Aを壊してからBを築け——。

そしてこのとき、顧客に「あなたは間違っている」と（如才なく、共感を呼ぶように、文化的に正しく）言わなければならない。

あるCMOはこの図を見て、「何も目新しいところはない。マーケティングのイロハ、基本的なバリュープロポジションですね」と言ったが、それは事実ではない。この「A↓B」の図は、多くの営業・マーケティング専門家がたたき込まれてきた考え方とはまったく違っている。どのように違うのか？　次のように考えてみよう。Aは誰に関する記述か？　顧客である。

ではBはどうか？　これも顧客である。

だが、もしそうなら、サプライヤーはいったいどこにいるのか？

矢印、と言う人もいるだろうが、それも正しくない。矢印が表すのは、顧客がAからBへ移行するために経験しなければならない行動変化である。

では、「A↓B」図のなかでサプライヤーはどこにいるのか？　答えは「どこにもいない」だ。

この図はサプライヤーではなく、顧客について述べたものだ。サプライヤーはお構いなし、が正しい姿である。にわかには信じがたい。サプライヤーのバリュープロポジションにサプライヤーが含まれないなんて。だが、「A→B」図が表しているのはそういうことではない。これはサプライヤーの能力を説明するための表現ではなく、顧客の行動変化によるメリットを説明するためのものだ。そして、それは道理にかなう。サプライヤーが売っているのは、まさにそのメリットなのだから。

もしサプライヤーに何か文字を当てはめたければ、それはCということになるだろう。「A→B」図からはおのずとそういう結論になる。サプライヤーが上手にAを壊し、Bをうまく築いたら、顧客はそのサプライヤーを見て言うはずである。「変わらなきゃ！　でも誰が手伝ってくれる？」

サプライヤーはこう言えなければならない。「お助けできるのは私たちだけだということをお示ししましょう」

それがコマーシャルインサイトの持つ力である。

では、そのようなインサイトをどうやって生み出すか？　具体例は第5章で見るとして、まず手始めに、インサイトを導く4つの簡単な質問を紹介しよう。

コマーシャルインサイトを導く4つの問いかけ

たしかに、コマーシャルインサイトの構築は簡単ではない。マーケターから製品マネジャー、営業マネジャー、販売員、経営幹部まで（ひょっとしたらもっと）、全組織を挙げた幅広い取り組みや協業が必要になる。ＣＥＢは各方面からの要望に基づき、メンバー企業向けのワークショップを全世界で開催し、好評を博してきた。ねらいは、コマーシャルインサイトを築くための段階的なフレームワークについてじっくり考えること。ＣＥＢのコンサルティング部門は、コマーシャルインサイトそのものに加え、コマーシャルインサイトをつねに生み出せる能力を築くため、数多くの組織と手を携えてきた。

いずれも煎じ詰めれば、企業のコマーシャルインサイト設計に弾みをつける4つの問いかけに行き着く。４つがそろって全体のストーリーが完成するしくみである。あなた自身がコマーシャルインサイトを生み出そうとするとき、この４つはとりわけ参考になるはずだ。

問い①　われわれならではの持続可能な強みは何か？

前にも述べたように、幅広く考えよう。

問い② そんな独自の強みのなかで、顧客によく認識されていないものはどれか？

この問いかけはとくに意外だろう。普通なら正反対のことを考えるにちがいない。独自の持続可能な強みがわかったら、それを提供価値に盛り込んで、はいおしまい――。だが、その結果がどうなるかは先に見たとおりだ。それはBのストーリーである。われわれが求めているのはAのストーリーだ。

問い③ 顧客が彼ら自身のビジネスについて十分理解していない点（そのせいでわれわれ独自の持続可能な強みに気づいていない点）は何か？

そう、サプライヤーのビジネスではなく、顧客自身のビジネスである。まったく違う意味の「顧客理解」が必要になるとは、このことだ。つまりはAの視点――顧客が何を見逃しているかという視点である。別の問い方をするなら、「何が顧客のAか、それをどのように壊すか」。

顧客の現在のメンタルモデルがはっきりわかれば、次にこう問える。

問い④ 顧客のビジネスについて何を教えてあげれば、彼らの現在の認識を変えられるか？

あるいは「確実に彼らのAを壊し、Bを築くにはどうすればよいか」。

ワークショップの演習では世界中の営業・マーケティングチームにこれら4つの問いかけをし、つねにきわめて興味深い結果を得ている。企業リーダーたちは必ずと言ってよいほど、すでに知っていることと、よく知らなかったことの両方に驚かされるのだ（前者は、考え方を少し変えた場合。後者は、いままで疑問にも思わなかったから）。エキサイティングながら、同時にちょっぴり屈辱的な演習かもしれない。だが、生産性は非常に高い。

少なくとも、そこから次のような問いがさらに導かれ、チームメンバーの業務成果が高まりやすい。

- われわれの言い分を顧客に確実に納得させるには、どんな証拠データが必要か？
- われわれの「立証責任」はどの程度あるか？
- その証拠のうち、どれくらいが手元にあるか？
- 手元にない証拠をどこで、どのように手に入れればよいか？

あらためて思い出そう。必要なのはモビライザーの活性化だった。彼らが行動を起こしたいと思うほど説得力のある会話をし、そのうえで、（機能不全の可能性が高いことをものともせず）他の4・4人を口説くのに必要な証拠を提供しなければならない。

だからコマーシャルインサイトが重要になる。それは売りあぐねるサプライヤーのためのソリューションではなく、買いあぐねる顧客のためのソリューションだ。もっと正確には、変わりあぐねる顧客のための――。

第4章では、コマーシャルインサイトの生成プロセスを、具体例を交えてもっと詳しく見ていこう。

第4章

コマーシャルインサイトの構築

世界中のサプライヤーといっしょにコマーシャルインサイトのコンセプトを実践するなかで、マーケターから最もよく受けた質問は「そもそもこのインサイトはどこで見つかりますか」だった。それはいったいどこから来るのか――大きな謎らしい。

われわれが学んだことを彼らにひとつ伝えるとしたら、それは「コマーシャルインサイトは見つけるものではなく、つくるものだ」。

販売員や顧客、その道の専門家などを訪ねて探すのではなく、あなたがつくるのだ。たしかに、それはアートの要素も少なからず加わったサイエンスで、一筋縄ではいかない。さまざまなインプットを必要とし、紛れもなく有機的・系統的である。それに、何度も反復しないと的を射たものにならない。

だがそれでもコマーシャルインサイトの創出は、学習可能で再現性の高い、高度に構造化されたプロセスであり、そこには核となる原則がいくつか存在する。それらの原則はさまざまな方法で創造的に組み合わせることができる。これは朗報だ。サプライヤーはみずからの運命をコントロールできるからだ。インサイトが天から降ってくるのを、いまかいまかと待つ必要はない。積極的に打って出てインサイトをつくり、検証し、修正し、また検証し、幅広く展開し、行く行くは組織全体の能力にまで高めればよい。その際に使うのは、たったひとつのシンプルだが重要な問いかけに答えるためのツール、戦術、フレームワークである。その問いかけとは、

「顧客がみずからのビジネスについて（よくわかっているべきなのに）わかっていない点は何か？」コマーシャルインサイトが何よりも考えようとするのは、この問いである。コマーシャルインサイト創出の神髄は、顧客があなたの会社についてどう思っているかをもっと知ることではなく、顧客が自身の会社についてどう思っているかをもっと知ることにある。先述のように、あなたに対する考え方を変えてもらうには、まず自分自身に対する考え方を変えてもらうしかない。

ここからデンツプライとゼロックスという2社の実例を見ていくが、そこでやはり焦点を当てるのは、各社が次の2つの問いにどう答えるかである。われわれの顧客は何を考えているか？彼らは何に気づいていないか？

2つの事例は表面上は違って見えるかもしれないが、実はどちらもまったく同じアプローチに基づいている。つまり、顧客が顧客自身のことをどう見ているかを深く理解するのだ。そのために、どちらの事例も「メンタルモデル」の考え方を効果的に利用している。

ケーススタディ「デンツプライ」

デンツプライ・インターナショナルは、デンタルケアを中心とするヘルスケア製品の製造・

販売大手。全世界で幅広い製品を取りそろえ、予防的処置から義歯治療まで、歯科専門家が患者のオーラルケアを生涯サポートできるようにしている。同社の製品は、一般的な歯科用消耗品から研究用製品、さらには歯列矯正、歯内療法、インプラントといった専門市場向け製品まで多岐にわたる。販売員は歯科医を訪問し、最新のイノベーションを含む同社のさまざまな製品について情報を提供する。

さて、ご想像のように、歯科医にとって、新しい機器の購入などは大変な費用がかかるため、彼らはそれを頻繁に交換、アップグレードしようとは思わない。最新の優れた機器を使いたいのはやまやまだが、同時に、同じ機器をできるだけ長く活用したい。だから故障しないかぎりは代える必要がない。

実際問題、歯科医から見ると、機器や設備はさほど心配材料ではない。日々の歯科業務をしっかりやることで頭は一杯だ。したがってデンツプライの販売員にとって、新しい機器の販売は難事業である。他のサプライヤーもそうだが、デンツプライの最大の競争相手は現状そのものである。

歯科医は当然、歯科経営の成功について心配している。言ってみれば中小企業経営者であるから、患者の健康とともに、ビジネスの健全性がつねに気にかかる。これをふまえてデンツプライは、歯科医の自身のビジネスに対する考え方を変え、そこからデンツプライ製品ならではのベネフィットを思い起こさせる方法を編み出した。だが、そのカギになるのは意外なものだ。デンツプライとは関係がないし、最初は機器にさえ関係がない。

その意味をおわかりいただくため、同社が新しい歯科用機器を発売した数年前に戻って、一つひとつ確認していこう。

優れた製品なのに売れない

何年か前、デンツプライの製品開発チームは研究開発を重ねた結果、みごとな新製品を発表した。軽量でバランスのとれた、他のどんな製品よりも人間工学を意識した歯科用器具である。さらに同チームは駆動モーターを小型化し、器具自体の持ち手に埋め込むことに成功していた。従来、モーターはそのサイズゆえ、器具の外側にあり、長いコードで本体とつながれていた。だが、この革新的な新技術のおかげで、同社は完全にコードのない製品を出すことができた。

ご想像のように、新製品発売の準備が整うと、チームのみんなは大いに盛り上がった。軽量で人間工学にかなった歯科用ハンドピース——しかもコードレスだ。これなら負けるわけがない。しかるべき特許を取得したうえで、開発チームはこの新製品の数ある特徴やベネフィットを活かすための市場開拓戦略の策定に乗り出した。

しかし、販売員がこの新製品について見込み客に説明しはじめると、思いもよらぬことが起こった。みんなが気に入ってくれるのに、買ってくれる人はほとんどいないのだ。新しい器具のよさを歯科医に一生懸命説き聞かせるのだが、投資と設置にはなかなかこぎ着けられない。これだけ大きな改良なのだからと皮算用していた販売数字にはとうてい達しなかった。まったく妙な話だ。苛立ちが募るのは言うまでもない。だが、さらに妙なことに（そして苛立たしいことに）、それら見込み客のほぼ全員が、新製品は彼らがすでに使っているものより間違いなく優れていると同意しているのだ。つまり問題は、デンツプライが新製品の特徴やベネフィットをうまく説明できない、比類のない価値を伝達しきれないことにあるのではない。

問題はまったく別のところにあった。歯科医たちは、新しい器具が素晴らしいとは思いながら、いま使っているものもそこそこだ、当面はこれでいいと考えていた。実際、販売員との会話の最後のほうに、歯科医はこんなふうに言う。

「なるほど！　ああ、思っていたより軽い。こいつはいい！」

この奇跡の新製品を見た歯科医が最初に尋ねるのは何か？　そう、「いくらします？」だ。販売員がそれに答えると、歯科医は言葉を濁す。

「そうですね、いまは新しい器具を必要としませんが、1年後あたりにまたお声かけください。そのときにお話ししましょう！」

これではたまらない。デンツプライの成長戦略は、あす買ってもらえるという約束をあてにしているのではなく、販売員がきょう売るという見込みに基づいているのだ。しかし彼らは第1章で述べた難題に直面してしまった。顧客があなたの製品は優れているとはっきり認めているのに、買ってくれない——そんなとき、あなたはどうするか？

これはよくあるケースだが、状況は相当厳しい。簡単に解決できそうにはない。新しい製品の特徴やベネフィットをもっとわかりやすく説明したところで、効果はないだろう。なぜなら、顧客はそのベネフィットに早ばやと同意しているのだから。この場合（そしてこの場合にかぎらず）、製品の潜在的価値をもっとうまく説明しようとの努力は、誤った問題の解決策を提供することにしかならない。

では、何が正しい問題か？　デンツプライが少しずつ気づいたのは、製品販売の最大の障害は歯科医のデンツプライに対する（あるいはその製品に対する）考え方ではないということだ。問題は、歯科医が彼ら自身や歯科経営についてどう考えているか。それこそが正しい問題だった。

会話を組み立て直す

ＣＥＢのコンサルティングチームを通じて、われわれは幸運にも「最前列」でデンツプライの課題解決を支援することができた。その解決策は実に興味深いものだ。

デンツプライに対する歯科医の考え方を変えるには、まず歯科ビジネスの経済的側面に対する彼らの考え方を変えるしかない、とデンツプライのスタッフは気づいた。歯科医たちはたしかに歯科事業で利益を出すことを重視していたが、その目標と、人間工学を考慮した軽量なコードレス器具が持つ潜在的価値との関係については無知だった。両者のつながりは必ずしも明確に認識されてない。

デンツプライはどのようにしてそのつながりを歯科医に気づかせたのか？　まず、彼らがみんな認識している問題からスタートした。すなわち、歯科衛生士の欠勤や早期退職が多すぎるという問題である。一般に歯科衛生士は、患者の歯のクリーニングなどの日常業務を任され、仕事中は手を不自然な角度に固定しながら毎日何時間も過ごすことがある。それで手首痛に悩まされることが多く、果ては慢性の手根管《しゅこんかん》症候群になったりもする。すると痛みがとれるまで仕事を休まざるをえない。最悪の場合は、手術や早期退職につながりかねない。

しかし、歯科衛生士個人のＱＯＬ（生活の質）の低下にとどまらず、この問題は歯科医院の営業効率にも大きな影響を与える。衛生士の健康障害は予測できないタイミングで突如発生することがあり、その際の欠勤期間も予測がつかないからだ。だが歯科医は、この問題は歯科ビジネスにつきもののコストであると考え、特段の対策を講じてこなかった。「まあ、こういうものだ」というのが、全世界の歯科医に最もよく見られる考え方だった。

デンツプライはこうした歯科医の考え方を調べ、例の新製品がこの問題に寄与できるのではないかと考えた。ビジネスチャンスの到来である。同社の販売員はいま、顧客と向き合ったときにいささか意外な話の切り出し方をする。歯科衛生士の健康問題が、歯科医の認識よりもはるかに深刻でコスト高になることを、まず理解させるのだ。

たとえば、こんなふうに話を始める。

「本日は、歯科衛生士の欠勤に伴う真のコストについて、私どもが調査から発見したことをお話ししたいと思っていました。歯科医の方々はほぼ例外なくこの問題を抱えていらっしゃるようですが、お客様も同じではないでしょうか？」

デンツプライ側はしっかり「予習」しているので、歯科医の答えがまず間違いなく「イエス」であることを知っている。

ここで販売員は次のように言う。「この件について詳しく調べてきてわかったのは、というよりも驚かされたのは、衛生士の健康問題に伴うコストが非常に高くつくということです。どのくらいのコスト負担になるか、計算されたことはありますか？」

歯科医はたいてい次のように答えるだろう。

「さあ。どういう意味ですか？」

「えー、こんな感じですね。ちょっとぞっとするデータですが……」

販売員は、歯科衛生士の欠勤がその歯科医院にもたらすコストの計算方法を順番に説明する。歯科医に訊いた実際の賃金、残業代、衛生士の数、欠勤率などを使って、この問題のトータルコストを瞬時に算出する。歯科医はそんな計算をしたことがないので、効果は抜群だ。

さらに販売員は、この問題とつながりがあるさまざまな要素を気づかせる。これも歯科医には新鮮な経験である。たとえば、医療費、ビジネス機会の損失コスト、スタッフの意欲や積極性への影響、受付担当者が予約を再調整する手間、予約日時が変わって不満を持つ顧客が他の歯科医院に鞍替《くらが》えする頻度（なかでもその顧客が母親だった場合、家族全員が歯科医を変えやすいことが調査からわかっている）、悪い口コミのコスト……。イヤというほどある。一つひとつ説明を受け、それぞれに関わるリアルなコストを示されると、話し合いが終わる頃には歯科医はなにやら圧倒されてしまう。そこがミソだ。販売員がここで目標とするのは、この問題が歯科医の認識よりもはるかに深刻で高くつくことを（親身に、プロらしく、文化的に正しく）証明することである。裏づけとなるのは、業界調査のデータ、他の大勢の歯科医との仕事から得た実践的経験、そしてその歯科医自身が持つ数字。

ひととおり終わると、普通の歯科医は少々げんなりしている。

「なんとまあ！　たしかに問題はあったけど、こんなにかかっているとは。これじゃあビジネスにならない」

「びっくりですよね」と販売員。「私たちも数字を詳しく追うまでは、ここまでとは思いませんでした。ちょっと驚きです」

「おっしゃるとおり。どうにかしないと。でも方法がありますか？　だって、この仕事はこういうものなのでは？」

「方法があるとしたら、どうです？」と販売員。

「どういう意味です？」

「この問題を詳しく調べてきてようやくわかったのは、解決策があるかもしれないということです」

「そういうことなら、お聞きしたいですね」

ここで販売員は、第三者が実施した信頼できる最新の調査を歯科医に紹介する。そこからは、歯科衛生士の手首が痛くなるのは仕事そのものの結果ではなく、仕事で使う器具のせいだということがわかる。歯科医はそういう結びつきを考えたことがない。業界全体で起きている問題なので、そもそも調べようとは思わなかったし、それまで市場に出回っていた器具はどれも似たり寄ったりで問題意識をとくに喚起しなかった。まあやはり、そういう世界だったのだ。だから歯科医は、問題の主な原因が衛生士に使わせている器具にあると知ってショックを受ける。

「器具ですって?」

「はい、原因は器具にあるとわかりました」

「でも、器具の何が?」

「いろいろあります。全体の重さだったり、形状であったり。この問題を意識した設計にはなっていませんから。歯のクリーニングにはよくても、どうやらその過程でかなりの費用がかかっています。スタッフの方々だけでなく——」と、販売員はまだテーブルの上にある計算データを指して言う。「あなたのビジネスにも」

「え? つまり、使用する器具に対する考え方を変えたら、この問題もある程度解決できるということですか?」

「そのとおりです。ただし、問題の軽減を意図した特別な設計になっていなければなりません」

「というと?」

「まず何よりも、もっと軽くなければ。一日中手で持っているわけですから。一見大した問題ではなさそうですが、時間や日数がたつと負担がたまってきます」

「たしかに」

「第二に形状です。仮に軽くても、変な角度で持つようなつくりだと、手首にやはり負担がかかります」

「なるほど……」

「ほかにもあります。これはわれわれにも驚きでした。大きな原因はコードにあったのです」

「コード?」

「ええ、思ったより重さがあります。肘を正しい角度に保とうとして、そのコードの重さを一日中支えていたら、筋肉の疲労は半端ではありません」

「ちょっと待ってください。要するに、この問題の解決策を見つけたければ――」(テーブル上のコストデータをまたちらっと見て)「もっと軽くて、人間工学を考慮した……あと何でしたっけ、そうコードレス。そういう器具が必要だと。そんな器具、どこにありますか?」

「では、デンツプライの新しい商品ラインナップをご紹介させてください。まさしくこの問題を解決するために設計されたものですから、私どももたいへん自信を持っております」

このようにしてデンツプライはいま、新しい器具を売っている。多少のアレンジや脚色を加えた部分はあるが、基本的に、同社が新しい器具を売る際の顧客との会話は以上のように展開される。

お気づきだと思うが、重要な違いがいろいろある。まず何よりも、これはデンツプライに関する会話ではない。歯科医や歯科事業に関する内容である。もっと具体的には、歯科医が気づかなかった本当の問題を扱っている。いや、もっと正確に言えば、彼らが気づいてはいたがコストやインパクトの面を考えたことがない問題だ。

では、デンツプライの新製品はどこで登場するのか？　会話の最初ではなく、最後である。デンツプライでスタートするのではなく、デンツプライで終わるのだ。優れたコマーシャルインサイトはそこが違う。『チャレンジャー・セールス・モデル』でも詳しく説明したが、インサイト重視の指導的会話は順序立てたステップ（決めごとと呼んでもいい）に従っている。このステップを経て、顧客はサプライヤーの強みを思わぬほどよく理解できるようになる。なぜなら、顧客の顧客自身に対する考え方をまず変えたうえで、サプライヤーのことを考えさせるようになっているからだ。われわれはよく次のように言う。あなたにしかない特徴を前面に押し出すのではなく、あなたにしかない特徴へ顧客を誘導しなさい、と。

デンツプライは劇的な成果をあげた。かつてない数の器具をもっと短期間で売り上げ、利益率も増している。だが、コマーシャルインサイトの本当の威力を知るためには、次の疑問をぜひ解いてもらいたい。まず、デンツプライが営業アプローチを変える前に売っていたものは何か？　答えは新設計の器具である。単純明快だ。では、営業アプローチの変更後にデンツプライの販売員が売っていたものは何か？　ソリューション？　アイデア？　コスト削減の機会？　どれも正しいだろう。しかし現実的に言えば、最後に売っていたものも最初に売っていたものも同じである。まったく同じ器具だ。何も変わっていない。振り出しに戻って設計し直したわけではない。なのにいまは、前よりも販売数を増やし、利益率を高めている。それも短期間で。それは売るものを変えたからではなく、売る方法を変えたからだ。

コマーシャルインサイトの真の威力はそこにある。製品ポートフォリオを刷新する必要はとくにない。あなたがあなたの会社について考え方を変える必要はまったくない。必要なのは、顧客が顧客自身の会社について考え方を変えるのを手助けすることだ。そしてそのためには、顧客がみずからの事業についてどう考えているかを深く理解しなければならない。

では、この事例を念頭に、先の疑問をもっと体系的に考え、デンツプライのストーリーを顧客のメンタルモデルという観点から分析してみよう。そうすれば、どんなサプライヤーもこの方法を顧客に応用・再現できる。

メンタルモデルを築く

まず重要なのは、顧客のメンタルモデルを転換しようとするなら、そのモデルをまずは構築しなければならないということ。

さて、われわれはいかにもアカデミックな「メンタルモデル」という名称で皆さんを辟易《へきえき》させたくはない。この考え方は実は非常にシンプルなものだと、あなたも気づかれるだろう。

ではメンタルモデルとは何か？　専門的には、単純なものから複雑なものまで、ある人の世界観を表したのがメンタルモデルだ。だがここでは、因果関係を示す簡単な図でそれを示したい。

そのためにまずやらなければならないのは、顧客の目標を明確にすることだ。顧客は何を達成しようとしているか？　多くの場合、目標はある種の経済的指標（売上や利益率）で表されるが、そうである必要はない（たとえばマーケターなら、ネットプロモータースコアの向上が当座の目標かもしれないし、営業の場合はセールスファネル〈見込み客から受注客への絞り込み〉の改善が目標かもしれない）。当然、どんな顧客にもいろいろな目標があるから、正しいものを選ぶのが重要である。次章では、ゼロックスがこの点についてどう熟慮したかを詳しく紹介するが、まずはデンツプライ。歯科医の目標は歯科事業で利益をあげることだと述べた。

最終目標を明らかにしたら、そこからさかのぼって、その目標に影響を与える主要ドライバーや二次的なドライバーを特定し、それらの相互関係を図式化していけばよい。情報を収集し、結果を検証し、その影響度を話し合い、何度も思考を繰り返すというふうに、これは系統立った有機的なプロセスであることがわかるはずだ。

デンツプライのストーリーにおける代表的な歯科医のメンタルモデルを、簡単な例で考えてみよう（図4・1を参照）。

歯科医の第1の目標が歯科経営で利益を出すことだとすると、そこから現実的な因果関係を

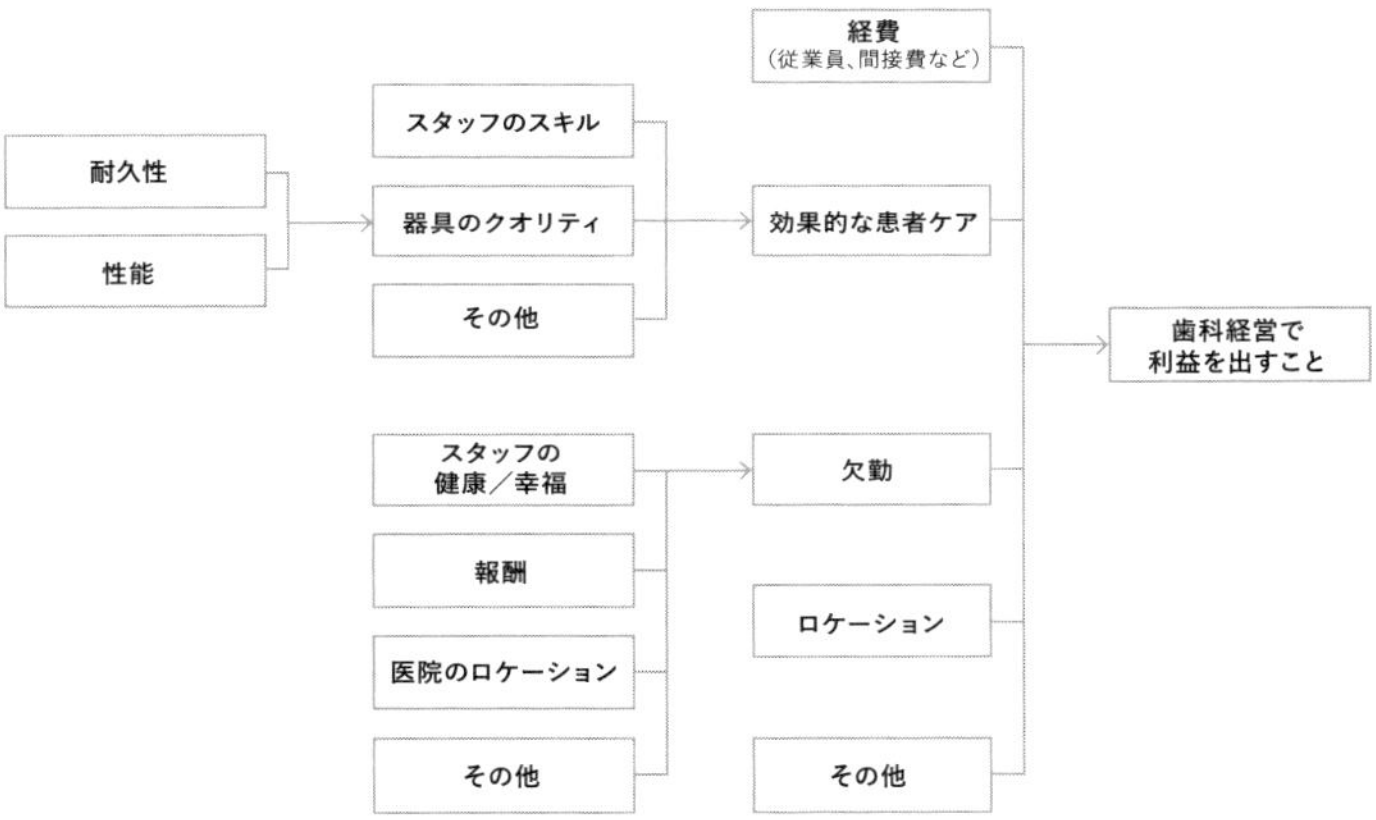

出典：CEBによる分析

図 4.1　歯科製品顧客の現在のメンタルモデル

たどっていきやすい。もちろん、患者の健康や幸福の増進など、ほかにも目標はあるだろうが、ここでは、先のストーリーを逆にたどるリバースエンジニアリングに最も適した「採算性」をスタート地点にする。実際のところ、最終結果（アウトカム）が違えば違ったストーリーをたどることができる。では、どの結果が「正しい」のか？　顧客が同意するもの、そして顧客のビジネスに固有の緊急性が一定程度あるものなら、サプライヤーならではの強みを想起させるのに有効である。

　デンツプライのケースでは、採算性を最終結果に据えると決まったら、次いでそのための主要ドライバーを探せばよい。営業経費、効果的な患者ケア、さらには従業員の欠勤、歯科医院の場所……。やろうと思えば果てしなく詳しく書けるけれども、上位3つか4つの要素を確定したあとは「収穫逓減」の構造に入ってしまう。

それが終わったら、主な要素をさらに掘り下げる。たとえば「効果的な患者ケア」であれば、歯科医はそのドライバーが何だと考えているか？ おそらくはスタッフのスキルと、彼らの使う器具が効いてくるだろう（ほかにも2、3あるかもしれないが）。

器具の項目をさらに掘り下げると、歯科医は耐久性と性能の面から器具のクオリティを考えていることがわかる。

こうして何層かに及ぶメンタルモデルをつくったら、今度は方向転換して原因・結果のロジックを確認し、重要なもれがないようにする。たとえば、「歯科医の私はなぜ器具を買うのか？」のように確認していく。

このメンタルモデルによると、私は効果的な患者ケアを提供できるだけの性能を持ち、そこそこ長持ちする器具を買う。そして（少なくとも器具に関するかぎり）歯科事業で利益を出せるようにできる。

したがって、性能がよく耐久性のある器具を使っているかぎりは、新しい器具は必要ない。シンプルでわかりやすい図のなかに、顧客のロジックが段階的に示されている。

もしあなたが歯科器具を歯科医に売る仕事をしていたら、この思考ロジックを知るのがどれだけ役立つことか！　まるで歯科医の頭のなかを示す地図を持っているようなものだ。ボイスオブカスタマーならぬマインドオブカスタマー。彼らが事業経営するときの考え方、ロジックだ。簡単な図だが、効果は絶大である。

「欠勤」に関しては、歯科医はこれを、事業で利益を出すための重要な要素と考えているかもしれないし、考えていないかもしれない。いずれにせよ、経費や効果的な患者ケアほど重要視はしていないだろう。では、なぜこれを含めるのか？　いずれこの要素を使って、採算性に関する歯科医の見落としを指摘するためだ。そこで欠勤の原因として、スタッフの健康、報酬、医院のロケーションなどを盛り込んでおく。

このような作業について「自分のお客さんについてこんなものをつくるの？」と思ったあなた、そう言わずにぜひ試してほしい。完璧でなくてもいい。むしろ完璧でないほうがいい。そうすればテストしようと思うからだ。会社の最も優秀な販売員にこのメンタルモデルを見せ、足りない部分や不要な箇所を教えてもらおう。彼らの経験に照らしておかしいところはないか？　実装チームや製品マネジャーにも見せて意見をもらおう。これは言ってみればチーム演習であり、幅広いインプットがあればあるほどよい。とことん検証し、ダメなら一からやり直そう。そのたびに中身はよくなっていくはずだ。やはり完璧である必要はないが、顧客がそこに自己投影できるくらいの正確性・信頼性は求められる。

なぜなら、これでいけると思ったら、次はいよいよ顧客に見せることになるからだ。きちんとフィードバックがもらえそうな何人かに尋ねよう。「御社が自社の事業に対してこんなふうに考えておられるのではないかというのを整理してみたのですが、合っているでしょうか？足りないものや余分なものがありますか？」

ここまで終えたら、次は各要素の相対的な重要性を調べる番だ。顧客にこんなふうに尋ねよう。「ここにある上位の要素がそれぞれどのくらい重要かを、トータルが１００ポイントになるように数字を割り振って教えていただけませんか」「なぜそのようにお考えですか？　どのあたりが難しいですか？　あちらを立てればこちらが立たず、みたいな悩ましさがありますか」

これは非常に有効なアプローチである。なおかつ、こうした会話は対面でも、電話でも、ウェブでもできるし、アンケートや顧客診断に組み込むこともできる。ただし何をおいても理解しておかなければならないのは、この作業の最たるねらいは顧客の顧客自身に対する考え方を深く知ることにあるのだということ。顧客のあなたに対する考え方を知るのが目的ではない。

第３章で紹介した「Ａ↓Ｂ」モデルに即して言えば、これは顧客のＡの地図である。彼らが自分たちの世界についてどう思っているかを示す地図、コマーシャルインサイトの最も重要な構成要素だ。先述のように、優れたコマーシャルインサイトは基本的にＡを壊してからＢを築く。そしてこれはそのＡに相当する。

では、メンタルモデルを築いたら今度はどうするか？　そう、壊すのだ。

メンタルモデルを壊す

いまつくったメンタルモデルをもとに、デンツプライが顧客の事業に関するまったく違う考え方をどうやって教えているかを見ていこう。これが「忘れさせること」の神髄である（図4・2を参照）。

思い出してほしい。デンツプライのアプローチではまず、衛生士の欠勤に伴う総コスト（その多くは隠れたコスト）を明らかにする。このメンタルモデルでは、その部分のボックスの大きさをかなり大きくしている。つまり、衛生士の欠勤という問題は思った以上にコストがかかっていることを歯科医に教えている。欠勤問題が歯科医の利益に影響を及ぼしていることを実証して、歯科医の頭のなかでこのボックスが占める重要性を大きく高めているのだ。

次なるステップは、欠勤問題を衛生士の健康に結びつけることだ。先の会話例でははしょったが、論理構成上欠かせないピースとして、デンツプライの販売員は欠勤の一番の原因が手首痛である（ワークライフバランスが崩れたりしたせいではない）ことを示すデータを提供している。ただし、このステップは歯科医もわりと納得しやすい。欠勤と手首痛の関係をすでに知ってい

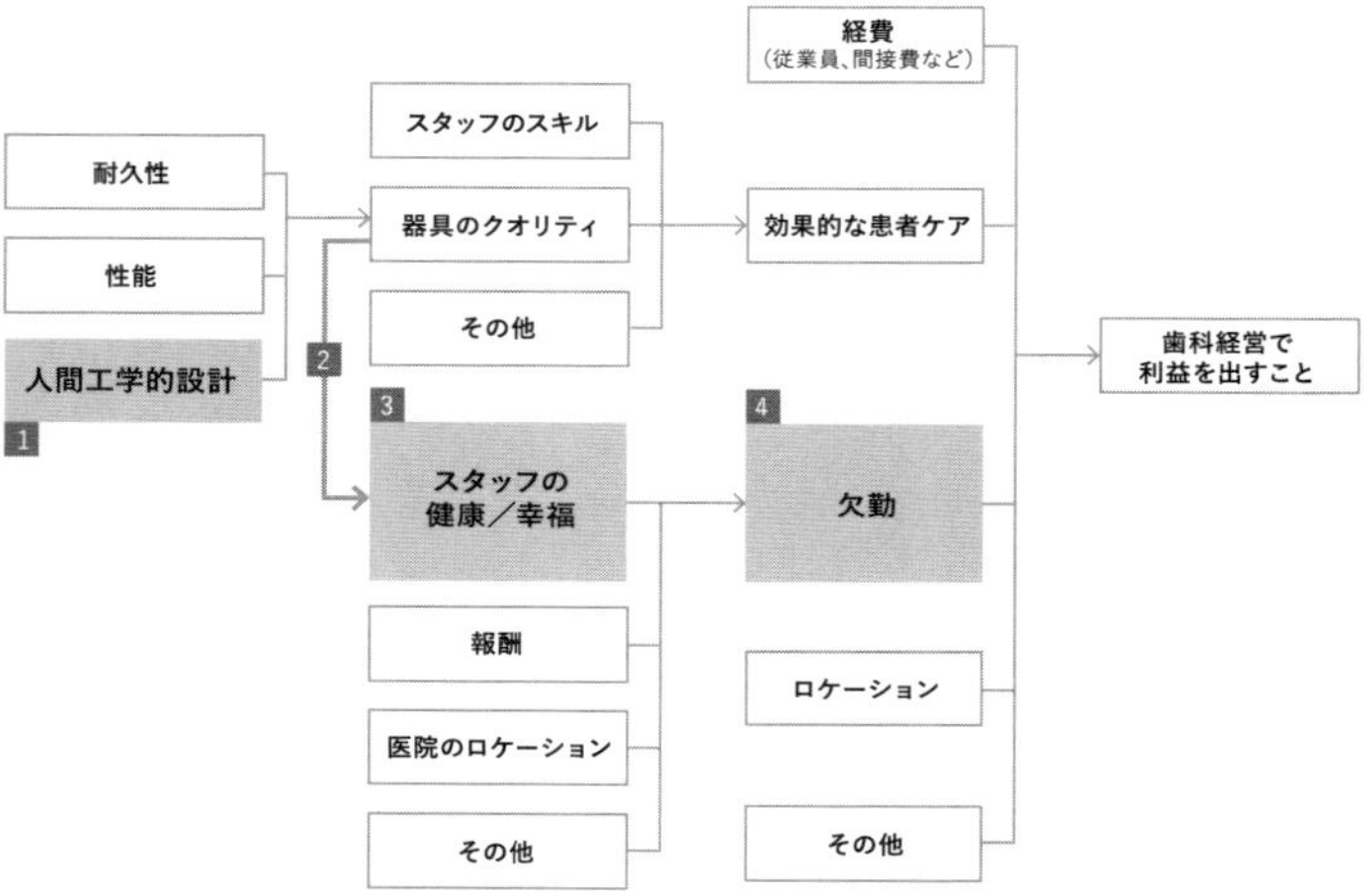

図 4.2　歯科製品顧客の望ましいメンタルモデル

ることが多いからだ。つまりデンツプライの「立証責任」があまり重くない。したがってこのステップは反論もほとんどなく、比較的スムーズに進む。

ちなみに立証責任については、ステップごとに注意深く検討しなければならない。立証責任が重くなればなるほど、顧客を納得させるための証拠が必要になる。

デンツプライにとっての勝負どころは次のステップである。ここで思わぬ証拠を見せられた歯科医は、ほぼ例外なく仰天する。歯科衛生士の手首痛や手根管症候群は、患者の口のなかに一日中変な角度で手を入れていることによる避けられない結果ではなく、衛生士がそのとき使っている器具がもたらす結果で、予防可能だというのである。

そんなつながりは考えたこともないので、ほとんどの歯科医は衝撃を受ける。ご想像のように、前のステップとは違ってここは立証責任が重い。

いったいデンツプライはどうやってこの因果関係を知ったのだろう? 同社のチームは非常に賢い方法をとった。経験豊かな歯科医を雇って、現場の観点から戦略策定を手伝ってもらったのだ。ベテランの顧客とまとまった時間をたっぷりとると、顧客のメンタルモデルを驚くほど早く精緻化《せいち》し、確定できる! 同業者がどのように考えているか(そして何を当然視しているか)をその歯科医に教えてもらい、一方でCEBのような部外者にこれまでの常識を検証させることで、デンツプライは欠勤と歯科器具のあいだの隠れたつながりを見つけることができた。

そして当然、デンツプライはこの点をしっかり、力強く証明するための適切な証拠を準備した。コマーシャルインサイトを築こうとするサプライヤーにとって、このように立証責任が特別重いときは、証拠の中身がきわめて重要になる。データの裏づけがあるか? 情報源は信用できるか? 理解・信用・共有しやすい文脈のなかで説得力ある伝え方をしているか? なにしろデンツプライがやろうとしているのは、顧客のメンタルモデルのなかにまったく新しい因果関係を築くことなのだ。それはつまり、歯科医自身が考えもしなかった、「器具のクオリティ」と「スタッフの健康」の関係である。ここに歯科医を同意させることが重要である。

ここまできたら、いよいよ器具そのものの性質について話す番だ。スタッフの健康リスクを減らすためには、どのような器具が必要か？　器具のクオリティに関して歯科医が重視するのは耐久性と性能の2つだったが、どちらも正解ではない。正解は歯科医がたぶん考えたこともないもの、すなわち器具の人間工学的設計である。そこでデンツプライは器具のクオリティの主要ドライバーとして、まったく新しいボックスをメンタルモデルに加えている。この点についてもやはり、立証責任を果たしたかを確認しながら。

ここで一歩引いて全体をあらためて眺めてみると、デンツプライはいまや説得力のある（しかしまったく新しい）因果連鎖を顧客のメンタルモデルとして描くことができる。この会話の前まではまったく存在しなかった、次のような道筋ができている。

①人間工学が器具のクオリティに大きな影響を及ぼす。
②それがスタッフの健康を改善する。
③したがって欠勤が減る。
④長期的な収益力が劇的に向上する。

デンツプライは少しずつ顧客のメンタルモデルを分解し、説得力のある、実用的なアイデアを中心にそれを再構築してきた。そのアイデアは、デンツプライの事業に対する歯科医の考え方を変えるだけでなく、何よりも、歯科事業そのものに対する歯科医の考え方を変えるものだ。

こうしてAが壊され、Bが築かれる。

このプロセスの基本エッセンスを抜き出すならば、メンタルモデルを変えるには最終的に3つの方法がある。

①要素を加える――顧客がかつて気づかなかったドライバーを導入する。
②要素の重要性を高める――その要素がかつて考えていたよりも重要であることを示す。
③因果関係を加える――顧客がかつてつながりなどないと考えていた要素同士をつなぐ。

図4・1や図4・2のようにボックスと矢印でメンタルモデルを描くなら、もっと簡単に言える。

①ボックスを加える。
②ボックスをもっと大きくする。
③矢印を加える。

これがメンタルモデルの威力である。たしかにひとつの図にすぎない。だが、そこにはとてつもないパワーがある。顧客が顧客自身についてどう考えているかを、簡潔な言葉で書き表している。

顧客のメンタルモデルについて考える際に重要なのは、詳しくしすぎない、複雑にしすぎないこと。あまり複雑だと、顧客が自身のビジネスについてどう考えているかを簡潔に表現するという、もともとのねらいから逸脱するし、顧客の考え方を変えるチャンスもつかめない。一番右の目標（最終結果）から5層も6層も離れると、顧客はおそらく関心を失うだろう。目標から近いところで異議を唱えたほうがインサイトの効果は大きい。ただし、そうしたインサイトは立証責任が重く、有力な証拠を必要とする。異議を唱える場所が目標から離れれば離れるほど、立証責任は軽くなるが、顧客が関心を持つ可能性も低くなる。インサイトの「スイートスポット」はたいてい最終目標から1〜3層下がった場所である。

では、メンタルモデルの「適用場所」をどうやって決めればよいか？　顧客は関心のある結果をいくつも持っている可能性がある。「歯科経営で利益を出すこと」に相当するものを、そもそもどうやって見極めるか？　その疑問に答えるため、次はゼロックスの印刷ソリューション部門を訪れよう。

第5章

コマーシャルインサイトの活用

ケーススタディ「ゼロックス印刷ソリューション」

デンツプライの例はメンタルモデルのマッピングに焦点を当てたが、このゼロックスの事例では、いわばメンタルモデルのマッピングをめぐってとりうる幅広い方策について見ていく。コマーシャルインサイトを生成・活用するためにマーケターが営業や製品部門と協力してとりうる現実的ステップを「後講釈」的に紹介する。

ゼロックスの一部門であるゼロックス・テクノロジー・ビジネスは、医療からハイテク、教育まで、さまざまな垂直市場にエンタープライズプリンティング環境を提供している。ゼロックスのエンタープライズ・ビジネス・グループのマーケティング担当バイスプレジデント、レア・ケサダは、幼稚園から12年生までの初等中等教育市場向けの販促キャンペーンを部下たちと企画しながら、葛藤を感じていた。

彼女はゼロックスが開発した最新テクノロジーにとても満足していた。それはカートリッジ不要の次世代ソリッドインクプリンター「カラーキューブ」である。この種のテクノロジーによってカラー印刷のコストは飛躍的に下がり、ほとんどの学区で使われている白黒プリンター並みになろうとしている。

マーケターの夢の実現だった。デンツプライの新しい器具と同様、ゼロックスのこのソリューションは印刷コストを桁違いに改善する、他にはない製品の提供を可能にした。しかも巨大な市場で。初等中等教育市場の印刷ボリュームは莫大だが、使用するのはほとんど白黒プリンターであり、ゼロックスをはじめとする印刷業者の利幅は薄い。

だが、レアの頭をずっと離れない疑問があった。学校の予算が減少する時代に、高級カラープリンターを学区の技術責任者の頭にどう位置づけていくか？　彼らの関心は、これからの新しいテクノロジーを最大限活用しようとすることよりも、すでに使っているテクノロジーをあともう何年か使いつづけることにある。ゼロックスにかぎらず、すべての技術サプライヤーが初等中等教育市場に高級カラーソリューションを売るのに苦労していた。そして明らかに、ゼロックスの新製品は競合他社に比べても高級品の位置づけだった。

研究開発の歴史が豊富なエンジニアリング主導組織では、製品のバリュープロポジションを支えるテクノロジーの特徴やベネフィット（「スピードとフィード」など）をもっと明確化するというのが一般的な対応だろう。だがレアが考えたように、顧客があなたのソリューションのよさを認めても買いはしない時代、そんな対応が奏功するとは思えない。

レアたちのチームが考え出したのはコマーシャルインサイトだ。ゼロックスが顧客と交わす会話の中身を変え、さらに、そうした会話の対象となる顧客関係者をも変えるインサイトである。最終的にゼロックスは、それまで横ばいか下降気味だった垂直市場での売上が17％増加した。

本章では、レアたちのチームがどのようにしてコマーシャルインサイトそのものをつくり上げたかを説明し、次の第6章では、彼女たちのチームがマーケティングコンテンツと最前線の営業チームを通じて、どのようにそのインサイトを実行に移したかを紹介する。

ターゲットの拡大

レアたちはシンプルなモデル（2つの同心円）を、コマーシャルインサイト創出の指針とした（図5・1を参照）。このモデルはCEBが開発したものだ。チームメンバーは「カラーキューブ」の初等中等学校向けキャンペーンの準備に費やした半年間、このモデルの図を執務スペースの壁に貼っておいた。昔ながらの枠組み――そこでは同プリンターの各種性能が教育者の比較的単純な業務ニーズを満たすことがはっきりしている――を越えた発想ができるよう、自分たちを戒めるためだ。

このモデルの裏にある考え方は、「驚きの掘り起こし」。あなたの差別化ポイントに対する顧客の価値の置き方を構成し直すにはどうするか、が課題である。この再構成は簡単なようだが、例によって、悪魔は細部に宿る。

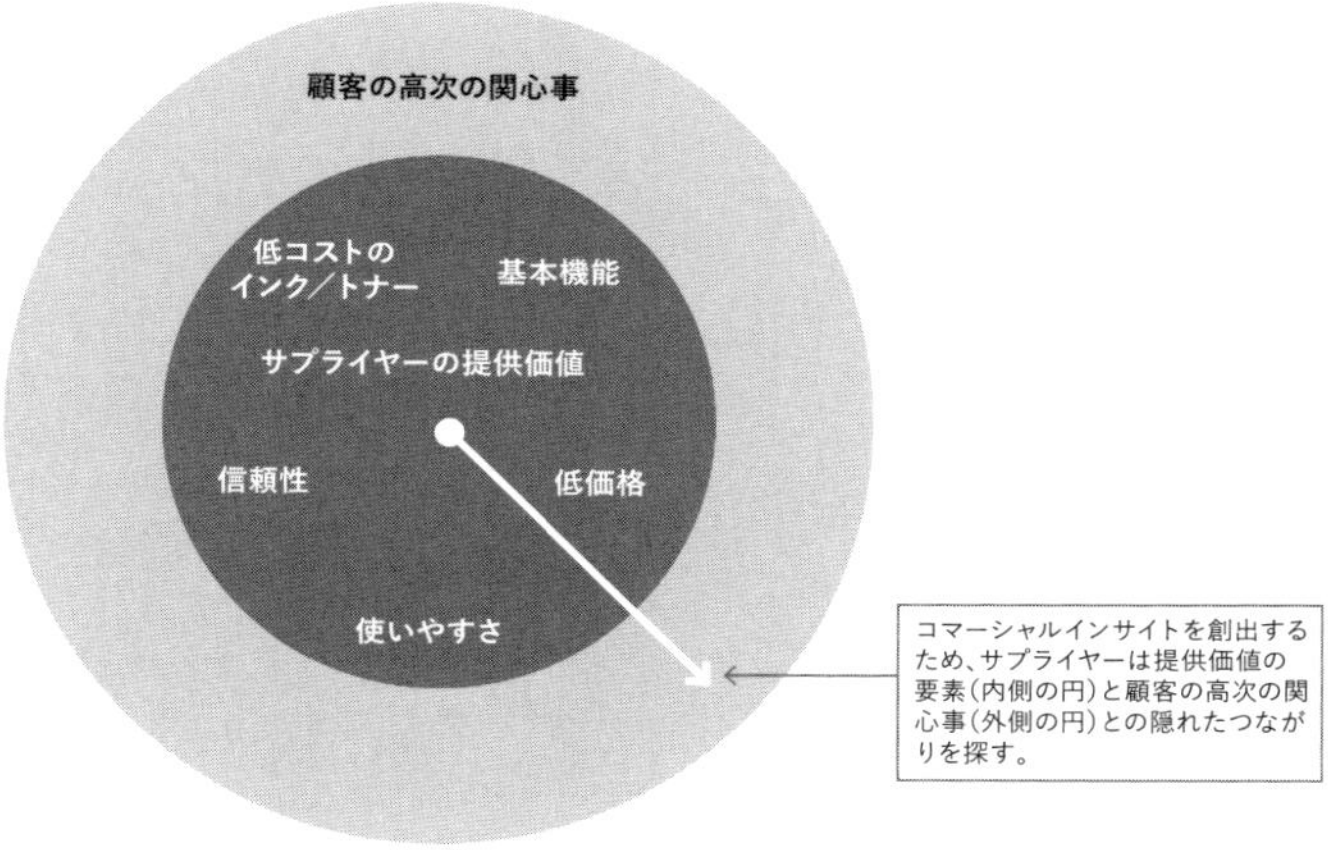

出典：ゼロックス・コーポレーション、CEBによる分析

図 5.1　ゼロックスのインサイトモデル

モデルの内側の円は、サプライヤーの提供価値の主要要素を把握するためのもので、主な差別化ポイントを含んでいなければならない。レアによれば、「ここにあるのは、お客様が私たちに――それから私たちのライバルに――話してほしいと考えていることです」。たとえば、機能性、維持費、信頼性、使いやすさ。これらはほぼすべての企業で、伝統的な提供価値の中核をなしている。

一方、外側の円は、サプライヤーの能力にかかわらず、顧客がもっと高次のレベルで関心を持っていることである。レアによれば、これは「顧客が本当に気にかけていること」だ。ここで重要になるのは、外側の要素と内側の要素の接続ポイントをつくる（矢印を描く）こと。ただし、顧客が考えたこともないような意外なつながり、これまで過小評価されてきたつながりをつねに念頭に置かなければならない。この矢印が基本的にコマーシャルインサイトの候補となる。これらをテストし、それがどれだけ共感を得るか、顧客の自分自身に対する認識を変えるきっかけになるかで採用・不採用を決めればよい（外側の円はまだブランクだが、このあと埋めてゆく）。

多くの点で非常に単純な作業である。しかし、企業が自社の価値を説明するためにやりそうなこと（とくに重要な製品の販促をするとき）を考えた場合、レアのチームも大差はなかったという。つまり内側の円ばかりを重視した。製品の差別化要因、それらを束ねる提供価値である。なぜなら、それは製品の特性と顧客のニーズを明確につなぐものであり、最も主張しやすいからだ。

この古典的なメッセージを伝える顧客は否応なくどこへたどり着くか？　聞き覚えがないだろうか。「当社の最先端のカートリッジ不要テクノロジーは、レーザープリンターに比べて廃棄物の排出が9割少なく、鮮やかでスムーズなイメージを瞬時に生み出します。どんな環境でも、当社が用意した数あるソフトウエアのひとつと組み合わせて、お客様のニーズに応じた幅広い教育ソリューションを提供いたします」。それがメッセージだった。この新技術に対する市場需要を喚起しようと、さまざまなコンテンツチャネルにそれは登場した。

だが結局、その学区のテクノロジー管理者は、自席でランチをとりながらダウンロードしたホワイトペーパーでそれを読んだとき、あるいはオーランドの教育者向け展示会のゼロックスブースで何気なく手に取ったパンフレットにそれを見つけたとき、あるいは60分のミーティングでゼロックスの販売員から直接話を聞いたときも、まったく同じ反応を示す可能性が高い。「なるほど。廃棄物が少ないことも、色が鮮やかなこともよくわかりました。疑問の余地はありません。でも技術予算が減らされて、古い印刷システムは××ドル以下で新しくしなければなりません。しかも性能アップが前提です」

お手上げ状態だ。コモディティ化行きの急行列車に乗ったも同然。もどかしいことこの上ない。でも、どうやってこの会話を違う方向へ持って行けばいいのか？　できれば、こんな会話はそもそもごめんこうむりたい。

コマーシャルインサイト創出のためにレアたちがとったステップは次のとおりだ。このインサイトは、提供価値に対する顧客の考え方を構成し直し、まったく違う顧客との会話につながるものである。

ステップ1――自社の差別化要因を洗い出す。
ステップ2――顧客が最も関心を持つ結果の一覧をつくる。

ステップ3——結果に優先順位をつけ、起点となるものを選ぶ。
ステップ4——結果のドライバーに関する顧客の認識をマップ化する。
ステップ5——自社の差別化要因と顧客の結果とのつながりを想定する。
ステップ6——つながりを検証・確認する。

最初の3つのステップは、デンツプライの事例で検討したメンタルモデルマッピングの前にする作業である。ステップ4はメンタルモデルマッピングそのもの。ステップ5はメンタルモデルの壊し方を知るきっかけになる。そしてステップ6はインサイトの検証・確認作業である。ステップごとにゼロックスの実践を見ていこう。

ステップ1——自社の差別化要因を洗い出す

レアのチームはまず、この同心円モデルの内側の円からスタートし、ゼロックスの差別化要因を洗い出した。ソリューションレベルの要素（例・低コストのカラーインク技術）もあれば、ゼロックスのもっと幅広い能力が可能にする要素（例・物流やカバー地域のせいで容易な補充）もある。チームはできるだけ幅広い捉え方をするようにした。「ゼロックスだけ」にとどまらず、「ほぼゼロックスだけ」という差別化要因も盛り込んだ。たとえば、鮮やかな色。ライバル企業のなかにも鮮やかな色を提供するところはあるが、ゼロックスほどコストが低くはない。

ここで幅広い捉え方をするのは重要だった。いくつかの差別化要因が組み合わさって初めて、ライバルには不可能な独自の価値を提供するケースがあり、チームはそれを把握しやすくなるからだ。

差別化要因の特定を幅広く行うもうひとつの理由は、外側の円（顧客が最も関心を持っていること）とつながる可能性が増えることにある。このステージでは、レアのチームは内側の円（ゼロックスの差別化要因）と外側の円（顧客が最も気にかける高次の関心事）の隠れたつながりを見いだすべく、範囲をできるだけ広くとるよう心がけた。

ステップ2——顧客が最も関心を持つ結果の一覧をつくる

結果とはいわば動作動詞、なんらかの方法で測定できるものと考えられる。たとえば、「教師の関与を高める」「学校の設備を近代化する」「学校のランクを上げる」はどれも結果である。

ゼロックスのチームの次のステップは、顧客が最も関心を持つ結果の一覧をつくることだった。簡単に聞こえるが、これを正しくできるマーケティングチームはほとんどない。必ず正しくやらなければならない。

たいていのマーケティングチームが失敗する第1の点は、「顧客」という言葉を狭く解釈しすぎることだ。マーケターは意思決定者をターゲットにするよう訓練されている。それはたいてい、過去の購買案件でつねに意思決定のカギを握ってきた人物である。ゼロックスにとっては、学区レベルのITマネジャーやビジネスマネジャーだろう。一見、なんの問題もなさそうだ。重要な意思決定者の思考回路や痛み、彼らが望む結果を理解したくないと思う理由がない。ゴーサインを出す権限を持つ唯一の人なのだ。

だが、コマーシャルインサイトを築こうとするなら、顧客組織の事業観を変えようとするなら、昔ながらの意思決定者の枠組みの外へ出て、組織のもっと幅広い人たちが重んじる結果を理解しなければならない。また、コンセンサス購入の時代には、サプライヤーはやはり幅広い関係者が大切にする結果を理解しなければならない。そうすることで、それらの結果を互いに密接に編み合わせ、複雑なソリューションを販売するのに必要なコンセンサスを築くことができる。ゼロックスの場合、それは最高責任者、校長、ビジネスマネジャー、指導役教員にアプローチし、これらの関係者がどんな高次の結果に関心を持っているかを知ることだった。

ターゲット顧客を狭く捉えすぎることに加えて、顧客の結果を考える際の第2の誤りは、結果そのものを狭く捉えすぎることだ。サプライヤーは販売員たちから言われた指標にこだわる傾向がある。なぜなら見積依頼書（RFP）の9割にその指標が登場するから！　ゼロックスの場合なら、ページ当たりの印刷費、印刷機の稼働時間、印刷スピードなど。いずれも販売員が最もよく聞き慣れた指標である。

しかし、ゼロックスのチームのように、いったん立ち止まって高次の結果、すなわち幅広い顧客関係者が重んじる結果について考えると、「生徒のパフォーマンスを高める」「先生の能力を高める」といった、もっと大きな結果にたどり着く。これらは印刷ソリューションとは無関係に、幅広い関係者集団が一番気にかけている結果である。

レアのチームはどうやって、顧客にとっての高次の結果を突き止めたのか？　彼らが最初に気づいたのは、この幅広い関係者が本当に気にしていることを、自分たちが必ずしもわかっていないということだ。重要度の順番など、もちろんわからない。だから尋ねに出かけた。顧客インタビューを何十回も実施し、優秀な販売員に話を聞いた。業界調査をこつこつと進め、顧客インタビューをさらに重ねた。

有力なマーケターから、いろいろな理由（予算、重点、社内政治など）で顧客とめったに話をしないと聞かされて、われわれは時々びっくりする。だがゼロックスは、マーケティングと顧客とのこうした直接のやりとりがコマーシャルインサイト構築に不可欠だという証拠をもっと提供してくれる。実際、そんなやりとりの機会は数多くある。あなたの組織の周りでも日々、顧

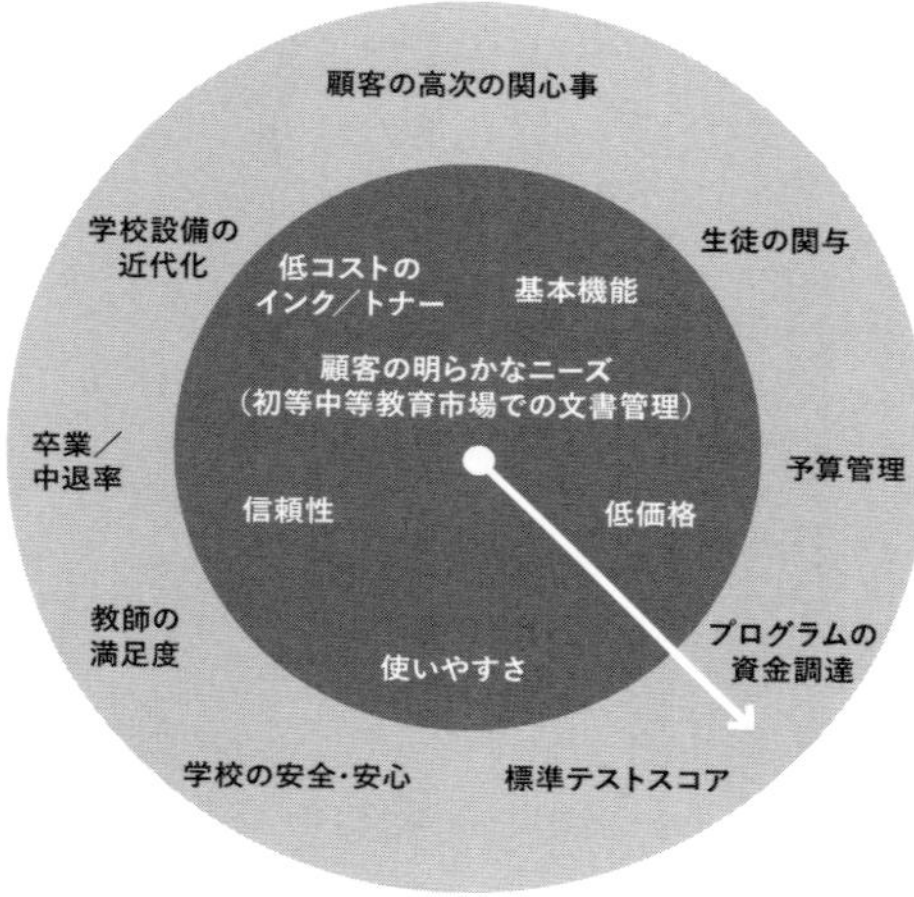

図 5.2　ゼロックスのインサイトモデル（顧客の関心事含む）

客とのコミュニケーションが起きている。業界の展示会で、あるいは顧客と販売員、顧客と専門家のあいだで。多くの組織には顧客諮問《しもん》委員会があり、年に1回か2回会合を持つ。こうした機会を利用して、顧客に次のような質問を体系的にぶつけるとよい。「お客様から聞いた目標をここにリストアップしましたが、合っていますか？どれに最も関心がありますか。足りないものがありますか。どこを変えるべきですか。優先順位はどうでしょう」

一定の努力の結果、ゼロックスのチームは幅広い高次の結果を見いだした。たとえば、学校設備の近代化、生徒の関与の増大、均衡予算など（図5・2を参照）。

ステップ3――結果に優先順位をつけ、起点となるものを選ぶ

次にゼロックスのチームは、顧客から見た重要性に基づいて結果に順位をつけた。顧客に会ったとき、重要性に応じたランク付けを依頼したのだが、そのあと必ず理由も訊くようにした。ここはあまり緻密さや正確さを追求する必要はない。それぞれの結果のおよその重要性や、購買集団の関係者に共通する結果がどこにありそうかがわかれば、まずはよい。

またレアのチームは、各結果がゼロックスの差別化要因と実はつながっている可能性（言い換えれば、外側の円と内側の円がつながっている可能性）も評価した。たとえば、「学校施設の安全を維持する」は学校の幹部にとってはかなり重要な結果だが、ゼロックスの差別化要因（内側の円）とつながりがあるとは思えないため、リストから削除された。

一方、「生徒のパフォーマンスを高める」という結果については、内側の円とつながっている可能性が指摘された。学校のプリンターは、先生が使う教材づくりに利用される。そこでチームは、この結果を起点として重視することに決めた。

ここにデンツプライの例との類似点が見てとれる。重視すべき結果を選ぶ際、レアのチームは歯科医のメンタルモデルの一番右のボックス「歯科経営で利益を出す」に相当するものを選んだ。次はメンタルモデルマッピングに相当するステップだ。

ステップ4——結果のドライバーに関する顧客の認識をマップ化する

レアのチームは、各種結果を理解するために顧客と会話するなかで、結果の原因となるドライバーが何かも尋ねていた。さまざまな関係者のメンタルモデルの理解に努め、インタビューをもとに、生徒の成績に影響を与える主要ドライバーをリストアップした。そこから浮上したドライバーは、「生徒の関与」「意欲の高い教師」「個々のペースに合わせた授業」など。デンツプライの場合も、このように顧客が考える要因をマップ化した。

顧客の頭のなかに入り込まなければならないから、このステップは一番難しい。CEBのワークショップでも、メンバー企業はここで一番苦労する。多くのマーケティング・営業リーダーは、部下たちがまだまだ顧客に近づいていないことに気づかされ、危機感を抱く。「まったく違う『顧客理解』(第3章)での議論を思い出してほしい。サプライヤーは必ずしも、顧客からどう見られているかを細かく知る必要はない。むしろ必要なのは、顧客の顧客自身に対する見方を細かく知ることである。

ステップ5——自社の差別化要因と顧客の結果とのつながりを想定する

ゼロックスのチームはここでメンタルモデルを壊しにかかった。「生徒のパフォーマンスを高める」ためのドライバーだと顧客が考える要素をマップ化したあと、彼らは次のように尋ねた。「生徒の成績とゼロックスの差別化要因のあいだにつながりがあったとしたら?」

同チームはブレーンストーミングセッションを開催し、トップ販売員にメンタルモデルの図を見せて、隠れたつながりや再構成可能な部分がないかを探った。そのために、次のような簡単だが役立つ質問集を利用した。

- われわれがまだ気づいていない、どんな効果をここで与えられるか?
- この領域について、顧客が見過ごしている何をわれわれは知っているか?
- この結果に関して、顧客が気づいていない変化があるか? どんな変化が見逃されているか?
- 顧客の顧客(生徒、先生、保護者)なら、ここでどんな提言をするか?

とはいっても、レアによれば、内部の関係者とこうした問いについて話し合うとき、声が大きい人に耳を傾けすぎてはならない。たとえば、ゼロックスのトップ販売員の何人かは、色と卒業アルバムの印刷仕上がりにつながりがあるのではないかと考えた。ただ、卒業アルバムの印刷はとても「高次」とはいえないので、これはベストな起点とはならない。卒業アルバム印刷はＰＴＡや募金係を通じて資金調達されることが多いため、主な関係者が関心を持つ結果とはなりえないのだ。

まるで探偵の仕事のようだ。それに時々、小さな手がかりが最も重要な手がかりだったりもする。

このような会話やブレーンストーミングを重ねるなかで明らかになったのは、鮮やかな色と学習の改善のあいだにつながりがあるのでは、ということだ。双方向学習が生徒の知識保持に効果を発揮するのと同じである。よちよち歩きの頃から高解像度のタブレットを使ってきた現代の子どもたちが、すべての教材に鮮やかな色を期待しているとしたら？　モノクロの代わりにカラーの教材を使った結果、子どもたちのパフォーマンスが高まったら（知識保持の向上、授業への積極的参加）？

初等中等教育の上級意思決定者（彼らはタブレットのない時代に育ち、おそらく子どもも育てたと思われる）が、生徒のパフォーマンスに関するメンタルモデルでこの種の効果に気づかないとしても無理はない。これは比較的最近の環境変化である。ゼロックスのチームはこのアイデアに沸き立った。きわめて価値の高い再構成ができそうな仮説だった。

ステップ6──つながりを検証・確認する

だが、喜んでばかりもいられない。顧客のメンタルモデルを大きく変えるときはいつもそうだが、立証責任が重くなるからだ。生粋の教育者や学区リーダーは、メンタルモデルを簡単には変えてくれない。とりわけ生徒のパフォーマンスというのは、彼らが何十年も取り組んできた課題である。

そこでチームは仮説の検証を始めた。この仮説が顧客の最大の関心事を反映し、そうした関心事に対する顧客の考え方に異を唱え、ゼロックスの差別化要因を想起させるようにしたかった。

彼らが使った質問形式のチェックリストを以下に示す。

- このアイデアについて話す許可を顧客からもらっているか？
- このアイデアと新しいアプローチの妥当性を証明できるか？
- 顧客関係者をこのアイデアに沿って行動する気にさせられるか？
- このアイデアは新しい関係者の関与を必要とするか？

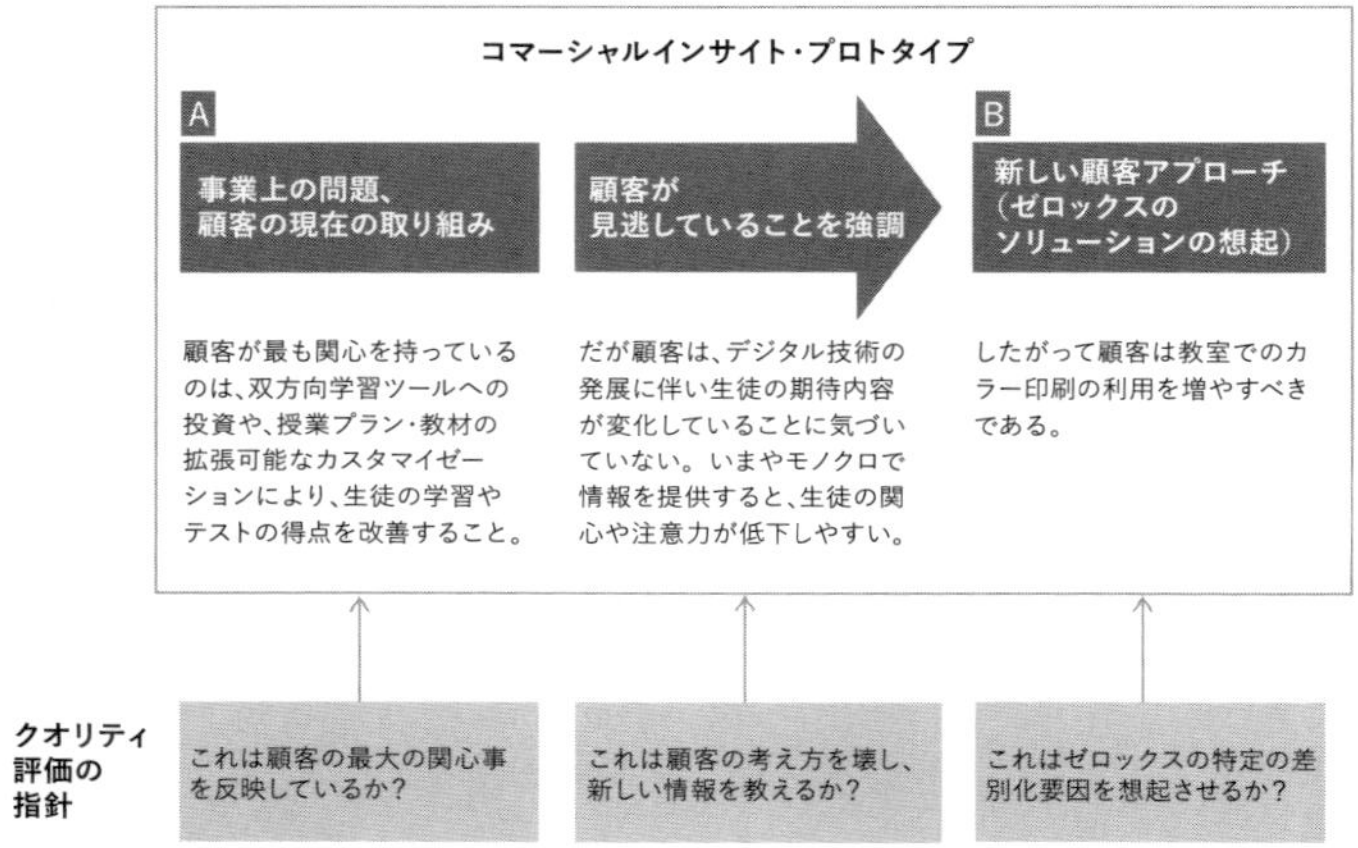

出典：ゼロックス・コーポレーション、CEBによる分析

図 5.3　ゼロックスのコマーシャルインサイト・プロトタイプ

- このアイデアはリスクやコストにまつわる反論を呼び起こすか？
- このアイデアは変更管理に関わる新たな懸念を生じさせるか？

直感に頼ることなくこれらの疑問に答えるため、ゼロックスのチームは実態を調査した。顧客の長年のメンタルモデルを変えるのが難しいことはわかっていたので、まずは顧客の顧客（この場合は生徒）を調査した。生徒に関する意外なインサイトやつながりを示すことは、顧客が変化する大きなきっかけになる。ゼロックスはわずかな調査でそれができた。たとえば生徒の77％が、カラー文書によって集中力、記憶力、関心が高まると述べている。

もうひとつ調べたのは、最高責任者、校長、ビジネスマネジャー、カリキュラム開発責任者など、教育上の意思決定者たちだ。従来は学区の技術部門の人たちと接していたが、コマーシャルインサイトになりそうなこのアイデアは、それとはまったく違う関係者に関わりが深いとレアたちは考えた。そして、その関係者たちは、ゼロックスが初等中等教育の顧客とまったく違う会話——印刷パフォーマンスではなく生徒のパフォーマンスに焦点を合わせた会話——を交わすためのカギを握っていると思われた。

ここでは段階を追ったアプローチとして紹介しているが、ゼロックスの場合は全体として反復が多く、数カ月のあいだに何度も検証とやり直しを繰り返す。

レアのチームは、これらの調査が全体のなかの個々のステップにも同時に役立つようにした。たとえば教育意思決定者の調査では、ゼロックスの差別化要因を検証し、顧客にとっての各種結果の重要度順を確認。また、それらの結果のドライバーに関する意思決定者の認識を検証し、いくつかのコマーシャルインサイト・プロトタイプの妥当性、信頼性、ニュースバリューを確認したほか、販売員との会話で明らかになった実務的な反論（生徒のパフォーマンスと色とのつながりに関して意思決定者が述べそうな反論＝「カラー印刷は高くつく」）も検証した。これはもちろんゼロックスの差別化要因を裏づける助けとなった。「カラーキューブ」テクノロジーのおかげで安価なカラー印刷を提供できるサプライヤーはゼロックスだけである、と。

ゼロックスのチームは生徒のパフォーマンスをめぐるインサイトを掘り当てた。チームは色と生徒のパフォーマンスのつながりをさらに調べるため、追加の調査を依頼し、めざすメンタルモデルシフトの規模に匹敵する証拠をそろえた。

同チームがコンテンツおよび需要生成戦略のなかでその証拠をどう利用したかは、次章で紹介する。

インサイトの創出は一仕事だと感じられる。たしかに、顧客に関する下調べをし、調査を企画・実行し、インサイトを発見・検証するには数カ月を要した。だが、チームの構成員はたったの4人だった。

- プロダクトマーケター
- マーケティングコミュニケーション専門家
- セールストレーナー
- 「シックスシグマ」の訓練を受けたプロジェクトマネジャー

ヒトについては後ほどまた検討する。コマーシャルインサイトの創出は人材構成に左右されることがわかっているからだ。

だがここでは、横ばいだった売上が17%増加したことに注目しよう。学区のモビライザーが、ゼロックスのチームがつくったようなコマーシャルインサイトに惹きつけられるのは想像できる。この手のインサイトは、モビライザーが組織で実現したいと考える高次の結果を表しており、モビライザーは根本的な変化を推進するのに適した人種である。校長であれ、カリキュラム開発責任者であれ、学区のビジネスマネジャーであれ、そのモビライザーをコマーシャルインサイトを通じて説得することが、コモディティ化や価格競争を回避するカギである。

さらに、もっと幅広い関係者集団の心に入り込み、彼らの事業に対する考え方を理解することができれば、コンセンサスの中心となるインサイトを創出できる。ソリューションの販売よりソリューションの購入のほうが難しいというコンセンサス購買の時代には、それは信じられないほどの威力を発揮する。

ゼロックスの販売代理人のひとり、ジョン・ゴリッツは、このコマーシャルインサイトのおかげで顧客の関心を引くことができたと述べる。

「担当した取引はほぼ全勝です。生徒の学習を中心に据え、ゼロックスがそれをどうお手伝いできるかというふうに会話を構成し直したら、もう競争相手について話す必要はありません。まるでドアが閉まり、私は内側、ほかの人は外側にいるみたいに」

コマーシャルインサイトが会話の中身を変えたため（図5・4を参照）、レアたちのチームはつ

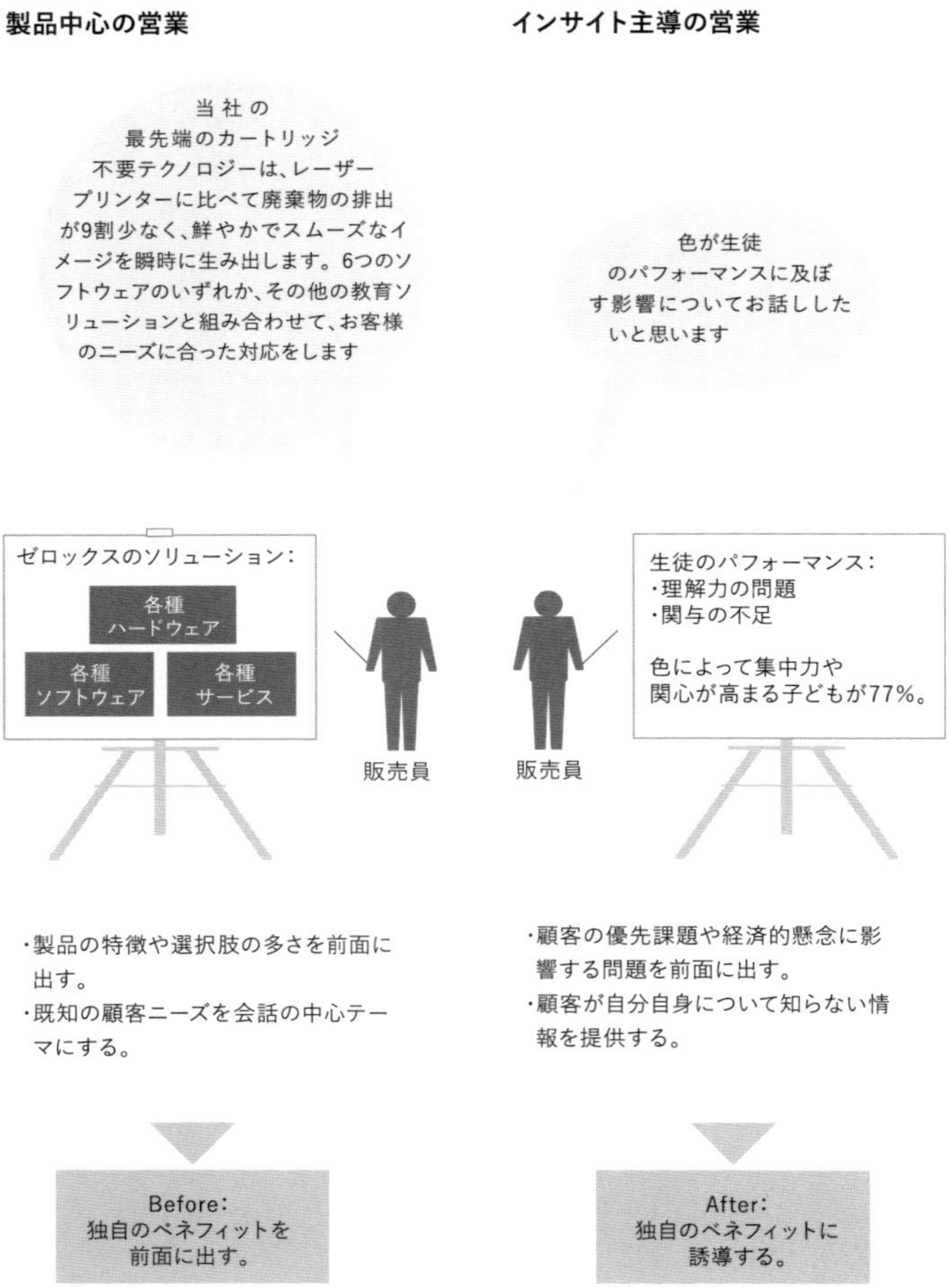

出典：ゼロックス・コーポレーション、CEBによる分析

図 5.4　製品中心の営業からインサイト主導の営業へ（ゼロックス）

ねに「RFPの先を行っている」という。生徒のパフォーマンスに着目したインサイトの成果である。のみならず、この初等中等教育の事例はゼロックス社内でも注目を浴び、他の製品グループもコマーシャルインサイトを用いた戦略をめざすようになった。

いまやゼロックスでは、「どうやったらコマーシャルインサイトをつくれるのか?」ではなく、「どうしてコマーシャルインサイトをつくらないのか?」という疑問が普通になっている。

コマーシャルインサイトを築いたら、そこからがいよいよスタートだ。販売員にそのインサイトを授け、彼らが現場で果敢に戦えるようにしよう。問題は、購買プロセスの57%に達するまで、多くの顧客が販売員と意味のある接触をしないことだ。その時点では購買基準もほぼ固まっている。たとえ世界クラスのコマーシャルインサイトが用意できても、そこで購買基準を変えさせるのは容易ではない。

したがって重要なのは、顧客の購買集団が販売員の助言を求めてくる前に、どうやってコマーシャルインサイトを使ってモビライザーに働きかけ、指導するかである。このあと、コマーシャルインサイトをめぐるコンテンツマーケティング戦略を丸ごと設計し直すにはどうすればよいかを見ていこう。目的は、57%の前の段階で、モビライザーを引き寄せ、あなたに代わって変革を推進したいと思わせるコンテンツの種をまくことだ。

第6章

モビライザーへの「指導」

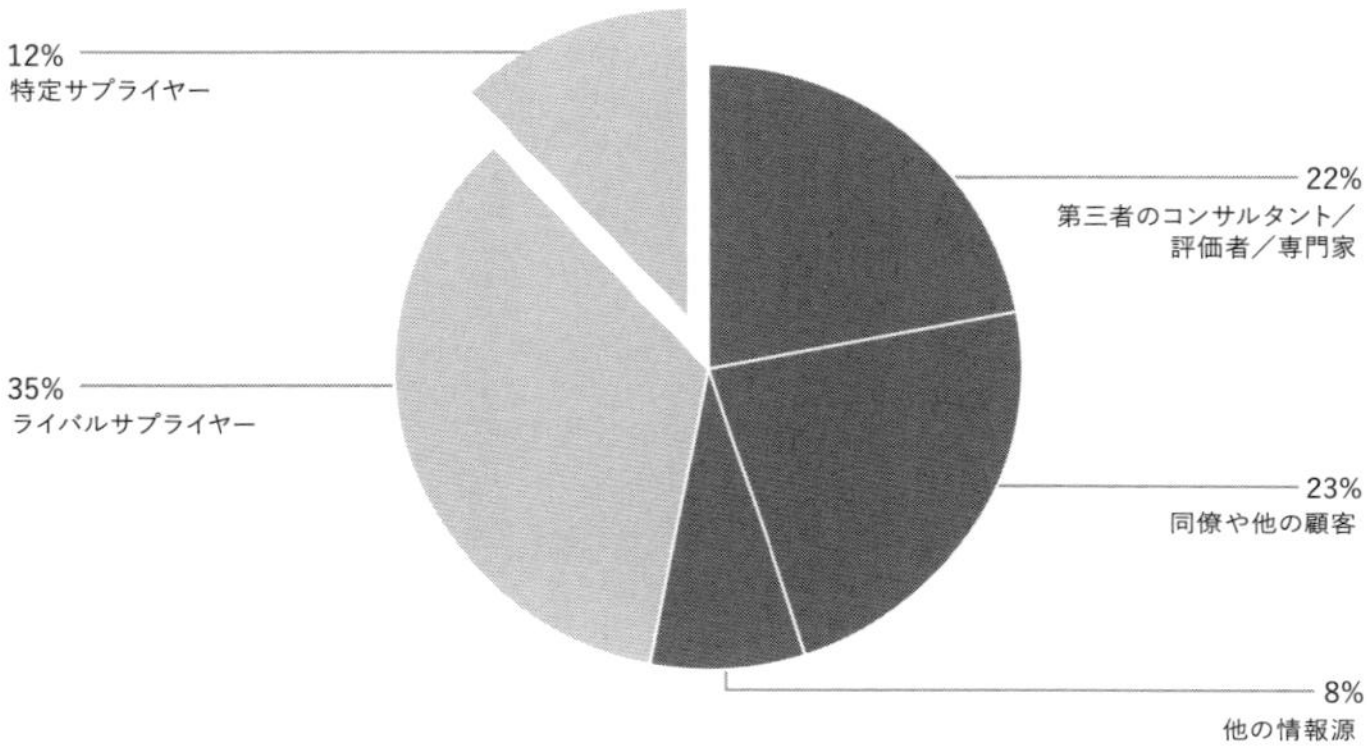

n = 545.

出典：CEBのB2B顧客調査（2012年）

図 6.1　B2B 顧客が購買までのあいだに参照する情報源

あなたの顧客（とりわけモビライザー）はどこで学ぶのか？　われわれはその質問を多数の営業組織やマーケティング組織に投げかけてきた。思いのほか単純な質問なのに、答えをしっかり把握している組織は驚くほど少ない。それには理由がある。「顧客が学ぶ場所」は変わりつつあるのだ。デジタルチャネルやソーシャルメディアチャネルの爆発的普及により、彼らは古いマーケティングチャネルよりそちらのほうをはるかに信用するようになっている。

さらに、答えを見つけたとして（断じて見つけなければならない）、その場所でモビライザーとの関わりを深めるのは難しくなるだろう。なぜなら、彼らはいろいろな場所で学んでいるからだ。同僚から学んだり、ソーシャルネットワーク上の専門家から学んだり。そこではマーケティングや営業の人間がなじんでいるものとは違う判断基準が用いられる。CEBの調査によると、平均的なB2B顧客は購買プロセス上のさまざまな地点の10前後の情報源を参考にする。サプライヤーからの情報は、全部を合わせてもわずか半分ほど。だから、ある顧客が情報を得ようとするサプライヤーが4つあり、あなたがそのなかのひとつだったとすると、その顧客が消費する情報に占めるあなたのシェアは8分の1、およそ12％である。「ノイズ」が多いと感じるのも無理はない。

そのうえ、どこで情報を教えるにせよ、顧客と一定の距離を保たなければならない（アームズレンクスの原則）。言い換えれば、人間的な関わりはほとんどなし。どうすればよいだろう？「よいコンテンツが必要ではないか」とあなたは言う。たしかに、顧客に指導し、ノイズの多い情報市場で学ぶ彼らの方向性を変えるには、コンテンツが重要である。だが、コンテンツマーケティングに関する一般通念に頼ると、例の57％までの段階でモビライザーの方向性を変えるのに必要な手立てからは、むしろ離れてしまう。

コンテンツマーケティングの「暗部」

あえて単純化するなら、コンテンツマーケティングに関するさまざまな説明で繰り返されるポイントはおよそ3つある。

①スマートであれ

「ソートリーダーであれ。専門家の視点を示せば、顧客は市場でソリューションを探すとき、まずあなたのことを思い出す」

②役に立て

「顧客の痛みに寄り添うコンテンツをつくれ。顧客の検索パターンに注目し、顧客が探しているものに応えるコンテンツをつくれ。顧客の日常業務に役立つものをめざせ」

③存在感を出せ

「顧客のペルソナ（プロファイル）を描け。定期的にコンテンツを発表し、さまざまなペルソナに応じた内容を、彼らが利用する情報源のなかで提供せよ」

モビライザーが学ぶ場所で指導しようとするサプライヤーにとっては、それぞれに落とし穴がある。順に見ていこう。

スマートであれ

ここでの問題は、ソートリーダーシップの名の下に書かれるコンテンツのほとんどが「B」の構築に重きを置き、「A」の破壊を見逃している点だ。結局、変わるべき正当な理由を与えてあげないかぎり、顧客は変わらない。それがソートリーダーシップの落とし穴だ。

たとえば、ゼロックスのマーケティングチームが昔ながらのソートリーダーシップ戦略をめざしていたら、自社の差別化要因に関わるトレンドを中心にコンテンツを作成していただろう。「文書セキュリティについてあなたが知らなかった5つのこと」みたいなタイトルのブログだとか、分散印刷導入のメリットに関する顧客の証言だとか、ソリッドインク印刷のトレンドについて語る白衣の化学者のビデオだとか。どれもBに関するものだ。「印刷の最前線で何が起きているかを知れば、すべてが変わります」的な――。顧客から専門知識を持つサプライヤーとして見てもらうには十分かもしれないが、彼らのいまの行動を変えるにはどうか？　CEBの調査によれば、まったく十分ではない。

役に立て

従来の考え方では、サプライヤーが寄り添うのは、顧客が知っている顧客の痛みである。彼らが探しているものを把握し、それに沿ったコンテンツを書け。たとえそれがあなたのソリューションに直接つながらなくてもかまわない。注意を向けてもらえたらそれでオーケーじゃないか。

善意のアドバイスではある。ノイズの多い市場では、多くのマーケターがそんなふうに注意を向けてもらわなければならない。でも、それではまったく不十分だ。コマーシャルインサイトでメンタルモデルを転換しようとするなら、モビライザーが気づいていない問題について語る必要がある。モビライザー自身がそもそもわかっていないのだから、検索パターンを分析しても、それらの検索語に関連するコンテンツを書いてもムダである。言い換えれば、この「役に立て」というアドバイスに従うサプライヤーはブログのクリック数を増やすかもしれないが、それが販売活動に貢献することはない。

新しい見込み客は生まれても、質の高い取引が成立する可能性は低い。

存在感を出せ

要は顧客をつねに広くカバーしろということだが、ここで問題になるのは、サプライヤーがきわめてたくさんのコンテンツを作成・展開しなければならないということだ。ざっと計算しただけでも大変な数になる。

たとえば控えめに計算してみると、4ペルソナ×5接点×4コンテンツ／月×4ビジネスユニット＝320コンテンツ／月。年換算で4000近い。中規模以上の会社の場合、実態はおそらくその倍にのぼるだろう。

すると、じきに本末転倒の事態が訪れる。来週のブログ原稿がありません、とコンピュータ上のカレンダーが赤く点滅し、あなたはパニックに陥る。「もっとコンテンツを！」。コンテンツカレンダーの穴を埋めろ。締め切りを守れ。乗り切れ。

気がついたらコンテンツをつくることが目的になり、マンネリ化していたというマーケターは多い。コンテンツの質よりもコンテンツの量を優先してしまうのだ。それが「存在感を出せ」の落とし穴である。身に覚えがある人は少なくないだろう。マーケティング組織とのインタビューから推測するに、85%以上がこのマンネリに陥っている。

こうしたアプローチで一番問題なのは「機会費用」である。スマートで役に立ち、存在感のあるコンテンツの作成に労力や資源を投入するたびに、顧客の方向性を変える可能性がある意外なコンテンツの作成に必要な労力や資源が締め出される。モビライザーの事業に関する意外なインサイトを授け、「変わらないことの痛みは、変わることの痛みより大きい」と扇動するチャンスを逸してしまう。それができないサプライヤーのコンテンツは、コモディティ化に向けて突っ走る列車の行き先を変えられないだろう。

だが、それができるコンテンツをどうやってつくればよいか？　それはどのようなコンテンツか？

コンテンツ作成の道筋をつける

マーケティングコンテンツの主な目標が顧客のAを壊し、Bを築くことだとすれば、サプライヤーはすべてのコンテンツがその目標とリンクするようにしなければならない。言い換えれば、マーケターはコマーシャルインサイトをつくったら、一歩引いて、関連のコンテンツ戦略を策定しなければならない。つまり、コンテンツ作成の道筋をつけ、モビライザーにコマーシャルインサイトを深く探求させる。そして彼らの事業に対する考え方を変え、同時に、サプライヤー独自の強みを少しでも理解させるのだ。すべてのコンテンツが「買わせる」ものでなければばならない、というわけではない。だが、すべてのコンテンツがひとつの強力なインサイトからつくられていたらどうか？　どれも同じテーマに関連し、そのテーマを深く掘り下げるものだったら？　そこでの目標は「探求させる」ことだ。結果的にモビライザーをあなたのところへ導くようになっているかぎり、探求は深ければ深いほどよい。

しかし、サプライヤーのコンテンツはたいていその正反対で、テーマはまったく一貫性がない。「スマートであれ、役に立て、存在感を出せ」が常識だったことを考えれば、無理もない。このやり方に従えば、さまざまなペルソナ向けに、幅広いテーマのコンテンツをつくらざるをえない。5・4人の関係者の複雑化する多様性に、コンテンツの出力スピードを合わせようとするのだ。

だが、この戦略ではどこへもたどり着けない。それぞれのコンテンツが互いに独立しているからだ。その結果、顧客は、あなたがスマートな発言内容をいろいろ持っていると思うかもしれないが、それだけだ。あなたに関する考え方は変わっても、自分自身に対する考え方はたぶん変わらない。

他方、すべてのコンテンツがひとつの刺激的なインサイトにつながるよう道筋をつければ、結果はまったく違ってくる。

ここでは、すべてのコンテンツがまるで一筋のパンくずのようにつながり、顧客（なかでも

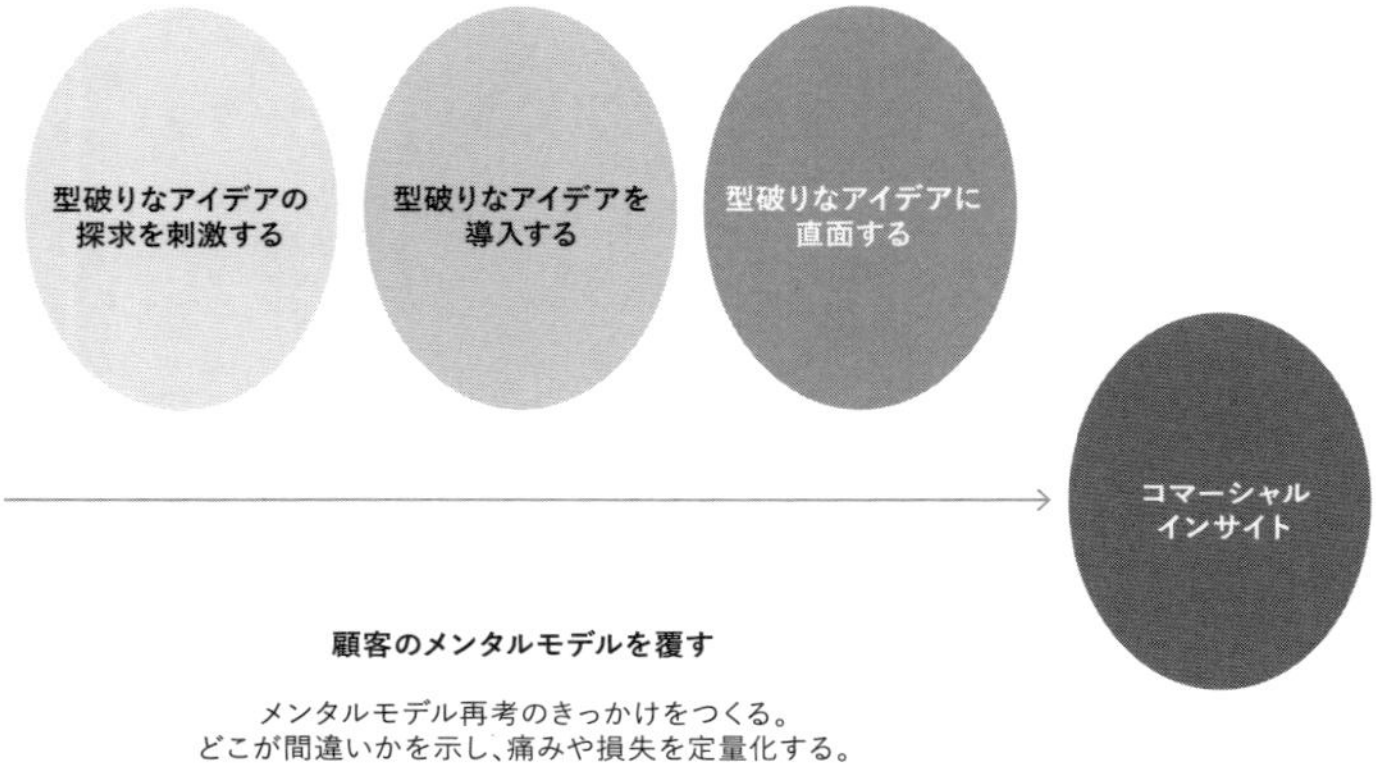
型破りなアイデアの
探求を刺激する
型破りなアイデアを
導入する
型破りなアイデアに
直面する
コマーシャル
インサイト
顧客のメンタルモデルを覆す
メンタルモデル再考のきっかけをつくる。
どこが間違いかを示し、痛みや損失を定量化する。

出典:CEBによる分析

図 6.2　コンテンツの道筋（刺激・導入・直面＝ SIC）

モビライザー）の事業に対する考え方を変えるためのひとつのコマーシャルインサイトに収斂《しゅうれん》する。これらのリンクの一つひとつがモビライザーを捕らえるためのフックとなり、合意の結集点となる。

では、どうやってその道をつくるのか？図6・2を見てほしい。これは顧客のメンタルモデルを転換するまでのステップを簡潔に表したモデルである。ゼロックスの事例に沿って、一つひとつ見ていこう。

まず、あなたが作成、公表、整理するコンテンツのすべて（ブログの投稿、体験談、ケーススタディ、ホワイトペーパー、インフォグラフィック〈視覚情報〉など）がコマーシャルインサイトにつながるようにする。

モビライザー（さらにはそれ以外の顧客関

係者）がAに疑いを持つよう仕向け、彼らが他の関係者に働きかけてBへの変化を促すような流れをつくるには、３つのメンタルステップがある。

第１のステップは、コマーシャルインサイトの中心にある型破りなアイデアの探求を刺激すること。コンテンツを通じてモビライザーのメンタルモデル再考のきっかけをつくる必要がある。それは衝撃的なインフォグラフィックかもしれないし、興味をかき立てるツイートかもしれない。それぞれの販売員は「マイクロマーケター」としての役割を果たすようになり、マーケティング部門がしつらえた「刺激」コンテンツをソーシャルネットワークで展開する。モビライザーには次のように思わせたい。「ふむ、そんなふうに考えたことはなかった……もっと知る必要がある」「まだ眉唾《まゆつば》な感じもするけど、おもしろくはある……もっと聞かせてもらおう」

「刺激」コンテンツでもっと知りたいと思わせたら、次に「導入」コンテンツ（第２ステップ）でそのアイデアをもっと詳しく説明する。合理的な証拠を示し、感情に訴えかけて顧客の思考の枠を破る。それはアニメーション動画かもしれないし、インタラクティブなホワイトペーパーや展示会のブースかもしれない。モビライザーには次のように思ってほしい。「概念的にはよくわかった……一般論としてはそうかもしれないけど、うちの分野、うちのビジネスではどうだろう？」

ここでモビライザーを「直面」コンテンツ（第３ステップ）に送る。彼（彼女）を型破りなアイデアに思う存分直面させるのだ。痛いところを突き、「変わらないことの痛みは、変わることの痛みより大きい」という感覚を身に染みさせる。なお、モビライザーという人間そのものにプレッシャーをかけてはならない。モビライザーの（事業に関する）考え方、仮説、信条に圧力をかけ、そつなく、しかし説得力を持って、それを検証するよう働きかけるのだ。このコンテンツはオンライン診断やインタラクティブな「痛みチェッカー」であることが多い。これによってモビライザーは自身が直面する現実を知り、どこにギャップがあるか、本当の痛みがどの程度かを理解することができる。モビライザーが「え、こんな問題が!? 解決方法を学ばないと」と思ってくれたら、しめたものだ。

この「刺激・導入・直面」（Spark-Introduce-Confront）というコンテンツの進展プロセスをSICコンテンツ戦略と呼ぶ。このような段階を踏んで、あなたはモビライザーのメンタルモデルを揺るがすことができる。魅力的なコンテンツを使い、アームズレンクスの原則を守りながら。これでAは壊れた。

ここで、Bを築くコンテンツの出番となる。ただし、B用のコンテンツだけに接する顧客は、現在の針路やスピードを変える必要をあまり感じないことに注意したい。

まとめると、こうしたコンテンツでモビライザーを指導しようとするなら、そのためのルールは3つに集約される。

ルール1――すべてのコンテンツはコマーシャルインサイトに何かしらつながっていなければならない。
ルール2――それ自体が型破りでないコンテンツは、型破りなコンテンツに直接結びつかなければならない。
ルール3――それ以外のコンテンツは破棄しなければならない。あるいはそもそも作成してはならない。

これを徹底するのは簡単ではない。モデルに合わないコンテンツは破棄することになる。CEBのメンバー企業のコンテンツポートフォリオを監査すると、SICのいずれかに転用できる既存コンテンツが少なからず見つかる。ホワイトペーパーの中身を細分化して、使えるものと使えないものに分けられる場合もあれば、ブログの投稿を再利用できる場合もある。売り込み用スライドもページによっては利用できる。

取引に関わるシーンでは実用的な仕様書がつねに必要になるが、これはそのまま使ってもよい（ただしそれを前面に出すのではなく、そこに顧客を誘導すること）。

あらためて強調すると、SICプロセスをしっかり守ることが重要である。刺激、導入、直面の順に着実にAを壊してからBを築こう。

マーケターにとってこれは大きな転換だ。このコンテンツ戦略に従うと、サプライヤー中心ではなく、サプライヤーにとらわれない視点が必要になる。最初はかなり不自然さを感じるだろう。

たとえば、たいていのマーケターはBに重点を置いた顧客体験ビデオをつくるのに慣れている。われわれが見せてもらう体験談ビデオの90％以上がBに重きを置いている。だが、メンタルモデルを壊し、危機感をあおるコンテンツ作成プロセスをつくるには、Aをめぐる証言や体験談を集めるようにしなければならない。モビライザーに語ってもらうのは、自分たちの事業の隠れた弱点を見つけたことや、それが思わぬコスト増をもたらしていたこと。それから、その弱点の原因と必要な解決策について、いかにして5・4人を合意に導いたか──。こうしたAをめぐる証言から、コマーシャルインサイトや、それを支える差別化要因を想起させる。これまでとはまったく違うアプローチだが、Aを壊し、顧客の方向性を変えるには非常に重要である。

体験談はコンテンツのひとつにすぎない。展示会のブースからホワイトペーパーのデザイン、オンライン購入キットまで、コンテンツポートフォリオのあらゆる場所で、マーケターはSICを応用している。

少ない量で大きな効果

ＳＩＣコンテンツ戦略をきちんと運用すれば、マーケターがつくるコンテンツはいまより少なくなり、しかし重要な業績指標に対する効果はもっと大きくなるはずだ。なぜか？

何をおいても、破壊的（ディスラプティブ）なアイデアはアーンドメディア（ＳＮＳなどの外部メディア）で当然注目を浴びやすい。シェアされる確率が高く、他のメディアでも取り上げられるかもしれない。サプライヤーがオウンドメディア（自社媒体）やペイドメディア（有料媒体）だけでいくらがんばっても、それほど幅広い人たちにリーチすることはできない。経験だけでなくデータからそれはわかっている。今日のデジタル環境で何がシェアされるかを調べた実証研究によると、シェアの予測材料になる重要な特徴のうち２つは、破壊的なコンテンツと密接にリンクしている。つまり「すごい」「意外な」コンテンツは、普通のニュースや実用的な情報よりシェアされる頻度が高い。これを突き止めたのは、ペンシルバニア大学のジョーナ・バーガーとキャサリン・ミルクマンである。『ニューヨーク・タイムズ』紙の読者がどの記事をシェアし、どの記事をシェアしないかという興味深い研究だ。両氏によると、すごいコンテンツは、次の２つの要素を持っているものと定義される。ひとつは規模が大きいこと、そして「精神的適応」を要求する（読者の世界の見方を変えさせる）ことである。

これら2つの特徴は、コマーシャルインサイトやわれわれのコンテンツモデルにほぼ完璧に呼応している。既存のメンタルモデルに対抗するコマーシャルインサイトは、それこそ意外な情報である。

ノイズが多い現代市場では、そのように注目を浴びるのがきわめて重要だ。なぜなら、サプライヤーと無関係なメディアでシェアされる情報のほうが耳目を集め、信用されやすいからだ。現状のB2Bマーケティング予算は、コンテンツに飢えた人たちを満足させるには不十分にちがいないが、意外なコンテンツなら量が少なくても相当の効果をあげられる。

SICコンテンツ戦略が実際にどのように働くのか、事例をいくつか見てみよう。

例1――デンツプライ

SICコンテンツのフレームワークは、どんなコンテンツをつくるべきか、どんなコンテンツが日の目を見ないかを判断するための強力なツールとなる。その好例として、デンツプライのコマーシャルインサイトを取り上げよう。注意いただきたいのは、この事例が必ずしもデンツプライの実際のマーケティング活動を映してはいないということだ。あくまで同社のインサイトが効果的なコンテンツプロセスにどう変換されるか、の参考例としてご覧いただきたい。

採用される破壊的コンテンツ

型破りなアイデアの探求を刺激する

- 衛生士の欠勤の年平均コストまたは手根管症候群と衛生士の欠勤との関係に関するインフォグラフィック、データ、ブログなど。

型破りなアイデアを導入する

- 欠勤が患者の満足度やロイヤルティに及ぼす隠れた影響を示す証拠。
- 歯科器具の人間工学が衛生士の健康にどう影響するかをめぐる第三者の医療研究。
- 衛生士の欠勤問題やその解決実績について他の歯科医が語るビデオ。

型破りなアイデアに直面する

- 欠勤の直接・間接コストに起因する顧客の損失や負担を定量化する「痛みチェッカー」。
- 人間工学的設計の器具を使うと衛生士の欠勤に伴うコストが減ることを示した第三者の調査。

採用されないコンテンツ

- 「専用の歯科アプリが必要なワケ」というブログ。
- あらゆる製品を並べた展示会ブース。
- 歯科衛生士の地域別平均賃金に関する政府データへのリンク。
- 「ソーシャルメディアを使って患者を呼び込む」ための手引き。
- アメリカ歯科医師会による衛生士教育への資金援助。
- 歯科経営の最新トレンドに関するEブック。

出典：CEBによる分析

図 6.3　デンツプライのコマーシャルインサイトのコンテンツプロセス

ご記憶のように、デンツプライのインサイトは、歯科衛生士の欠勤によって歯科医が思った以上の損失を出していること、それが適切な歯科器具でコントロール可能であることに関係している。

あなたがデンツプライのマーケターで、歯科医院のモビライザーのメンタルモデルを転換させるコンテンツ戦略の策定を任されているとしよう。図6・3はどんなコンテンツが採用され、どんなコンテンツが採用されないかを示している。

「刺激」コンテンツとしては、たとえば、衛生士の欠勤の年平均コストに関するインフォグラフィック（欠勤に伴って歯科医がこうむる間接コストや隠れたコストの明細を含む）が挙げられる。このような「刺激」コンテンツをたくさん用意して、顧客やモビライザーが学ぼうとするあらゆる場所で「乗り換え車線」を提供したい。このコンテンツを見たモビライザーには「こんなに高くつくとは思わなかった。なぜだろう……」と思ってもらえればオーケーである。

「導入」コンテンツとしては、欠勤が患者の満足度に及ぼす隠れた影響を示す証拠や、他の歯科医の証言などが考えられる。ただし、デンツプライの新製品がいかに優れているかを語ってもらうのではなく、衛生士の欠勤が思った以上のコスト要因になっていたという気づきを語ってもらわなければならない。

「直面」コンテンツで考えられるのは、たとえばオンライン「痛みチェッカー」。患者数、衛生士数、平均欠勤日数、家族がいる患者の割合、衛生士の残業時間の割合、衛生士の時間当たりコスト、衛生士1人を雇うのにかかる平均時間など、歯科事業に関わるいくつかの属性を入力すると、衛生士の欠勤に伴う真のコストが計算される。モビライザーはそれが他人事《ひとごと》ではなくなる。「うちの事業の問題だ。なんとかしなくちゃ!」

よくあるROI計算などは「直面」コンテンツにならない。サプライヤーの製品を買うことで得られるリターンを示すのではなく、顧客がA（現状の考え方）について感じている痛みを取り除くことで得られるリターンを示さなくてはならない。

最終的につくろうとしているのは、あなたのコマーシャルインサイトに直接つながるコンテ

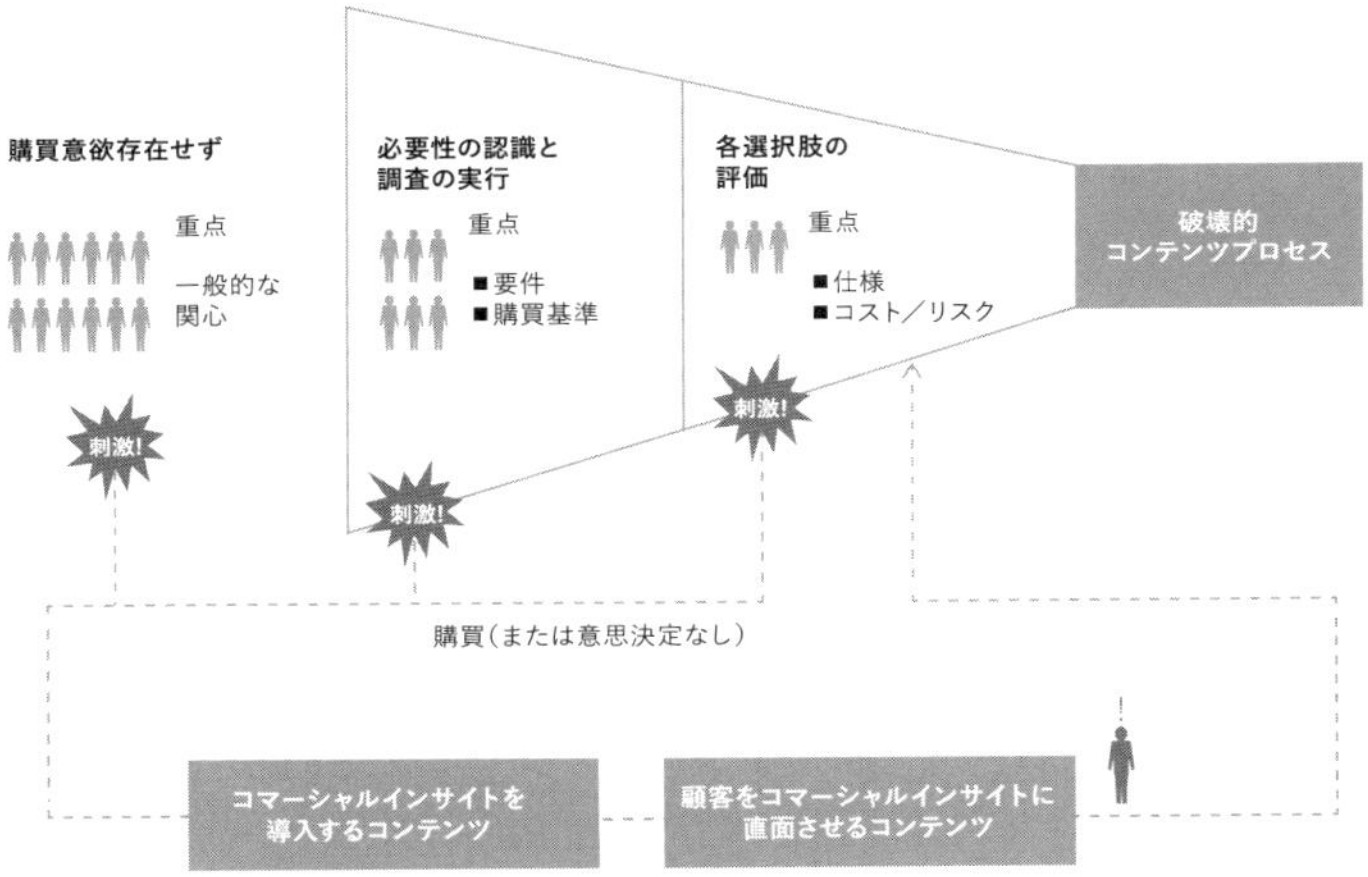

出典：CEBによる分析

図 6.4　コマーシャルインサイトコンテンツの探求を刺激する機会

ンツプロセスである。言い換えれば、モビライザーを「指導」の道筋に乗せてAを壊し、サプライヤーであるあなたが最も得意とするBへと導くわけだ。

例2――ゼロックス

デンツプライの例1はあくまで仮の話だが、以下のコンテンツ事例は現実の話である。第5章で紹介したゼロックスのストーリーの第2部といえる。

まず思い出してほしい。ゼロックスは「生徒のパフォーマンス」に関してモビライザーを説得しようとしていた。簡易な購買プロセスに絡めてゼロックスのSICモデルを描くと、図6・4のようになる。

ゼロックスの場合、購買プロセスはいく

つかの段階にざっくり分けられる。見覚えがあるはずだ。モビライザーやもっと大きな購買集団が正式なデューデリジェンスを始める前に「受動的学習」の期間がある。次いで「必要性の認識と探求」のステージ、そして「ソリューション評価」「購買」となる。

ゼロックスのチームは、何千という見込み客のなかにも、ステージごとに多くの聴衆がいることに気づいた。ポイントは、モビライザーがどこにいようが刺激材料となる「乗り換え車線」を用意して、彼らが「指導」のためのコンテンツプロセスに乗り入れ、メンタルモデルに疑問を持つよう働きかけることだ。

ゼロックスの場合、その「刺激」コンテンツは次のような形をとった。

- モビライザーが「受動的学習」をしているソーシャルメディアで挑発的なデータをアピール。
- 色が生徒のパフォーマンスに関係するという調査結果を販売員がアピールするためのメール原稿を準備。
- ゼロックスのコマーシャルインサイトコンテンツをアピールするための初等中等教育関連マイクロサイトを開設。
- 第三者のアフィリエイトが、ゼロックスが行った色の研究に関するコメントやブログを投稿。

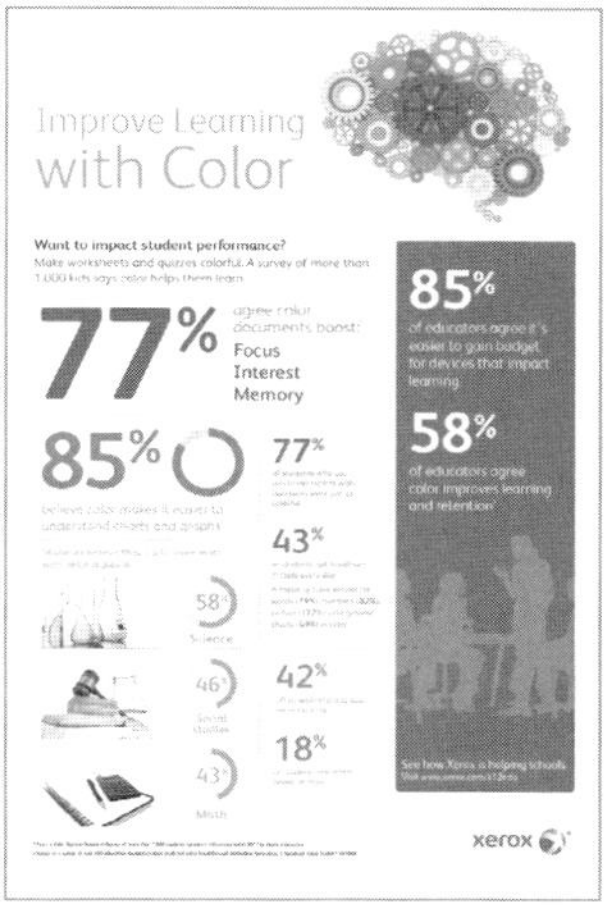

出典：ゼロックス、CEBによる分析

ゼロックスの「カラーキューブ」購入について語る顧客のビデオ

インサイト主導のプレゼン資料

図6.5　ゼロックスのSICコンテンツの例

また、コマーシャルインサイトコンテンツ戦略が、あなたの検索エンジンマーケティングや検索エンジン最適化の取り組みに及ぼす影響にも注意しなければならない。あなたのコンテンツは顧客の事業の予期せぬ側面、意外な側面に焦点を当てているため、顧客はそのキーワードで検索をかける可能性が低い。したがって重要なのは、あなたのコンテンツキーワードと、モビライザーが検索するであろうキーワードのあいだの近接領域を探すことである。ゼロックスの場合なら、（校長が検索しそうな）「インタラクティブクラスルーム（双方向教室）」などの検索ワードを買い、色と生徒のパフォーマンスの意外なつながりに関するコンテンツとリンクさせることが考えられる。要は、モビライザーがどんな近接語を検索しているか見当をつけ、あなたのコマーシャルインサイトを探求するよう彼らを「刺激」する――アーンドメディアのどこかであなたのインサイトに触れさせるのだ。モビライザーに刺激を与え、インサイトの探求へ向かわせたら、「導入」コンテンツでさらに深く彼らを引き込もう。

ゼロックスの「導入」コンテンツには、一連のブログ、「意外な方法で生徒のパフォーマンスを改善する」というタイトルのホワイトペーパー、教室での色利用について教育者が語るなどした証言動画がある。このコンテンツポートフォリオが、モビライザーの理性に訴える証拠と、モビライザーの感情に訴える物語を組み合わせて、コマーシャルインサイトの存在を明らかにする。

ゼロックスのコマーシャルインサイトのすごさは、「刺激」コンテンツと「導入」コンテンツだけでモビライザーを強く惹きつけている点にある。レアたちのチームは、「直面」コンテンツについては販売員や顧客営業担当者に頼めることを発見した。彼らを訓練し、幅広い営業ツールを持たせて、顧客に「自分に足りないものは何か」、生徒のパフォーマンスドライバーに関する誤ったメンタルモデルのせいで「どんな痛みを経験しているか」を理解させた。

優れたコマーシャルインサイトは、モビライザーと販売員の関わりを早めることがある。カスタマイズされた営業ツールを販売員が使いこなしたときがそうだ。同時にマーケティング部門は、モビライザーが販売員と話す前にコマーシャルインサイトの自分自身への影響を感じられるように「直面」コンテンツをつくる必要がある。フィールドマーケティング、コンテンツマーケティング、製品マーケティング、需要創出、営業活動、営業研修のすべてが規律を保って協力し合い、営業の会話へとスムーズに移行するＳＩＣコンテンツプロセスを築かなければならない。

この事例の最後に、ゼロックスが教えてくれた、コンテンツ編集上の規律に関わる重要な教訓を紹介しよう。同社のチームは、コマーシャルインサイトにつながるコンテンツの作成に容赦なく集中しつづけなければならなかった。ほとんどのサプライヤーがそうだろうが、ゼロックスもコンテンツの作成・収集に携わる人々やパートナーの幅が広かった。コンテンツ関係者がそれだけ分散していると、どうしてもコンテンツをつくることが目的化しやすく、明確な「学びの道筋」が生まれにくくなってしまう。初等中等教育チームの営業プログラム研修マネジャー、ジャスティン・ドイルは次のように述べている。

「作成したコンテンツにもっと情報を追加できるチャンスもありました。でも、色が生徒の学習を改善することを思い起こさせる、きわめてクリアなメッセージでなければなりません。ですから、『市場に届けるのは、そう、このメッセージだけ』と言いながら、容赦ない編集作業を行いました。そこは守り通そう、と」

例3──スマートテクノロジーズ

デジタルコミュニケーションの拡大により、マーケティングチームがモビライザーに創造的に働きかけるチャンスが広がっている。たったひとつのマーケティングコンテンツで「刺激」→「導入」→「直面」という強力な道筋を築くことも不可能ではない。

われわれのお気に入りの事例に、学校や職場でのコラボレーションを可能にする技術ソリューションの大手サプライヤー、スマートテクノロジーズがある。最も有名な製品はおそらく、インタラクティブホワイトボードの「スマートボード」だろう。

ジェフ・ロウは、カナダ・カルガリが本社のスマートテクノロジーズのＣＭＯだ。われわれは以前から、チャレンジャーをめぐるジェフたちの仕事を高く評価してきた。これはジェフが同社に入って間もない頃の事例である。彼はスマート社の市場参入戦略にコマーシャルインサイトを採り入れたいと考えていた。

ジェフたちのチームはさっそくコマーシャルインサイトづくりに取りかかった（彼らはそれを「不関与の悲劇」と呼ぶようになった）。基本的な考え方はこうだ。昨今のビジネスではオフィスや部門を越えた協業の必要性が高まっているのに、自宅で遠隔勤務する従業員の割合が増えている。そうした従業員は協業にうまく参加できず、それが不関与を生む。生産性、人材獲得費

図6.6　スマートテクノロジーズのダイレクトメール

用、優れたアイデアが実を結ばない機会費用の面で、会社には思った以上のコストがかかっている——。

これはコマーシャルインサイトの好例である。だがジェフたちは、例の57%までの段階に食い込む必要があると気づく。オフィス機器の買い手はみずから調査をし、ごく基本的なホワイトボードやバーチャル会議システムに照準を定めるようになっていたからだ。

ジェフのチームが広告代理店のジャイロといっしょにつくったコンテンツは、効果的なコンテンツプロセスの代表例で、CDケースほどの大きさの動画付きダイレクトメールだ。

このカラフルなメールが郵送されてきて、

「質の高い協働――その効果をご覧ください」とあなたをいざなう。それ自体、探求心を刺激する出来事だ。メールを開けると、クレジットカード大のスクリーンで動画が再生される。「不関与の悲劇」をめぐるストーリーが魅力的に展開され、顧客の理性と感情に訴えてAを壊す。次に質の高い協働というビジョンが描かれ、Bを築く。これが「導入」コンテンツだ。そして最後に、動画を見る者に「貴社の協働はどの程度質が高いでしょう?」と問いかけ、協働評価を受けるよう呼びかける。ブラウザーにURLを入力するか、同封のUSBスティックを使うと、評価画面(インタラクティブ診断)が現れる。あなたは自社ビジネスに関する情報を入力して診断を受ける。強みや足りない部分が強調され、他の同じような組織との比較結果が示される。これが「直面」コンテンツだ。

スマートテクノロジーズはAを壊すことでモビライザーのメンタルモデルを一気にひっくり返し、急いで行動を起こすべき理由を提示した。変わらないことの痛みは、変わることの痛みより大きい。マーケターはこのように、デジタルとフィジカルを組み合わせて、SICコンテンツの道筋をさまざまに築くことができる。

それだけでも素晴らしいが、同社がここで集めているデータを考えると、このマーケティング手法がなぜ秀逸なのかがわかる。スマートテクノロジーズは1500の組織から、その協働ダイナミクスに関するデータをくまなく収集してきた。いまでは特定の地域や垂直市場に、より具体的な「直面」インサイトを提供できるため、ライバル企業はスマート社が独占したコマーシャルインサイトの牙城《がじょう》を崩すのが難しい。まるでコマーシャルインサイトの周りにデータの堀を築くようなものだ。文字どおりスマートである。

需要の創出とメンタルモデルの崩壊

ここであなたは、モビライザーに指導するコンテンツ戦略がどう需要創出——そしてそれに伴うリードジェネレーション、リードスコアリング、リードナーチャリング、マーケティングオートメーション——につながるのかとお考えかもしれない。これについては第10章で詳しく検討する。それによって第7～8章の「適応」と「支配」に関する実践的知識が得られ、需要創出に対するあらゆる影響をひととおり理解できる。

少し予告しておくと、需要創出に対する最大の影響のひとつは、マーケターがリードスコアリングの基準を「購買意欲」の感知から「メンタルモデル崩壊」の感知へ変えることにある。リードスコアリングに際して購買意欲の指標を重視するマーケターは、メンタルモデルを必ずしも壊されなかった消費者を営業部門に渡すことになる。それはつまり、57％までの段階でみずから調査を行い、絞り込んだ3つのサプライヤーを価格で競い合わせようとしている消費者だ。

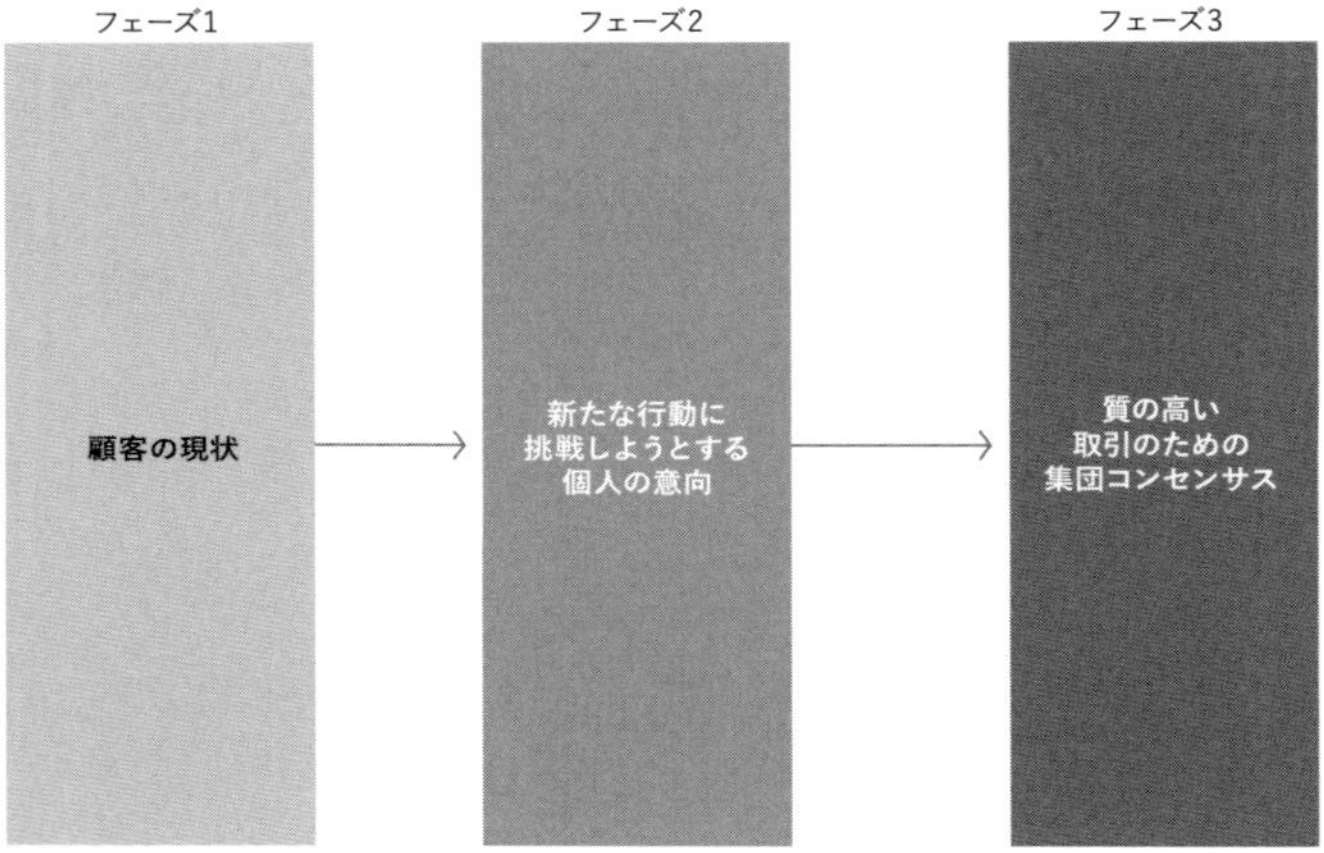

出典:CEBによる分析

図 6.7　購買プロセスの概要イメージ

第3~6章で述べた活動はすべて「指導」「適応」「支配」の「指導」に相当する部分である。指導、すなわちコマーシャルインサイトを作成し、SICコンテンツプロセスを確立し、そこへ向けた需要創出の取り組みを行うことに長けた企業は、モビライザーを引き寄せ、活性化し、説得力のある会話を通じてその行動を変えさせる。言い換えれば、第1章で示した簡略な購買モデル(図6・7を参照)のフェーズ1からフェーズ2までをカバーする。

第7章で扱うのは「適応」だ。ポイントは個人の説得から集団の説得へ移ってゆく。ここでも営業とマーケティングの両方が重要な役割を担う。最終目標はひとつ。質の高い取引を生み出すことである。

第7章

2種類の「適応」

ここまで、コマーシャルインサイトを構築・展開するための組織フレームワークについて説明してきた。では、そのインサイトを適応させて、個々の顧客関係者にうまく結びつけるにはどうすればよいか？　それを見ていこう。

ソリューション販売の最終ゴールは当然、関係者にあなたのインサイトを信用させることではなく、顧客組織にあなたのソリューションを買ってもらうことである。しかし、そのためには顧客が行動を変えなければならない。組織の行動を変えるというその決定は、個人の選択ではなく集団の選択である。では、個々の関係者に共鳴してもらえるようインサイトを適応させる必要はもうないのか？　そんなことはない。実はまったく逆だ。ただし状況による。その点がわかるよう、コマーシャルインサイトを顧客購買の文脈にあらためて位置づけてみよう。

第1章で、3段階（と2つの移行期）から成る顧客購買プロセスの枠組みを紹介した（図7・1を参照）。

フェーズ1から2への最初の移行時には、サプライヤーは1人または2人の顧客関係者から、変化が必要だという合意をとりつけようとする。現状維持との戦いで上陸拠点を確保するようなものだ。だが第2章で見たように、この早い段階では、すべての顧客関係者が平等につくられているわけではない。結局、サプライヤーは5・4人を合意させようとしているのではなく、5・4人を変わらせようとしている。だから、その変化を推進する意志と能力が最もある人と

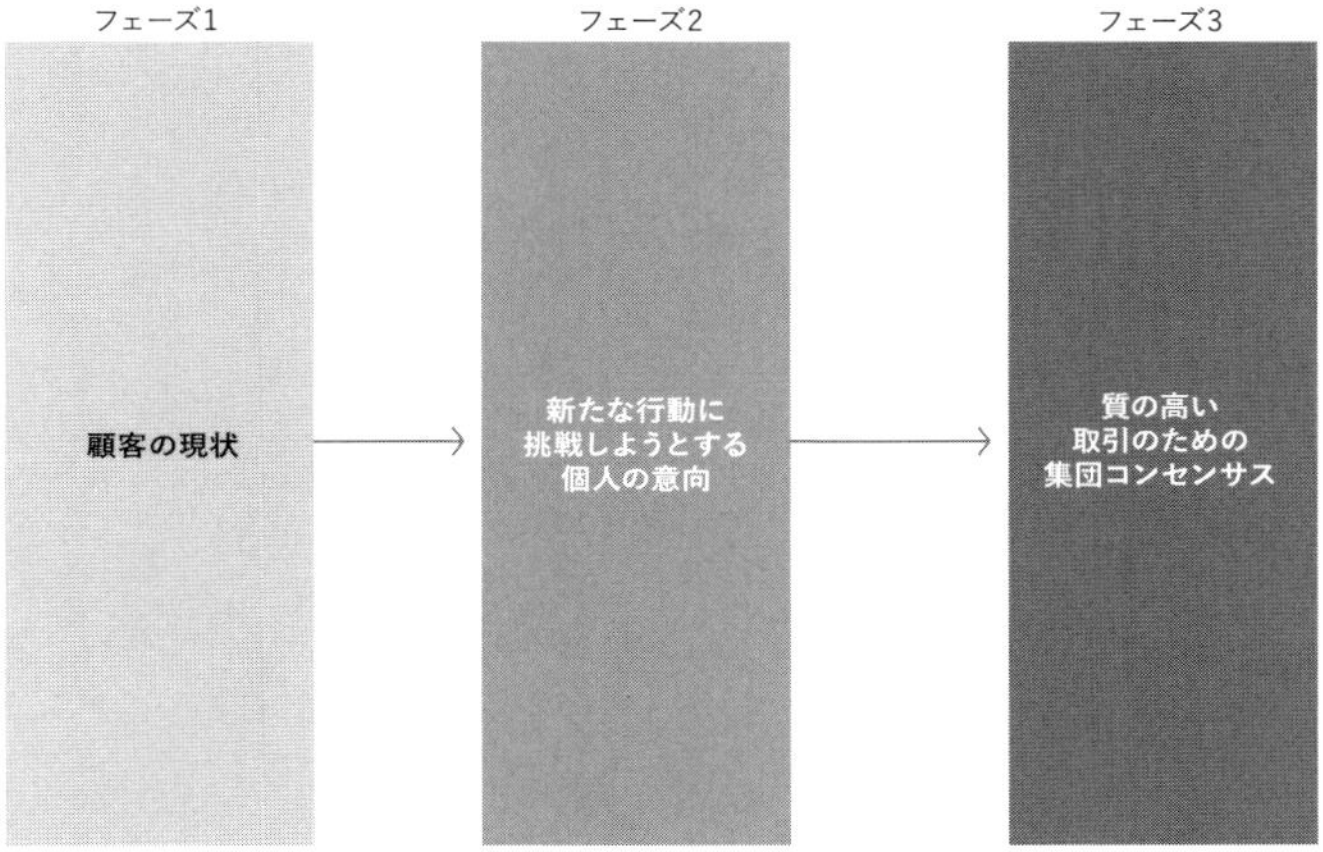

出典：CEBによる分析

図 7.1　購買プロセスの概要イメージ

注意深くつながりを持つことが、非常に重要である。それがモビライザーだ。モビライザーとのつながりが重要なのは、そういうわけである。

5年間の顧客調査から、モビライザーへの適応が関係者一般への適応よりはるかに重要であることがわかっている。サプライヤーは何をおいても、モビライザーである（またはモビライザーとなる）可能性が最も高い人を特定し、その人にアピールできるような適応を心がけなければならない。後ほど、そのようにメッセージを適応させるための方法を説明する。

とはいえ、モビライザーのタイプは1つではなく3つある。「ゴー・ゲッター《やり手》」「ティーチャー《教育者》」「スケプティック《懐疑派》」だ。それぞれ少しずつ違うので、違ったアプローチ、違ったサポートが必要になる。とくに販売員は、①会っているのがそもそもモビライザーかどうかを検証し、②そのとき会っているモビライザーのタイプに応じてアプローチを修正することができる。そこで、モビライザーに適応したアピールがどういうものかを見たあと、販売員がモビライザーをどう効果的に素早く見極めればよいかを検討する。これによって、関係者の肩書や役割、年功などの属性に依存するよりもっと正確に営業トークを適応させることが可能になる。

ただし、こうした適応がうまくいったとしても、まだ半分終わっただけだ。ポテンシャルの高いモビライザーを見つけてうまくつながりを持ったら、次はそのモビライザーを残る4・4人にどう接近させるかを考えなくてはならない。別の言い方をすれば、顧客の購買プロセスにおいて、フェーズ2（新たな行動に挑戦しようとする個人の意向）からフェーズ3（集団コンセンサス、集団的な購買意思決定）に至る長い第2の溝（キャズム）をまだ越えなければならない。適応の定義もだから変わってくる。この第2の移行は、個人の共鳴を得ればすむ問題ではなく、集団コンセンサスを確保するところまで進化させる必要がある。実際、第1章で見たように、この段階で個別の価値を正確に表現した場合、5・4人の足並みがすでに揃っていないかぎり、裏目に出る可能性がある。したがってこの段階での適応は、変化の必要性を感じさせるようメンタルモデルを揃えることに大きくシフトしなければならない。

モビライザー向けのメッセージをつくる

個々のモビライザーへの適応という意味では、われわれが知る最もスマートなマーケティングは、第6章で紹介したスマートテクノロジーズのCMO、ジェフ・ロウによるものだろう。スマート社のビジネスはいわばコラボレーション事業である。同社のソリューションは、会議室、教室、コーヒーハウスなど、世界中のさまざまな場所をつないだ効果的なやりとりや協業を可能にする。とりわけB2B関連では、ハードウェアとソフトウェアの組み合わせにより、物理的に分散した従業員がまるで同じ会議室で同じホワイトボードを前にしているかのように話し合いができる環境を提供している。とくに遠隔勤務者は、従来の電話会議やテレビ会議システムではグループ討議にうまく参加できず、孤立感を抱くケースが多いが、このソリューションはその点を克服できるスグレモノである。

しかし、スマートテクノロジーズもやはり5・4人の問題から自由ではいられない。B2B取引の場合、たとえばファシリティマネジャー、CIO、CFO、調達責任者、多様なエンドユーザーを説き伏せなければならない。すると当然、「最初の接点」となる人を探して、全員とつながるきっかけにしようとする。その人物は会社のマーケティングキャンペーンや営業ツール、ポジショニングステートメントの主要ターゲットになる。だが、いったい誰を選べばよいだろう？　技術主導のソリューションだから、ＩＴ責任者？　この手の機器の伝統的な買い手であるファシリティマネジャー？　本格的なソリューションにはまとまった投資が必要になるから、ＣＦＯ？　難しい選択だ。断然ベストと思える人は見当たらない。

しかし、過去に「勝利した」取引を分析して、ジェフたちのチームはある結論に達した。問いが間違っていたのだ。成約にこぎ着けられたのは、顧客関係者のうち１人の支援があったからではなく、関係者たちが社内での協業を積極的に支持したからだった。スマート社は彼らを「コラボレーション支援者」と呼ぶようになった。それが同社のモビライザーである。だが、ＣＥＢの調査結果と同じく、それは必ずしもサプライヤーにとってのモビライザーではないことをジェフたちは発見した。あくまでインサイトに共鳴したモビライザーなのだ。具体的には、効果的な協業は従業員のパフォーマンスや関与度を飛躍的に向上させる（が、その効果は過小評価されている）というインサイトである。また、彼らモビライザーは肩書や部門、役割とは関係なく、効果的な協業の意外なメリットに純粋に感じ入った人たちだった。

だが、この時点でジェフは、過去にこの種の人たちがいたら成約の可能性が高かったことを知っていたにすぎない。彼が本当に知りたかったのは、①他に誰がコラボレーション支援者になりそうか、②どうやってその人たちを探せばよいか、③どんなコンテンツが彼らをスマート社のモビライザーになろうと思わせるか、を事前に予測する手立てである。言い換えれば、ジェフはマーケターとして、潜在的モビライザーを事前に予測し、アームズレンクスの原則に従って大規模かつ効果的にこれに適応するにはどうすればよいかを探っていた。

そのために、ジェフたちのチームは賢い方法をとった。過去の取引からコラボレーション支援者を何人か選び、顧客アドバイザリー会議に加わってもらったのである。定期的に顔を合わせるこの会議で、スマート社は彼らのニーズや優先事項を知ることができた。しかし第3章でも見たように、この人たちを加えたねらいは、彼らがスマート社のことをどう思っているかを知るためではなく、彼らがみずからのことをどう思っているかを知るためである。

こうした議論を通じて、ジェフたちはコラボレーション支援者の明確なメンタルモデルを描くだけでなく、スマート社のモビライザーになってくれそうな人かどうかを評価するためのメッセージやインサイトを試すことができた。おかげでコマーシャルインサイトをCIOやファシリティマネジャー、調達責任者に合わせるのではなく、モビライザーに適応させることができた。またそこから、スマート社の販売員が数少ない質問で潜在的モビライザーをさらに特定できる「モビライザー特定ツール」が生まれた。どの質問も、過去のモビライザーとの仕事で得られたインサイトをもとにしている。

シンプルながら効果抜群のアイデアだ。われわれがこれを評価する理由はいろいろあるが、顧客会議を招集する多くの企業がすでにやっていることと大して変わらないのがとくにいい。このようなアイデアを実行しても、サプライヤーが以前からしていることにさほど矛盾しないのは朗報だ。ただ、大きく違うのは招集するメンバーの構成である。過去の取引からモビライザー（スマート社のコラボレーション支援者）を選ぶことで、ジェフは顧客関係者への適応だけでなく、モビライザーへの意図的な適応ができた。そこで得た視点は、その後のさまざまなマーケティングキャンペーン、コンテンツマーケティング、そして市場でモビライザーを特定・魅了・創造するための販売支援ツールに採り入れられた。

マーケティング部門がモビライザーのプロファイルに関する確かな仮説を立て、その人たちに響くメッセージを検証したいま、次は営業チームが現場に出て、リアルな人たちとのリアルな会話でその仮説をテストする番だ。めざすのは、成約に必要な変化を推進する意欲と能力のある人を特定し、その人たちとつながりを持つこと。次項ではそこを見ていこう。コマーシャルインサイトを適応させ、現場で活用する様子を知るなかで、あなたは気づくだろう。マーケティングキャンペーンを通じても、チャネルパートナーを通じても、同じ原則が等しく間接的に応用できるということを。どちらの場合も原則はまったく同じ。サプライヤーのコマーシャルインサイトに対する顧客関係者の反応を注意深く観察することが中心になる。

モビライザーの特定、モビライザーへの適応

平均的販売員が（モビライザーではなく）トーカーに引き寄せられる大きな理由は、顧客の変化を促す必要性をあまり感じていないことにある。なぜなら顧客にアクセスできているからだ。平均的パフォーマーにとっては、アクセス＝アクションである。すると当然、顧客関係者が自分たちと話しているという事実をもって、その関係者は変化を推進できると判断する。でも、その２つは同じではない。

さらに、モビライザーとの会話は必ずしも簡単ではない。トーカーと違って、彼らは販売員に、あるいはインサイトに異を唱える。ロジックを検証し、あらを捜す。すべてはその言い分が信頼できることを確かめたうえで、チームの他のメンバーに伝えるためだ。

しかし、そうした会話を嫌がらない関係者を見つければすむ話ではない。誰を選んでこの種の会話をするかが重要である。ある花形販売員は次のように述べた。「同僚のなかには、接触できた相手なら誰でもいいというのがたくさんいます。問題は、間違った人にメッセージを伝達させると、その人のおかしな考えのなかに紛れてしまい、影響力を発揮できないということです。接点とする相手を間違うくらいなら、接点などないほうがマシです」。だが花形販売員は接点とする関係者をどうやって決めるのか？　尋ねても「勘」とか「長年の経験」としか返っ

てこないだろう。そんなこと考えたこともない、とにかく知っているんだと言われるかもしれない。だが、われわれが各社のハイパフォーマーとのインタビューでしたように、詳しい分析をすると、花形販売員が関係者を的確に評価できるのは、顧客組織の実態を深く細かく理解しているからだということがわかる。

行間を読む

ハイパフォーマーがどうやって関係者を選ぶのかを知るために構造化インタビューを行ったところ、彼らが生まれつき疑い深いことがわかった(徐々に疑い深くなった可能性もある)。スター販売員は人を額面どおりに受け取らない。つねに何層か深く分析する。ポーカーの「テル」のような手がかりから、相手がどんな関係者かを判断しようとする。

われわれはハイパフォーマーの協力を得てそうしたテルを明らかにし、そこからさかのぼってモビライザー特定ツールをつくり上げた。販売員やマネジャーはこれを使って、顧客関係者がモビライザーかどうか、もしモビライザーならどのタイプかを判断できる。

このツールのしくみを知り、各タイプのモビライザーへの適応方法を知るためには、それぞれの関係者のプロファイルをもっと掘り下げて把握し、どんな手がかりで区別すれ

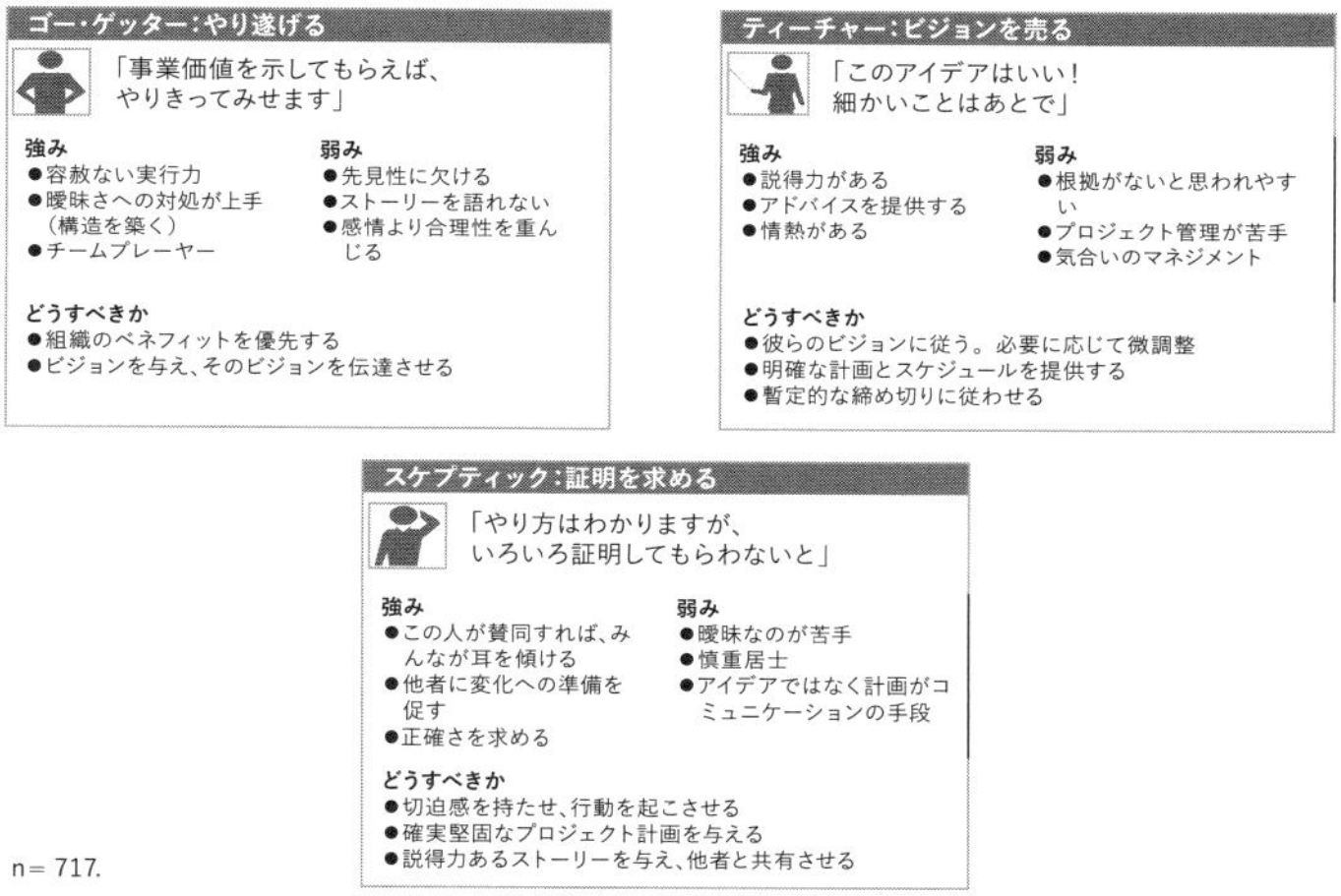

n＝717.

出典：CEBによる分析

図7.2　3種類の「モビライザー」プロファイル概要

ばよいかを理解しなければならない。「ゴー・ゲッター《やり手》」「ティーチャー《教育者》」「スケプティック《懐疑派》」のそれぞれは、他の関係者にはない独自の特徴をそなえている。

第2章で説明したように、「ゴー・ゲッター《やり手》」は容赦がなく、曖昧なアイデアを業務計画に転換するのがうまい。先見性に欠ける面があり、ストーリーよりもデータでものごとを説明する傾向がある（木を見て森を見ず）。感情より合理性を重んじる。どのように仕事を終わらせればよいか（実行上の障害の克服、調達上の疑問の解消、成功尺度の設定など）を説得するのは得意だが、アイデアを売り込み、何かを実行すべきかどうかを同僚に納得させるのは明らかに下手である。

「ティーチャー《教育者》」は「ゴー・ゲッター《やり手》」のほぼ対極にある。感情重視派で、情熱と説得力がある。自分の責任や専門の範囲外の問題についても人に助言できるのが自慢。みんなと正反対の立場をとり、説得して自分の意見に従わせるのが大好きだ。しかしプロジェクト管理は大の苦手。リソースや予算、スケジュール、指標などの細かいことは気にならない。

最後の「スケプティック《懐疑派》」は、「ティーチャー《教育者》」と「ゴー・ゲッター《やり手》」のハイブリッドに近い。正確さが何よりも大事で、計画が確実でないと前へ進めない。みんなもそれを知っているので、「スケプティック《懐疑派》」が支持したアイデアなら信用する。完璧主義の度が過ぎて、細かいことにこだわってしまうことがある。その場合、満足のいく解決が得られるまで意思決定ができず、プロジェクトに遅れが生じる。

甘いトークにご用心

「トーカー」のほうはどうか? これもやはり「ガイド《案内役》」「フレンド《友だち》」「クライマー《上昇志向》」の3タイプあり、それぞれ少しずつ違う。

まずは「ガイド《案内役》」。情報屋のような存在で、顧客組織の表と裏すべてを知り尽くしている。行動的というわけではないので、社内政治や権力闘争について噂を流すことはあっても、組織

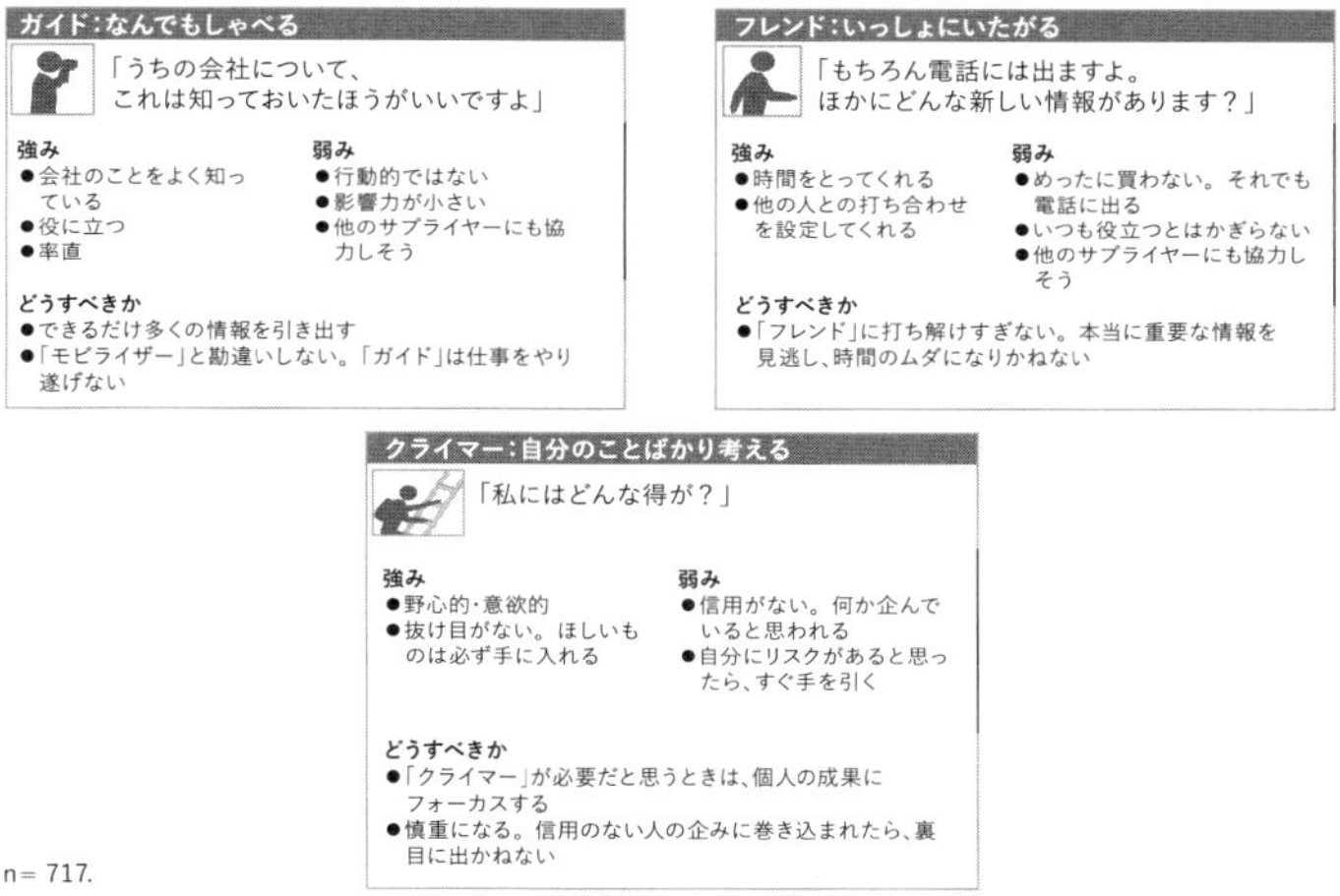

n＝717.
出典：CEBによる分析

図7.3　「トーカー」のプロファイル概要

の大きな変革プロジェクトについて前向きな話をすることはまずない。操縦士よりも副操縦士のタイプ。

「フレンド《友だち》」は文字どおり友人のように、必要とされる以上の援助を提供してくれる。たとえば、組織内の他の人を紹介する、時間をつくって販売員と会うなど（他の社員が決算、新しい全社システムの導入準備、合併後の統合といった重要案件で忙しそうなときでも対応してくれる）。そんなにヒマなのかと驚かされることもある。ある花形販売員は、顧客企業のひとつにいる「フレンド《友だち》」関係者について教えてくれた。「もう何年かアプローチしている会社の男ですが、電話をすると必ず時間をつくってくれます。本当に重宝します。近くに来たときは電話をよこすので、販売戦略とかいろいろなことを話し合って。いっしょにビールを飲むにはぴったりの男ですが、早々にわかったのは、成約には貢献しないだろうということ。試合で戦うよりも傍観しているタイプですね」

それから「クライマー《上昇志向》」。これはどの組織にもいる。思考の中心は「私にはどんな得があるか」。わがキャリア、わが領土、わがポジション、それからご機嫌取り……。まあおわかりだろう。抜け目がなく、ほしいものは必ず手に入れる。どこかのサプライヤーのソリューションがその実現に役立つと思ったら迷わず支持するが、自分にメリットがないと知ったらすぐに販売員に愛想を尽かす。

どの関係者とつながりを持とうかと考える平均的な販売員にとって、こうした「テル」は役に立つ。モビライザーを探そうとする販売員は、それがどういう人間かを知っていなければならない。

消去法で進める

こうしてモビライザーとトーカーの「プロファイリング」をしたわれわれは、ハイパフォーマーと協力して簡単なデシジョンツリーを作成した。これを使えば、顧客関係者のタイプを判別し、モビライザーを見分けることができる。

このツリーの使い方は2つある。まずは適性診断ツールとして。別の言い方をすれば、相手がそもそもモビライザーかどうかを知るための手段だ。もう1つは、適応をサポートするモビライザー特定ツールとして。

もちろん馬の前に馬車をつなぐことはできないので、適応について語る前にまず、誤って「トーカー」を相手にしないよう注意する必要がある。顧客関係者の適性診断から話を始めよう。このツールを作成するなかでわかったのは、モビライザーよりトーカーを見分けるほうが簡単だという意外な事実である。だから「モビライザー診断ツール」と考えるより「トーカー除外ツール」と考えたほうがしっくりくる。これによって、この関係者はモビライザーだという確信を持てるようになるが、100%の保証はない。ツールの最初のほうのステップについて少し見たあと、あなたが得た結論を検証するための方法を説明しよう。

さて、先に述べたように、ここでは一定の「テル」を用いて、モビライザーしか残っていないと確信できるまでトーカーを排除する必要がある。

モビライザーを惹きつけるのにコマーシャルインサイトが重要なことはおわかりだと思うが、それはモビライザーの診断にも活躍する。第1ステップは、刺激的なインサイトに対する顧客の反応を見ることだ。先述のように、コマーシャルインサイトはモビライザーだけにわかる合

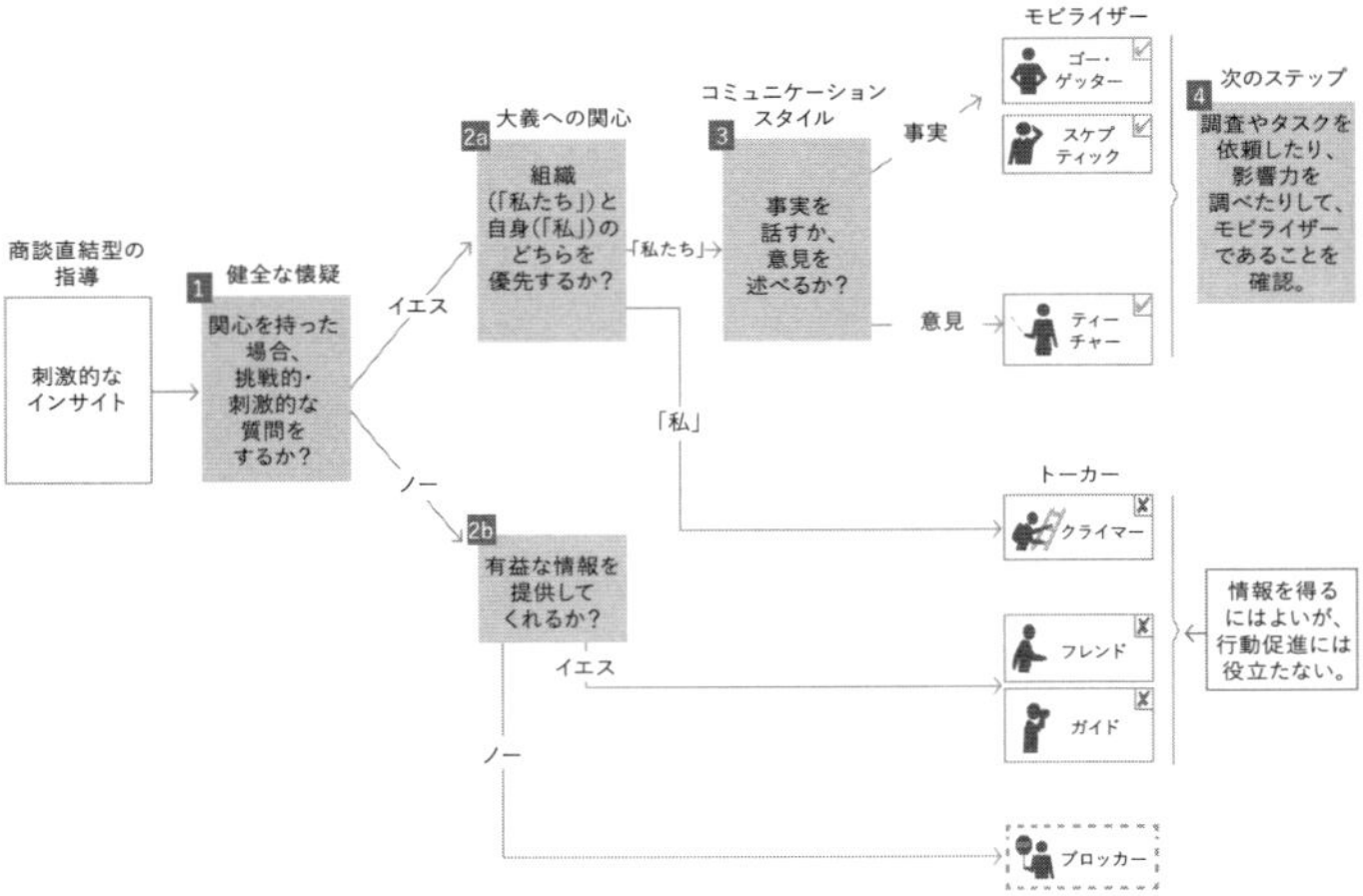

出典：CEBによる分析

図 7.4　モビライザー適性診断

図である。それが持つポテンシャルは彼らにしかわからない。

真っ先にチェックすべきはまさにそこ、インサイトに対する反応である。あなたはインサイトで彼らに新しい情報を教え、事業に対する考え方を変えようとした。これは顧客の現在の世界観、メンタルモデルに異を唱える挑発的なインサイトだ。刑事ドラマを思い出そう。取調室で被疑者と向き合った刑事が、他愛のない質問で場を和ませたあと、いきなり重要な情報を投げかけて反応を見る。あれと同じである。

ベテラン刑事よろしく、あなたはコマーシャルインサイトに対する顧客関係者の反応を見ようとしている。無視するか、関心を持つか？　インサイトにまつたく関心を示さない、または額面どおりにしか受け取らない関係者は、その考えに反抗する「ブロッカー」《阻害者》か（ブロッカーへの対応については追って検討する）、その考えをめぐる合意をわざわざ築こうとはしない「フレンド」《友だち》「ガイド」《案内役》である可能性が高い。

一方、身を乗り出して刺激的な質問をしたり、最初は少し懐疑的に見えたりするのは、よい兆候である。そんな反応があると普通の販売員は嫌がるかもしれないが、顧客が懐疑的なのはインサイトに食いついた証拠である。しかも、懐疑的な態度は具体的で目立つ。それが意味するのは、関係者がサプライヤーにではなく、そのアイデアに引き寄せられたということ。モビライザーの資格十分である。

したがって診断の第1ステップは、顧客が「それは興味深い。でも、もっと納得させてもらわないと。本当にうちのためになるのかどうかも含めて」と言うかどうかだ。花形販売員によると、サプライヤーに対してこんなふうに振る舞う関係者は、同僚に対しても同じように振る舞う可能性が高い。それは歓迎すべきことだ。なぜなら、同僚はこの関係者の見る目が厳しいことを知っているので、その人が持ってきたアイデアは信用できると考えやすいからだ。

しかし、コマーシャルインサイトに対する反応だけでは、相手がモビライザーかどうかは断定できない。そこで第2の「テル」を引き出す必要がある。次に知るべきは、彼らがニーズや課題についてどんなふうに話すか。自分が属するグループや部門、会社全体について語るか？

それとも、自分自身のニーズしか口にしないか？　もし自分のことばかり言うようなら、その人は求めているモビライザーではない。

なぜか？

他人のことを考えないのは、おそらく自己中心だから。そして、周りの同僚もたぶんそう思っている。この人は間違いなく「クライマー《上昇志向》」で、アイデアをぶつけるには最悪の相手である。同僚がこの人に抱く嫌悪感は、じきにあなたに降りかかる。「あの業者はアイツと一心同体だ」と思われたら、それこそ命取りだ。「クライマー《上昇志向》」が支持する提案やソリューションは、中身の良し悪しにかかわらず（ほとんどは個人的な恨みから）袋だたきにされるだろう。長居は禁物だ。

では次は？

その前にいったん、わずか２つの「テル」でどのあたりまで進んだかを確認しておこう。質の高い刺激的なインサイトに対する関係者の反応を注意深く観察するだけで、話している相手がモビライザーかどうかをあらかた判断できた。スタート地点さえ間違わなければ、あと２問で正しい人物にたどり着ける。

花形販売員と話してわかったのだが、関係者がこれらのハードルをクリアしても、まだモビライザーだという確証はない。その人が本当にモビライザーたりうるかを検証して初めて、その確証が得られる。ではどうやって？　彼らに課題を出し、やり通せるかどうかを見るのだ。

「会社のイントラネットから組織図をダウンロードして、私にメールしてください」みたいなものではなく、たとえば、「御社の現状を調べて、見解を聞かせてください」といった宿題を出す。宿題をしなければ危険信号。できないか、やりたくないかのどちらかだ。その人の組織内での影響力を調べる方法もある。営業活動のあいだに、販売員は顧客と何回か打ち合わせを持つ。そこには複数の顧客関係者が出席することが多い。平均的販売員とは違って花形販売員はこれらの会議を「テル」として利用する。顧客に会議の設定を依頼し、誰が出席するかを見るのだ。もしそこに重要人物がいなければ、会議を設定した顧客関係者は本人が考えているより、あるいはあなたが期待しているより影響力が小さいことになる。

これで診断は終了。この段階までくると、モビライザーとしての信頼と影響力を示す手がかりが相当そろう。だが、モビライザーへの適応を考えたとき、それがどのタイプのモビライザーかという問題が残る。今度はそこを深掘りしよう。

肩書にだまされるな

モビライザーに関する各種調査を実施してきて意外だったのは、肩書や年功がモビライザーの予測材料として統計的に意味をなさないということだ。肩書や年功が上の人は組織変革を推

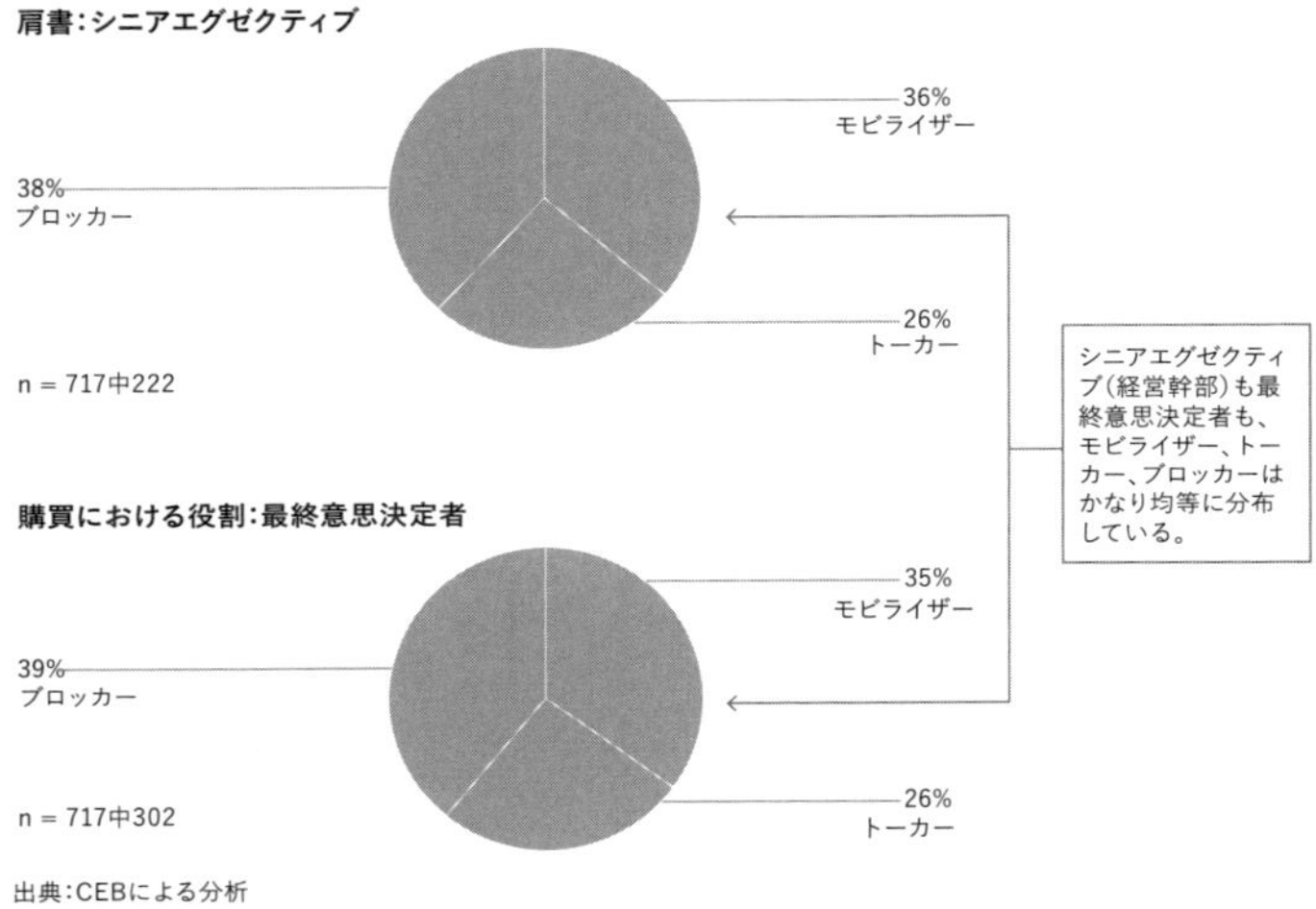

図 7.5　顧客関係者プロファイルの分布（肩書の視点、購買における役割の視点から）

進し、コンセンサスを築く力が大きい、だからモビライザーはたいてい年功者だと考えるのは、まあ理にかなっている。だが、それは事実ではない（図7・5を参照）。

上級意思決定者のなかのモビライザー、トーカー、ブロッカー《阻害者》の分布を調べると、その3つの比率がかなり均等であることがわかる。言い換えれば、年功も購買における役割も、モビライザーの予測材料とはならない。意思決定権限を持つ経営幹部はモビライザーかもしれないし、ブロッカー《阻害者》かもしれない。さらにはトーカーかもしれない。

トーカーだった場合はとくにタチが悪い。幹部クラスのトーカーに出会った平均的販売員は、知らないうちに危ない立場に陥っている。「上級意思決定者」を探そうとする傾向がある（そういう訓練も受けている）彼らにすれば、まさに聖杯を見つけた気持ちだろう。時間をとって会ってくれるばかりか、情報まで教えてくれる上級意思決定者。打ち合わせを終えた販売員は、天にも昇る心地でこう思う。「次は成約だ！　遅くとも来週金曜までには！」。ところが2カ月たってもまったく進展がない。それもこれも、シニアエグゼクティブとモビライザーの違いに気づかなかったからだ。この2つを混同すると高くつく。少なくとも時間がムダになり、せっかくの期待が空振りに終わる。要するに、コンセンサスに基づく複雑な販売の世界では、幹部クラスの友好的な協力者を見つけるという昔流の戦略はもう通用しない。ある営業責任者は次のように言った。「成果を出したければ、どんな取引でも『シニアリーダー探索ゴーグル』を外し、『モビライザー探索ゴーグル』をつけなければなりません」

つまり、モビライザーは組織図には見つからない。バイスプレジデントでもなければ、シニアディレクターでもない。役割や肩書は意味を持たない。モビライザーは組織図とは無関係にモビライザーなのだ。

モビライザータイプの特定、モビライザータイプへの適応

関係者をモビライザーと認定したら、今度はどのタイプのモビライザーと話しているかを明らかにする番だ。端的に言えば、モビライザーを発見したとしても、タイプに応じてどう対処すべきかはまだわかっていない。そう、モビライザーには3種類あった。

診断プロセスをさらに続けるとして、第3の「テル」はコミュニケーションスタイルである。事実やアクションを語るか、それとも意見やストーリーを語るか？　合理的か、感情的か？　それはすなわち「ゴー・ゲッター《やり手》」「スケプティック《懐疑派》」か、「ティーチャー《教育者》」かの違いである。そこは重要なポイントだ。モビライザーのタイプによってアプローチを変えると、話を聞いてもらいやすいだけでなく、以降の章で見るように、それぞれに対するサポート方法を変えてベストな合意形成ができる。

ここで、3つのタイプにどう適応するべきか、その基本をお話ししておこう。

モビライザータイプごとの適応策について考えるには、図7・6、7・7および7・8のように、一般的な購買プロセスに沿って関係者のスタイルを図式化するとよい。まず「ゴー・ゲッター《やり手》」について考えてみよう。「ゴー・ゲッター《やり手》」は全体像に関心を持つものの、実行の詳細をすぐに知りたがる。販売員はこの点に注意しなければならない。提案が「絵に描

顧客購買プロセス	学習	ニーズの特定	選択肢の評価	意思決定
販売員の目標	全体像を重視。インサイトの大きな効果を強調する。	「ゴー・ゲッター」の目先のニーズではなく、組織のニーズを取り込む。	変革案の感情的ベネフィットで合理的マインドを緩和する。	あなたの差別化要因がなぜ重要なのかを繰り返す。
販売員の実行ステップ	■提案内容に関する構造を築く。 ■動かぬ事実や数字を使って信頼を得る。	■「ゴー・ゲッター」のニーズを精緻化し、未対応の組織ニーズをいっしょに探す。 ■ニーズが組織のコンセンサスを促すようにする。	■「ゴー・ゲッター」を他の関係者の感情的ニーズに敏感にさせる。 ■合意を築く際、「ゴー・ゲッター」が感情に配慮して反論に対処できるようにする。	■「ゴー・ゲッター」が他の関係者に変革ストーリーを繰り返し語るよう促す。 ■「ゴー・ゲッター」と共同で明確な実行計画を策定する。
警告シグナル	■新しい提案を理解しているが、見方は狭い。 ■政治的手腕もないまま早々に合意を迫る。	■他の関係者のニーズを十分考慮していない。 ■感情的アピールよりステップの明確さを重視する。	■変革を強烈に推進しすぎる。 ■ソリューションの細部にこだわるようになる。	■ビジネスケースを築く際、データに頼りすぎる。 ■取引を加速させたいと考える意思決定者全員を巻き込まない。

出典：CEBによる分析

図7.6　「ゴー・ゲッター」対応ロードマップ

いた餅」に思えたら、「ゴー・ゲッター《やり手》」は販売員にもっと具体性を求めるだろう。だから「ゴー・ゲッター《やり手》」との会話は細かいことに終始し、始まる前に終わってしまう。同時に、彼らがさっさと狭いテーマに入り込まないよう用心しなければならない。大きな変革のアイデアについて話すはずだったのが、たちまちシックスシグマのプロジェクト計画の話に矮小化《わいしょうか》されかねない。気がついたら打ち合わせは終わっており、「ゴー・ゲッター《やり手》」はプロジェクト計画の明確なイメージを抱いているかもしれないが、変革案の感情面に訴えて他の関係者を動かそうとはしない。

「ティーチャー《教育者》」は先に述べたように「ゴー・ゲッター《やり手》」の対極にある

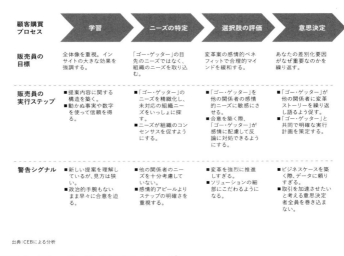

顧客購買プロセス	学習	ニーズの特定	選択肢の評価	意思決定
販売員の目標	「ティーチャー」のビジョンを、両者にとって実現可能なレベルにする。	会話の重点を、変革に関わる各関係者の経済的ニーズに置く。	可能な選択肢やそのメリット／デメリットに関する経済的推論を導く。	次のステップとスケジュールを付した実行ロードマップを作成する。
販売員の実行ステップ	■「ティーチャー」のビジョンに具体性を与え、変革について約束しすぎないようにする。 ■ストーリーを使って信頼を築く。 ■新しいビジョンが業績に及ぼす効果をいっしょに考え抜く。	■過去の取引に基づき、関係者のニーズと思われるものを共有する。 ■「ティーチャー」のビジョンを裏づける証拠やデータを提供する。	■選択肢を評価するためのソリューションチェックリストの作成で「ティーチャー」を支援する。 ■反論を抑えるための裏づけ調査を提供する。 ■幅広い合意を築くための計画を詳しく練る。	■「ティーチャー」の物語を、変革の緊急性を訴えるデータで補完する。 ■関係者の責任、次のステップ、スケジュールについて合意する。
警告シグナル	■ソリューションの範囲を急激に広げる。 ■新しい方向性に興奮しすぎる。	■一般論またはマクロレベルで語る。 ■各関係者への影響をわかっていない。	■直感や本能に従う。 ■さまざまな選択肢をすぐ却下する。	■十分に検討することなく判断を下す。 ■計画の詳細を説明しない。

出典：CEBによる分析

図 7.7　「ティーチャー」対応ロードマップ

と言ってよい。したがって販売員は、「ティーチャー《教育者》」が望む大きなビジョンに合わせて適応を図るのがよい。ストーリーやメタファーのあるアイデアを示すと、彼ら「ティーチャー《教育者》」はその先のチャンスに胸を躍らせる。同時に、アイデアの採用・推進を認められると、提案の範囲を急激に広げてしまい、同僚に示しても却下される可能性が高い。だから、「ティーチャー《教育者》」に響くようなアピールが必要とはいえ、変革案の期待効果や経済的メリットを詳しく話し合ったほうがいい。さもないと実行上の細部には目もくれず、他の関係者を不安にさせるおそれがある。

最後に、「スケプティック《懐疑派》」に接するとき、販売員は質問をどんどん促すことで適応す

顧客購買プロセス	学習	ニーズの特定	選択肢の評価	意思決定
販売員の目標	同意を得ることを重視する。質問を促す。	事業上アピールしやすいビジョンを「スケプティック」に授ける。	データの裏づけがある幅広い変革ストーリーで合理的マインドを緩和する。	変革の影響よりビジョンが優先されるようにする。
販売員の実行ステップ	■説得力ある指導インサイトで変革の緊急性を訴える。 ■データと証言の両方を使って信頼を築く。 ■他社が同様の行動を起こした経緯を詳述し、曖昧さを減らす。	■組織内のさまざまなニーズを共同で評価する。 ■変革の新ビジョンを支える共通のニーズを明確にする。	■「スケプティック」を他の関係者の感情的ニーズに敏感にさせる。 ■合意を築く際、「スケプティック」が感情に配慮して反論に対処できるようにする。	■実行ステップが確実なプロジェクト計画を示す。 ■実行プロセスを細かく分け、各段階で圧勝できるようにする。
警告シグナル	■変革の影響に苦しむ。 ■サプライヤーがパートナーになりうるのか確信できない。	■変革の影響に戸惑う。 ■全体の大きなニーズではなく、関係者の違いや例外を重視する。	■ソリューションの細部にこだわる。 ■幅広いビジョンを見失う。	■絶対確実でないと変革を止める。 ■持続的な安心を望む。

出典：CEBによる分析

図 7.8 「スケプティック」対応ロードマップ

るとよい。だが同時に、破壊的で大規模な変革を実行するうえで、このサプライヤーは信頼できるパートナーだとわかってもらおうとする態度は貫く。「スケプティック《懐疑派》」と関わるときは、データの利用が適応のポイントとなる。彼らは口約束ではウンと言わない。リスクは制御されていること、不確実性はないことを納得させる必要がある。しかし「ゴー・ゲッター《やり手》」の場合と同様、「スケプティック《懐疑派》」の質問に正面から答えて適応を果たすことは大切だが、どこかの時点で証言台から降り、他の関係者を引き入れるのに必要なストーリーやビジョンを強調しなければならない。

　それぞれのモビライザーの強みに応じたアプローチが求められる。正しいレバーを

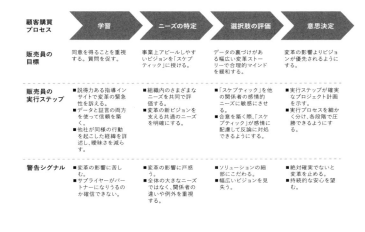

引けば、そのモビライザーを引き込み、変革案を支持させることができる。同時に、各モビライザーの考え方に適応するにしても、そうした考え方が伝えたいメッセージをかき消さないよう用心しなければならない。言い換えれば、他の関係者を味方につける際、モビライザーの強みは弱みにもなる。

というわけで、いくつかの簡単なステップにより、話しているのがモビライザーかどうか、さらにはどのタイプのモビライザーか、どのように適応すべきかがわかる。アートにも近い中身を、サイエンスのように具体的な基準に従って容易に判断できる。これは3段階のシンプルなモビライザー診断・特定ツールである。花形販売員の頭のなかは、本人も知らないうちにこのような配線になっている。実際、インタビューに際してこのツールをハイパフォーマーに見せたら、賛同を得られた。書き出そうと思ったことがなかっただけである。

これでモビライザーの特定・診断のしかたがわかり、モビライザーのタイプに合わせた適応のしかたもわかったわけだが、それでもまだ顧客の購買プロセスのフェーズ2（新たな行動に挑戦しようとする個人の意向）に達したにすぎない。成約への道のりはまだまだ長い。第2のキャズムをまだ越えていないのだ。では、そこでの「適応」はどのようなものか？　まずは概念的にその答えを確認したうえで、次の2つの章の「支配」に関する考察のなかで、もっと実践的に検討していこう。

集団コンセンサスのための「適応」

新たな行動を検討し、同僚たちにその行動を促すモビライザーが特定できたら、今度はそれを集団コンセンサスへ転じる必要がある。「私」から「私たち」への転換だけに、難しい仕事である。他の関係者を引き込み、彼らも説得しなければならない。調達、財務、法務……みんなの関与や承認が必要になる。第1章で述べたように、だからフェーズ2からフェーズ3への移行は、フェーズ1からフェーズ2への移行に比べてずっと長い。

サプライヤーはここで適応のしかたを変えなければならない。CEBの「チャレンジャー」モデルになじんだ組織でさえ、顧客集団の同意を得るための最も論理的な方法は、第1章で見た「全員を追跡し、全員を説得する」戦略だと思っているからだ。

3フェーズの購買プロセスを思い出して、次のことを想像してほしい。5・4人の関係者一人ひとりを特定し、彼らのニーズや優先事項を知るためのデューデリジェンスを実施し、各人の独立したメンタルモデルを慎重に描き、そのモデルを一つひとつ壊して、当人の最大の関心事に訴える新しい見方を築く。これは実質的に5・4人のAを壊し、5・4人のBを築くことを意味する。サプライヤーのコマーシャルインサイトに内蔵された変革要請に全員が賛成するま

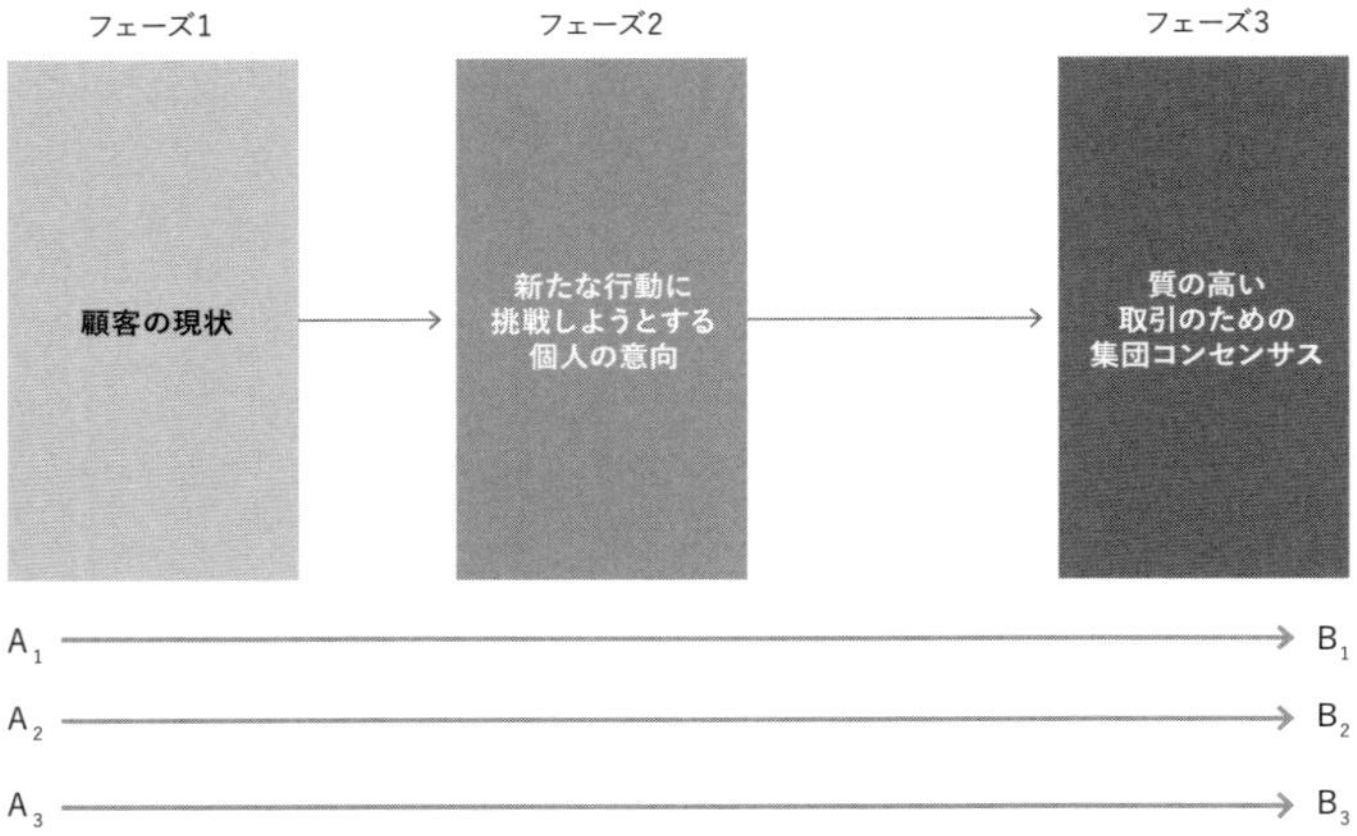

出典：CEBによる分析

図7.9　関係者個々の行動に合わせたコマーシャルインサイトの適応

で、各関係者から「イエス」を集めるのだ。購買プロセスに沿って平行線が左から右へ走る、図7・9のようなイメージになる。

5・4人それぞれのメンタルモデルを順番に壊し、築いていかなければならないため、時間がかかるだけでなく、とてつもなく難しい。

しかし、仮にこうしたアプローチが実現したとしても、5・4人が集まって今後の行動を検討したとき、どうなるか？　彼らが別々に受け入れたBの足並みが完全にそろっていないかぎり、当然、それらが一致するまで取引規模は縮小されるだろう。つまり、同じコマーシャルインサイトに対する5・4人の異なる理解に基づく「チャレンジャー」セールは、インサイトがまったくない場合と同じ結果に終わる可能性がある。いずれの場合も顧客は、サプライヤーがしてくれなかったこと——完全に一致した共通のB（新しいメンタルモデル）の確立——を自分でしなければならないからだ。

では別の方法はあるのか？　第8章で詳しく見るが、それはAを個別に壊し、Bを集合的に築くやり方である。モビライザーを説得するとともに、他の4・4人の反論や懸念、視点を予測しながら、コマーシャルインサイトの提供法などをうまく適応させるのだ。たしかに、個々の関係者へのアドバイスは各人の考え方や優先事項に沿ったものでなければならないが、それと同時に、互いに合意できる共通のビジョンを築き、その人を他の4・4人が共有できる考え方へ近づけるようにしなければならない。関係者が5・4人いる世界の「適応」とは、彼らがサプライヤーのインサイトにわが身を投影できるよう手助けするのみならず、彼らが互いの姿を認められるよう手助けすることでもある。それは「収束」を生み出すことにほかならない。関係者同士の違いは避けられないが、それでもサプライヤーは、5・4人をどうにかして同じメンタルモデルに収束させなければならない。そのサプライヤー独自の強みを通じてしか得られないサポートを、関係者全員が受けたいと考える——そんなメンタルモデルを構築しなければならない（図7・10を参照）。

あらためて、だからコマーシャルインサイトは強力なのだ。サプライヤーの選定に限らず、

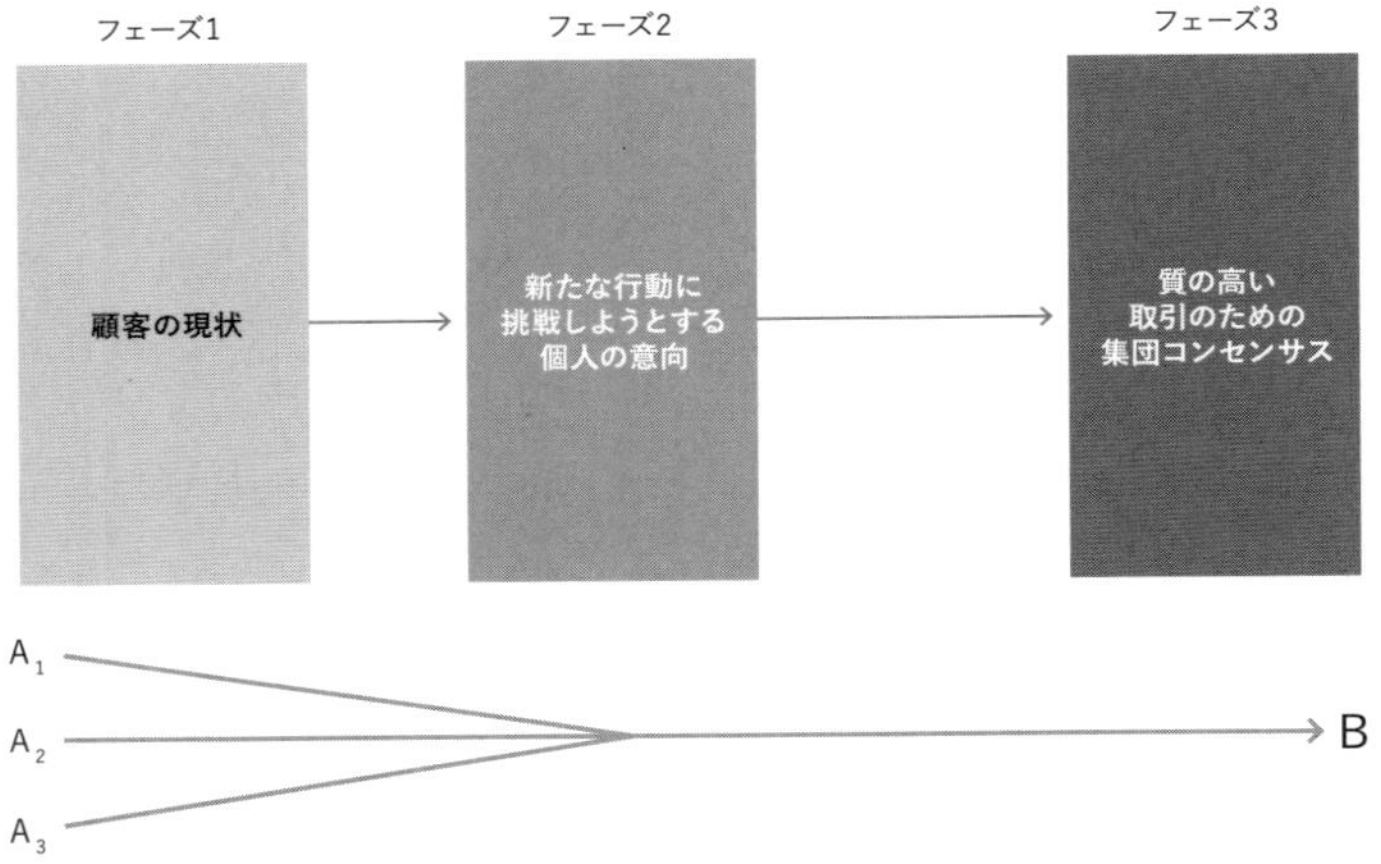

出典：CEBによる分析

図 7.10　関係者の集団的行動に合わせたコマーシャルインサイトの適応

顧客が気づかなかった問題や機会を教えるという意味では、ソリューションの特定や問題の定義をめぐっても収束を生み出すことができる。言い方を変えれば、コマーシャルインサイトは購買プロセスの最初から顧客との接触を開始する。あるいは、まったく新しい購買プロセスを発動させる力を持つ、と言ってもよい。それによって顧客関係者たちに「私」から「私たち」への転換が生まれる。ただしそのためには、収束をもたらすようにコマーシャルインサイトを最初から適応させなければならない。

さらに、そのような顧客とのつながりを築こうとするサプライヤーは、コマーシャルインサイトの適応だけにとどまらない多くの努力を払う必要がある。われわれの調査によると、サプライヤーは顧客の購買プロセスを「支配」して、5・4人の関係者がコマーシャルインサイトを中心に収束するよう仕向けなければならない。次はその点を見ていこう。

第8章

コンセンサス創造の「支配」

機能不全を起こした集団の特徴がメンタルモデルの発散だとすれば、「機能的」な集団の特徴はメンタルモデルの収束である。とはいえ、5・4人がすべてにおいて完全に一致しなければならないわけではない。機能している集団のほうが機能していない集団に比べてメンタルモデルの重なりが大きいということだ。この重なりは大事である。なぜなら、顧客関係者が共通の問題意識でつながり、たんに会社のお金を節約しようとか、組織のリスクを避けようとかいう共通の願いを超えた、もっと幅広い課題に取り組み、もっと大きな機会をめざすことができるからだ。データもこれを実証している。機能している購買集団はそうでない購買集団に比べて、より大がかりな製品・サービスを購入する可能性が40％高い（図8・1を参照）。

第1章のベン図を思い出すと理由がわかる。メンタルモデルが収束するにつれ、合意領域（中央の共通理解部分）が大きくなるのだ（図8・2を参照）。

結局、取引の質の良し悪しはここで決まる。重なりが大きければ大きいほど、1＋1＋1＝0になる可能性が低くなる。

多様な顧客関係者のあいだでこうした収束を促すには何が必要かを考えたとき、メンタルモデルの一致を促すためにサプライヤーがどのように行動を変えるべきかのヒントが見えてくる。まず、共通言語をつくること。たとえば、IT部門はマーケティング部門の言うことがほとんどわからないだろうし、その逆もまたしかりである。あなたの会社のCMOとCIOが話して

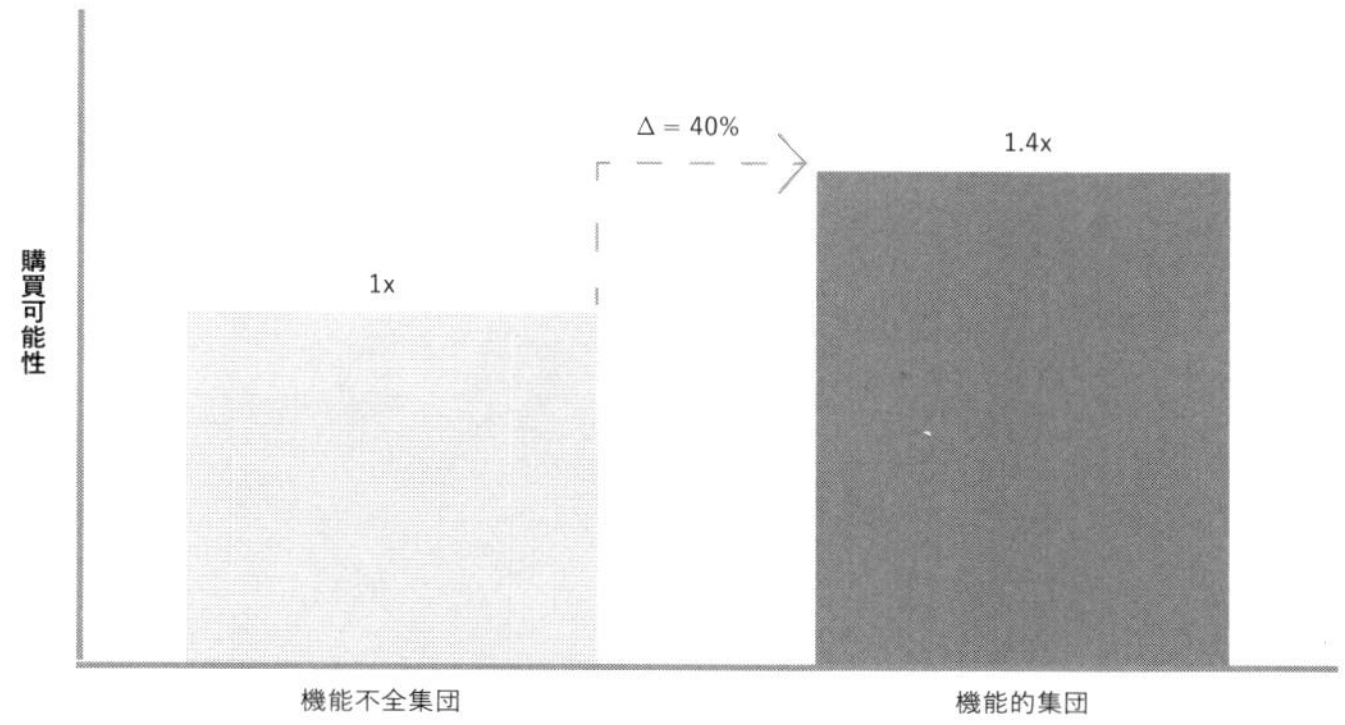

n= 946.

出典：CEB営業顧客パネル（2013年）

図 8.1　大がかりな製品・サービスの購入可能性に対する機能不全の影響

いるところを想像してみてほしい。ふたりが同じ言葉を使って、同じ事業課題を話し合うことはあるだろうか？　さらに言えば、その課題についてそもそも意見が一致するだろうか？

第二に、各人の視点や目標に対する共通理解を深め、それぞれの関係者が何を望んでいるか、そしてそれはなぜかを理解し合えるようにすること。なぜこの決定はあの部門にとって重要なのか？　彼らの仕事にどんな影響があるか？　パフォーマンス指標に対する影響はどうか？　第三に、グループの目標を明らかにし、購買集団がひとつの事業目標に向かって行動できるようにすること。第四に、高次の合意の妨げとなる個人・集団のバイアスを克服するこ

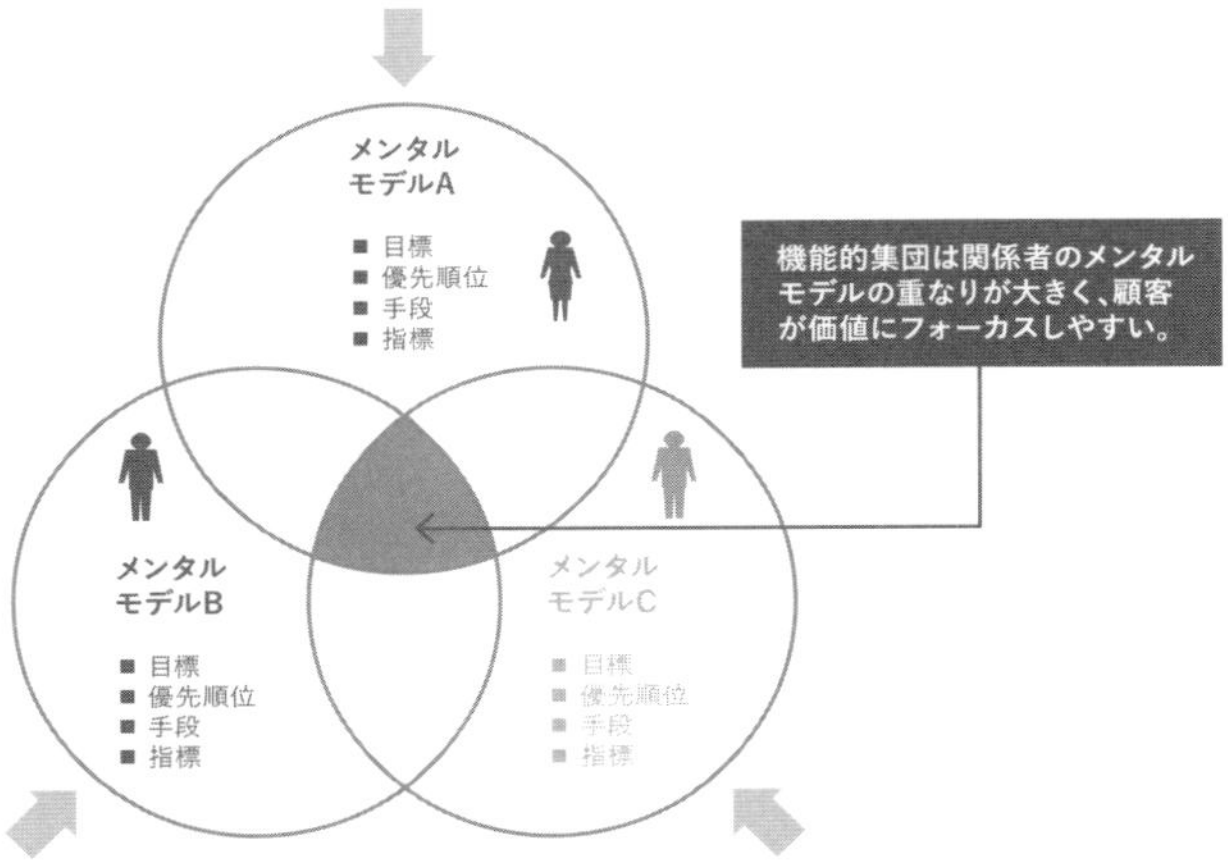

出典：CEBによる分析

図 8.2　関係者のメンタルモデルの収束

と。ある程度の偏向はしょうがないとしても、集団がそのバイアスをどれくらい自覚し、グループ討議の一環として建設的に認識できるか？

　これを冷静に考えてみてわかるのは、行動心理学者が「ノーミング」と呼ぶ作用の影響力だ。ノーミングとは、共通の土台や期待を築くために人々がお互いから学ぶプロセスをいう。問題点、異論、機会などを協力して検討したときに、それは最大限の効果を発揮する。個々のアイデアの合計よりもはるかに大きな考え方を確立するために妥協点を見いだし、合意を積み重ねるのがねらいである。第1章で見た「最低の共通項」に基づく合意とは違って、こうしたノーミングは最終到達点として明確な合意をめざすのではなく、共有したものを起点に「ここからどこへ行けるか。これをどう拡大できるか」を問う。

「最低の共通項」に基づく合意という、一見避けられそうにないコモディティ化の罠を回避するには、顧客にそんなノーミングを実行してもらわなければならない。質の高い取引とは、サプライヤーのソリューションに個々の関係者を同意させることではなく、サプライヤーとは無関係に、自分たちがそもそも何をすべきかというビジョンに集団全体を同意させて得られる成果である。「私」から「私たち」へ——これは実に難しい課題である。そのプロセスの各所で、組織変革が必要だという集団的合意をとりつけなければならない。それはたんにサプライヤーの具体的製品の価値についてイエスを集めることではなく、問題の定義、ソリューションの特定、そしてサプライヤーの選定に関して顧客全体のイエスを勝ち取ることだ。

では、このようなつながりはどのようにして起きるのか？　ある営業責任者は、それは一種の魔術のようだと言った。「一瞬にして奇跡が起こり、みんなが同意するのです」。もちろん、多様な関係者の集団のなかにすでにできあがっているつながりの度合いに応じて、たんに取引を評価する方法もある。たとえば「集団機能」スコアのようなものを既存の指標に加えて、取引の質を事前に予測する。だが同時に、顧客関係者の数と多様性が時間とともに増加すると、先に見たように多様性は機能不全につながりやすいため、機能スコアがすでに高い集団を見つけるのはどんどん難しくなる。サプライヤーは顧客関係者の機能的集団を見つけるだけでは足らず、機能的集団をつくらなければならなくなるだろう。コンセンサス創造の「支配」とは、そういう意味だ。

だが、どうすればいいのか? データを見てみよう。

取引の質アップへ向けて

先に、「質の高い販売」を勝ち取るための統計的に有意なドライバーについて検討し、意外な事実を発見した。関係者への接触による効果が小さいことと、個別のポジショニングがマイナスの効果を及ぼすことだ。コンセンサスの創造に焦点が移ったいま、3つ目の発見をそこに加えておこう。5・4人の世界で成功を収めるためにサプライヤーがどう考え方を変えるべきかがわかる、きわめて価値の高い発見である。つまり、取引の質に影響を与える統計的に有意なドライバーがまさに存在するのである。それをわれわれは「集団的学習(コレクティブラーニング)」と呼んでいる(図8・3を参照)。

質の高い取引を分析してきたなかで、これほどの発見はなかった。コレクティブラーニングについて顧客が平均以下のパフォーマンスから平均以上のパフォーマンスへ移行すると、サプ

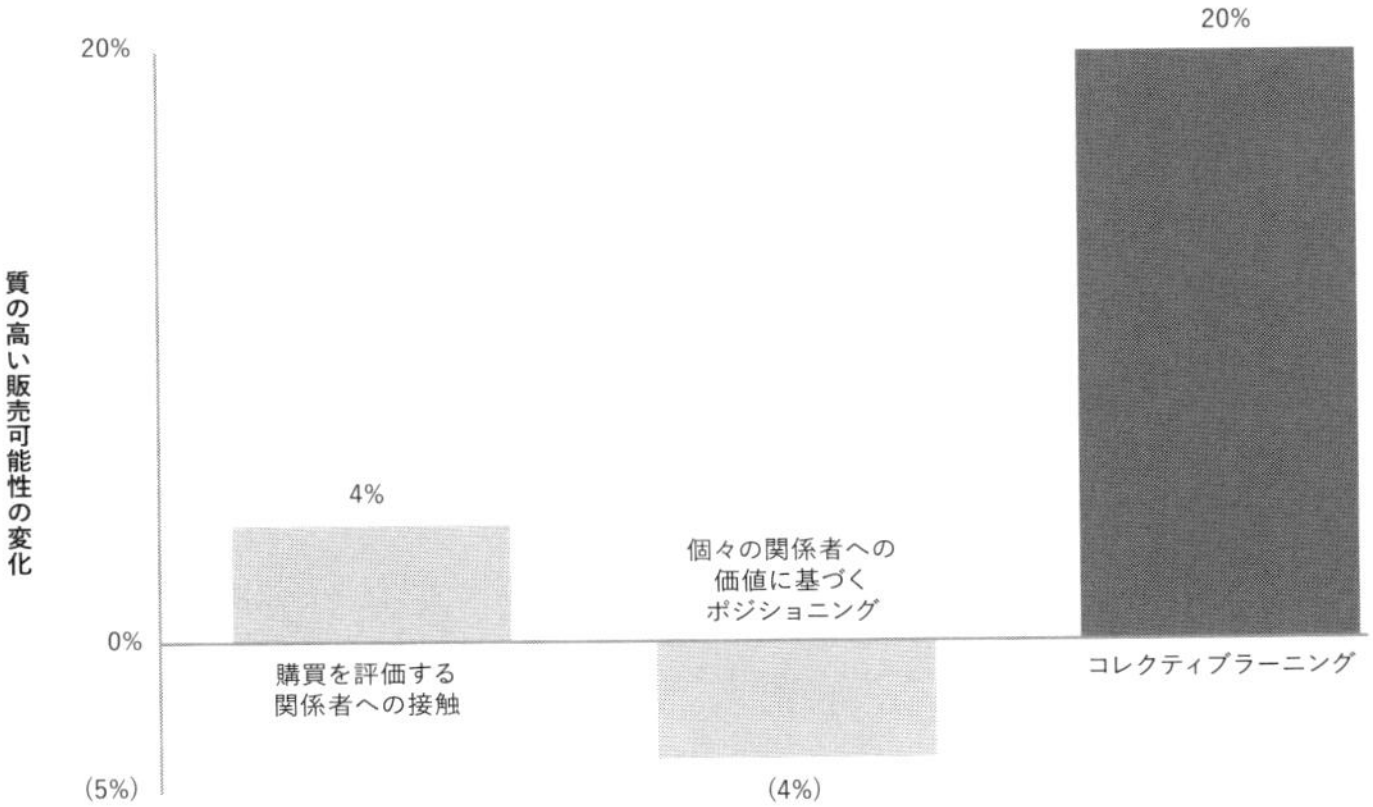

n = 946.　※質の高い販売可能性の変化は、サプライヤーとして選ばれる可能性の増減と定義する。ただし顧客は(1)中途半端なソリューションで手を打たない、または(2)ベースとなるものより高価な製品・サービスを購入する。

出典:CEB営業顧客パネル(2013年)

図 8.3　サプライヤーが質の高い取引を勝ち取る可能性に影響を及ぼすドライバーの比較

ライヤーが質の高い取引を勝ち取る確率が20%も上昇するのだ。取引の質に影響する最大のドライバーである。

では、コレクティブラーニングとは何か?　およそ次のようなものだ。

「関係者がお互いの考え方について話し合い、これを参考にし、まだ認識されていない合意ポイントを探り、共通の意思決定に達することで、社会的規範を築こうとする相互作用プロセス」

言い換えれば、顧客関係者の集団が避けられないはずの断絶を克服し、いっしょに学習する能力のことだ。どんな共同行動をとるかを話し合って決めることだ。ここまで見てきたことをふまえれば、この発見も十分納得がいく。質の高い取引を勝ち取る

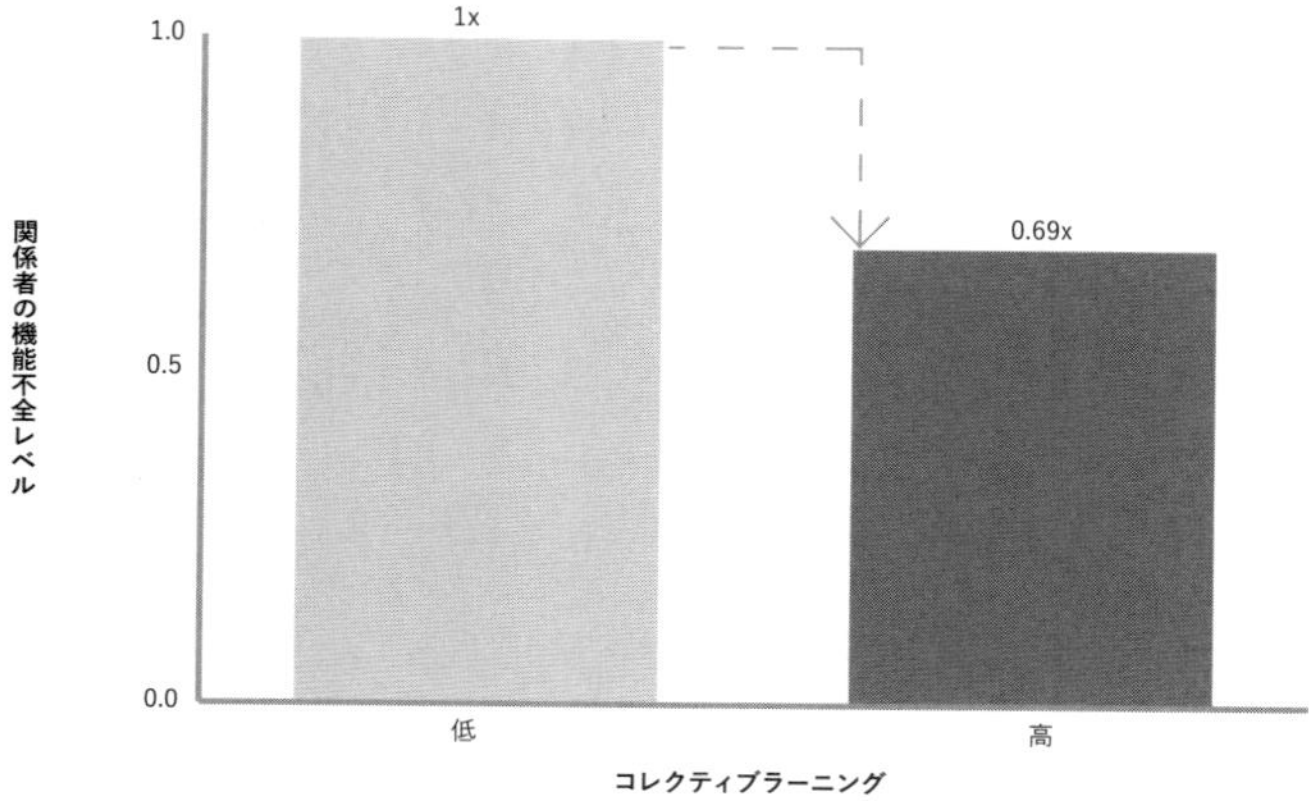

n = 946.

出典：CEB営業顧客パネル（2013年）

図 8.4　コレクティブラーニングの機能不全への影響

ためにサプライヤーが対処しなければならない最大の課題は、各関係者のサプライヤーに対する理解度を高めることではなく、関係者同士の理解不足をなくすよう手助けすることである。不要なリスクを避け、経費を削減するくらいしか共通の目標がない状態を打破することである。だからコレクティブラーニングは取引の質を高める強力なドライバーなのだ。それによって集団の機能不全が劇的に改善される。データによれば、顧客関係者が共同で学習すると、機能不全レベルが3分の1近く低下する（図8・4を参照）。

なぜか？　それはコレクティブラーニングをしている顧客がとる行動による。次のような行動がコレクティブラーニングの目印になる。

①5・4人の懸念や不安をとことん探る

顧客関係者が次のように自問している。「われわれの心配事は何か」「知っているべきなのに知らないことは何か」「何が足りないか」「まだ話し合っていないことは何か」

②断絶や対立を率直に明らかにする

見解の相違から逃げたり、議論を避けたりするのではなく、問題点や相違点に向き合い、それらについて積極的に話し合う。

③問題を探り、別の見方を検討するのを互いに厭わない

これは行動というより「態度」かもしれないが、いずれにせよ、関係者が別の視点を積極的に検討し、さまざまな角度から選択肢を徹底調査する。「やり終える」ことを急ぐのではなく、話し合って「正しくやる」ことをめざしている。

④見過ごされているかもしれない相互依存を積極的に明らかにする

幅広い行動を吟味・検討し、みずからの意思決定が組織の各所に及ぼす微妙または意外な影響を知ろうとする。

⑤「合同決議」を成立させる

反論や懸念を置き去りにせず、これに対応して、全参加者が討議結果を支持するように導く。

効果的なコレクティブラーニングの特徴であるこれら5つの行動は、たんに効果的な購買プロセスの特徴ではなく、もっと幅広く、効果的な集団意思決定の特徴である。その点では、とくに驚くべき点はないとの声もあるだろう。それでも、この分析のそもそもの目的を見失ってはならない。ここで問うているのは「どのような行動が効果的な意思決定をもたらすか」ではなく、「どのような行動が、質の高い販売を勝ち取るための予測材料となるか」である。この厳しい関門をクリアしないと、サプライヤーはお金を払ってもらえない。

5つの行動リストをあらためて眺めると、どれも立派な行動ではあるが、必ずしも簡単でないことがわかるだろう。最も望ましい顧客の購買行動にはちがいないが、多くの顧客にとってはまた、最も実現可能性が低い行動でもある。顧客が自力でそうした行動をとる保証はないし、とりたいと考える保証もない。したがってサプライヤーは、コレクティブラーニングを通じて取引の質を高めたいと考えたら、全力を尽くして顧客を支援しなければならない。

たしかに、コレクティブラーニングの要はサプライヤーではなく顧客である。しかし、サプライヤーがそこへ介入してプロセスをコントロールする術を見つけないかぎり、顧客が行動する保証はない。要するに、5・4人の世界で質の高い成約を獲得したければ、購買プロセスを支配し、コレクティブラーニングを生じさせることで、機能的な購買集団を（見つけるだけでなく）つくり出さなければならない。

当然、次の質問は「いったいどうやって？」だろう。これに関しては朗報がある。サプライヤーは顧客のコレクティブラーニングにいろいろな方法で影響を及ぼせることがわかっているのだ。モビライザーを通じて間接的に行う方法もあるし、営業・マーケティングを通じて直接影響を与えることもできる。本章の以降の部分では、主に前者のアプローチを検討する。コレクティブラーニングによる（主に「非同期的」な）介入を通じて顧客コンセンサスを築こうとするモビライザーを支援するやり方だ。さらに第9章では、後者のアプローチを検討する。モビライザーのコレクティブラーニング推進の取り組みを支援・拡大するために営業・マーケティングリーダーが採用する、各種のツールやアプローチも紹介する。

しかしその前に、そうした取り組みにそもそも意味があるのかを確認しておこう。

コレクティブラーニングの効果

コレクティブラーニングが取引の質を高めるうえでいかに重要かを知ったわれわれは、それが実際の企業業績にどれだけ影響するかを知りたかった。そこでまず見たのが、コレクティブラーニングによって、高コストサプライヤーが成約を勝ち取る可能性がどう変わるかである。基本的にこれは、顧客がサプライヤーに(割引を求めるのではなく)高い料金を支払う可能性と考えてよい。すると、多様な顧客集団を購買前にいっしょに学習させることで、高い料金を支払ってもよいという顧客の意向が70%近くも高まることがわかった(図8・5を参照)。

きわめて複雑なソリューションや他にはない製品・サービスに対しても価格圧力が加わる今日の情勢を考えると、これはにわかに信じがたい。

だがコレクティブラーニングは、顧客の現在の支出意向を高めるだけでなく、将来的な支出意向(今後もっと買いたいという意向)も23%高めることがわかった(図8・6を参照)。

これは主に、コレクティブラーニングが目先の購買だけでなく、もっと長期的な方向性についてもビジョンを構築する力を持っているからだ。「私」から「私たち」への山を登る顧客は、何を買うべきかのみならず、何をすべきかを考えている。効果的なコレクティブラーニングが将来的な意思決定(そして購買決定)の「ロングテール」化につながるのは当然である。コレクティ

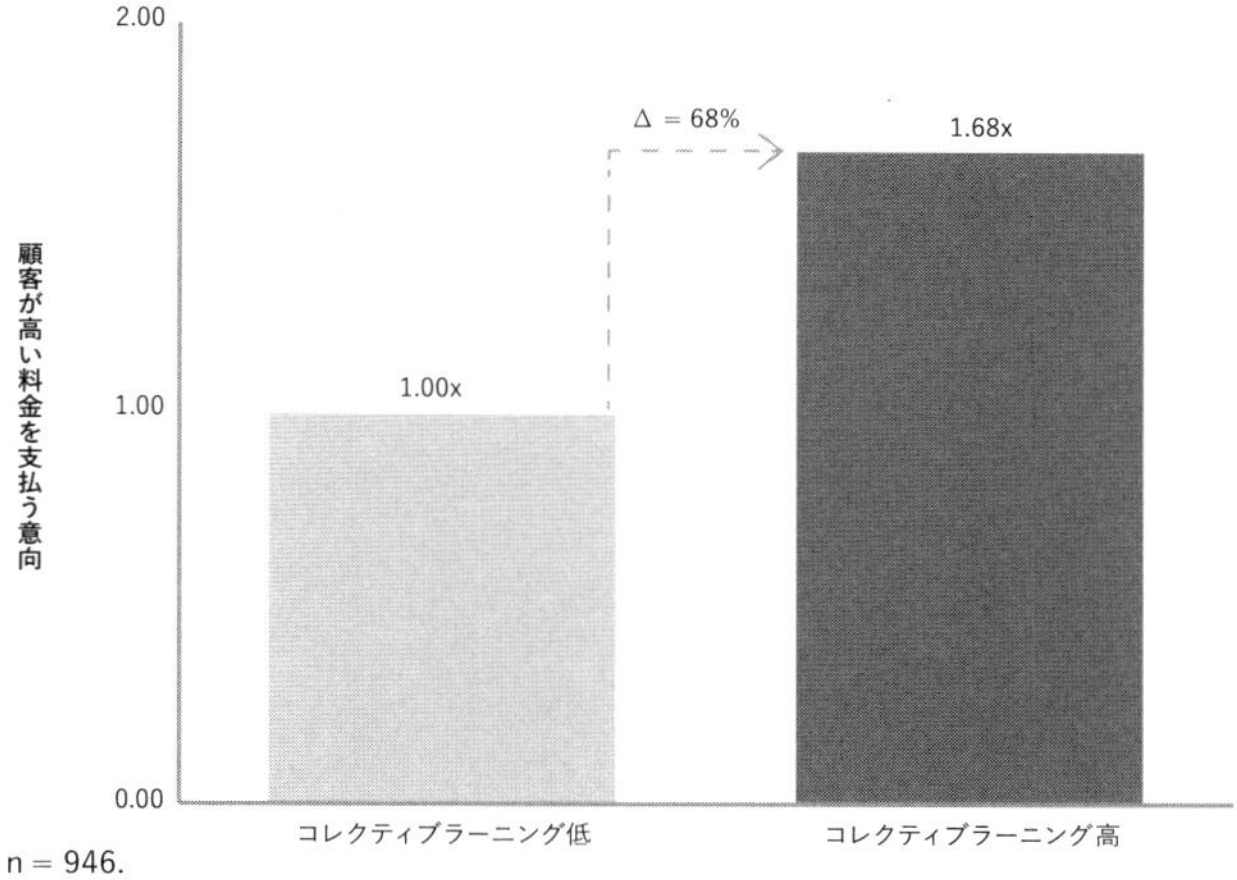

n = 946.

出典：CEB営業顧客パネル（2013年）

図 8.5　コレクティブラーニングが高コストサプライヤーの成約可能性に及ぼす影響

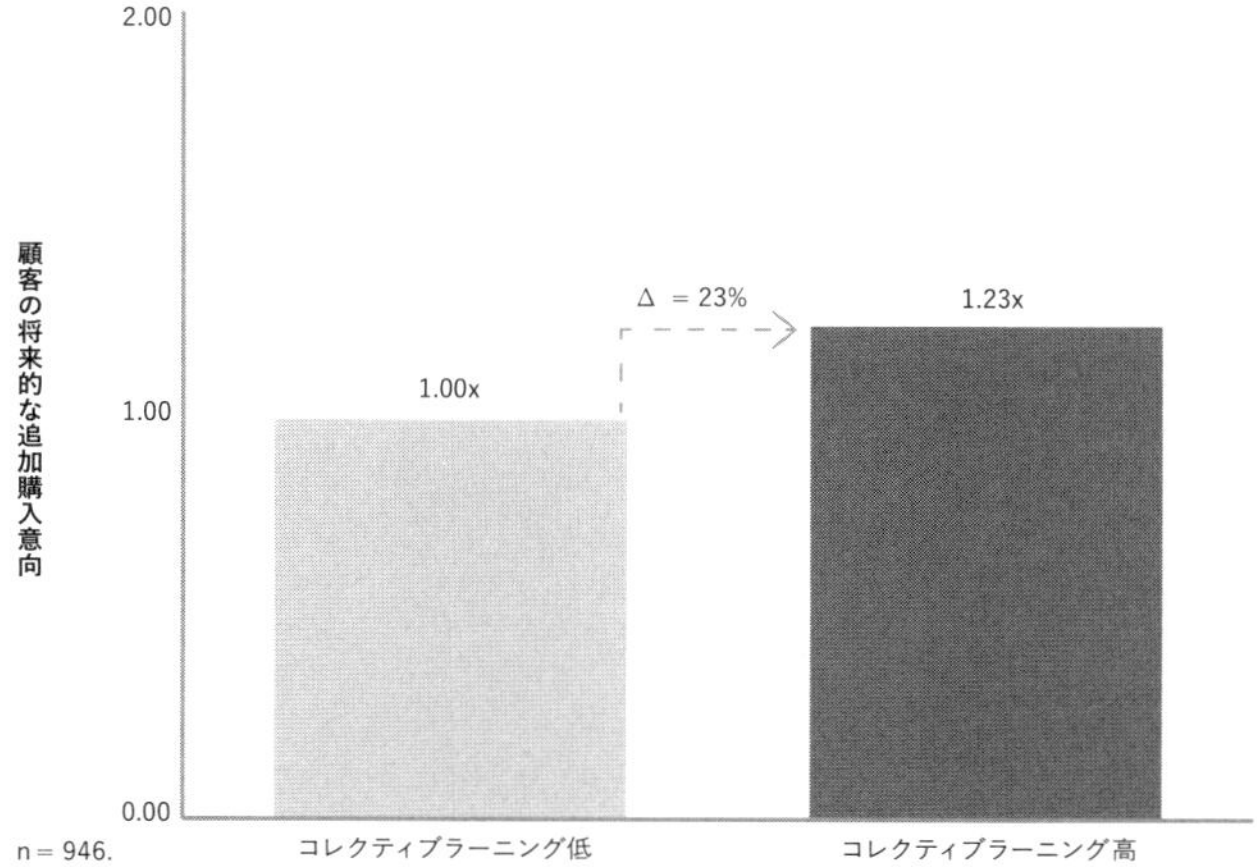

n = 946.

出典：CEB営業顧客パネル（2013年）

図 8.6　コレクティブラーニングが顧客の将来的な追加購入意向に及ぼす影響

ブラーニングによって確立された共通のメンタルモデルから、それはごく自然に生まれるものだ。

では、そんな学習環境が、サプライヤーならではの強みを想起させるためのコマーシャルインサイトによってもたらされたとしたらどうか。その場合、コレクティブラーニングは少なくとも、顧客を長期的な購買プロセスにがっちり取り込む可能性がある。そこでは顧客の戦略的優先事項とサプライヤー独自の能力が何カ月も（あるいは何年も）噛み合っている。実際、あとで見るように、コマーシャルインサイトとコレクティブラーニングの組み合わせは、お互いが刺激・支援し合うと信じられない力を発揮する。

とはいえ、こうしたベネフィットを実現するには、顧客といつ、なぜ、どのようにつきあうのかについて、企業は考え方を変えなければならない。それが何を意味するか示すため、顧客のコレクティブラーニングを促すのに最も適した販売員の行動には3つの側面があることを見たうえで、それが一般的な販売員の行動とどう違うのかを見ていこう。その際、定量分析と定性調査の両方を用いて、サプライヤー主導の優れたコレクティブラーニングを規定する3つの基本原則を明らかにする。

原則1——サプライヤー主導のコレクティブラーニングは、プレゼンテーションだけでなく

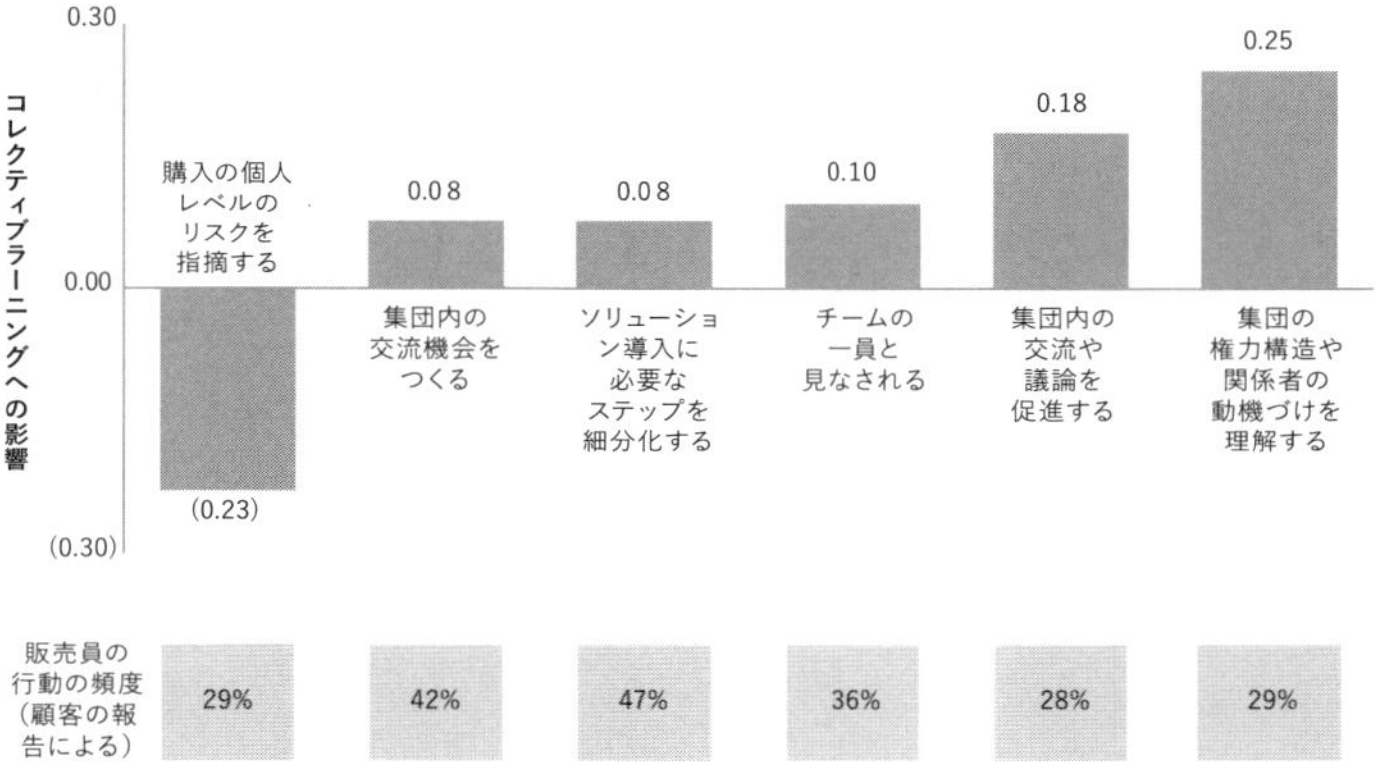

n = 897.

出典：CEB営業顧客パネル（2013年）、CEBによる分析

図 8.7　販売員の行動がコレクティブラーニングに及ぼす影響

ファシリテーションを必要とする

データに戻ると、「顧客のコレクティブラーニングの可能性を高めるため、販売員は何をすればよいか」という問いに対する現実的な答えが見つかる。だが、その答えは当初の予測とは必ずしも一致しないかもしれない（図8・7を参照）。

販売員のさまざまな行動が顧客のコレクティブラーニングの可能性に及ぼす相対的影響を調べたところ、まずわかったのは、特定のソリューションの購入による個人レベルのリスクを積極的に指摘すると、コレクティブラーニングが始まる可能性が劇的に下がるということだ（まあ当然か）。単純な発見ではあるが、それでもたいへん興味深い。なにしろ、調査対象の900人近い関係者の29%が、実際に販売員がそんな振る舞いをしたと述べているのだ。意図的にやったのか、営業トーク上の偶然の副産物だったのか、データだけからはわからないが、個人レベルのリスクを変に強調してコレクティブラーニングの可能性を減らしている販売員がいるとしたら困ったものである。

しかし、もっと驚かされたのは2つ目の発見だった。集団内の交流機会をつくるとコレクティブラーニングの可能性が高まるのだが(これは予想どおり)、しかし上昇率はわずかなのである。妙な話だ。コレクティブラーニングを促す最善の方法はみんなを集めることだ、と考えても不思議はない。いや、そんなふうに集める必要もないかもしれない。関係者を同じ部屋に集めて最善の結果を期待するのではなく、同じ部屋かどうかにかかわらず、彼らをちゃんと交流させればそれでよい。販売員がとれる行動はいろいろ考えられる。だがそれでも、コレクティブラーニングを起こすことには失敗する可能性がある。たとえば、製品デモに顧客を集めたり、RFPに対する回答をプレゼンテーションしたりするのも立派な顔合わせの機会だが、それは顧客同士ではなく、顧客とサプライヤーをつなぐのがねらいなので、コレクティブラーニングのきっかけとしては心許ない。

では、いったい何がコレクティブラーニングを後押しするのか? 2つある。まず、関係者の権力構造や動機づけを販売員が理解すること。関係者同士をうまく結びつけようとすれば、当然、彼らの表に出ない力関係や影響力を理解する必要がある。

次に、生産的な議論を含め、集団内のやりとりや交流を促進すること。これはとりわけ重要である。ほとんどの販売員がやっていないからだ。「促進（ファシリテーション）」と「議論（ディベート）」という2つの言葉に注目してみよう。とくに「ファシリテーション」は、たいていの販売員がこれまで必要ないと考えてきたであろう行動ないしスキルである。実際、ファシリテーションスキルの訓練を正式に行っている営業組織は非常に少ない。しかし5・4人の世界では、関係者同士を効果的に結びつけようとしたときに必要なのは、プレゼンテーションよりもファシリテーション、つまりスムーズな会話を促す能力である。あるフォーチュン50企業で営業研修を担当する幹部は、このデータを見て次のように言った。「これまでプレゼンテーションスキルを教えてきたけど、これからはファシリテーションスキルに切り替えないと」。そして彼女はたぶん正しい。第9章では、その研修のあり方を詳しく説明する。

ただし、これはたんに「スキル」の問題ではないかもしれない。そこには「意志」の問題も絡んでいると思われる。先ほど挙げた2つ目の言葉「ディベート」について考えてみよう。顧客のあいだの議論が望ましいと考える販売員（とくに平均的販売員）はほとんどいないのではないか。実際、このような販売員を見たことがあると言う顧客は28％しかいない。コレクティブラーニングの推進に重要な2つの行動のうちのひとつは、めったに起きない行動のひとつでもある。それは訓練が足りないからではなく、顧客の議論を促すのは悪いことだと一般に信じられているからだ。販売員に同行して仕事ぶりを見ようとした営業リーダーが、出かける前に次のようにクギを刺されるケースも多いのではないか。「これから会う2人の前で、とにかくこの話題だけは持ち出さないように。この件ではまったく意見が合わないんです」

一般には、ディベートは悪だと考えられている。意見の不一致は避けなければならない。「顧客関係者がお互いに同意できないのは、彼らの問題であって、こちらの問題ではない。そのような機能不全が起きているときに絶対やってはいけないのは、口をはさんで事を荒立てることだ」。だが、コレクティブラーニングの定義のところで見たように、その種の議論は重要であるばかりか望ましくもある。異なるメンタルモデルを統一しようとすれば、それは当然必要なプロセスである。

オープンで生産的な議論が購買集団の機能不全を減らす手段のひとつだとすれば、販売員がそれを促すどころか意識的に避けようとしているようでは話にならない。「最低の共通項」に基づいてしか買ってもらえないのは、そこに原因がある。第9章では、営業およびマーケティングチームがこうした顧客の相互作用を促すためにできる活動を幅広く検討する。

原則2——サプライヤー主導のコレクティブラーニングは、プロンプティングだけでなくバ

ウンディングを必要とする

効果的なコレクティブラーニングを後押しするための第2の原則は、コレクティブラーニングそのものの実行メカニズムと関係がある。

先にコレクティブラーニングをこう定義した。「関係者がお互いの考え方について話し合い、これを参考にし、まだ認識されていない合意ポイントを探り、共通の意思決定に達することで、社会的規範を築こうとする相互作用プロセス」

お気づきだと思うが、ここでは、コレクティブラーニングがどこか一カ所で、一時《いっとき》に生じなければならないとは書かれていない。結局、それは同期的でも非同期的でもかまわない。同じ場所であろうが分散していようがかまわない。直接でもいいし、インターネット経由でもいい。関係者が協力しながら学ぶかぎりは問題ない。

さてここで、この定義に2つの要素を付け加えておきたい。それは「鼓舞（プロンプティング）」と「境界画定（バウンディング）」だ。ファシリテーター（販売員やモビライザーなど）がコレクティブラーニングの効果を最大化するための重要な特徴で、実績もある。

プロンプティングとは、関係者に不安や懸念を包み隠さず公表させることをいう。言い出せない理由としては、怖い、その気にならない、思いつきもしないなどが挙げられるが、理由はどうあれ、ここでのポイントは不安を伝えるよう鼓舞することである。そうすれば集団は断絶や食い違いを認識して策を講じ、別の選択肢やソリューションを探すことができる。だから、すべてをさらけ出すことだ。

研究によれば、集団は共有情報に注意が向きやすい。心理学者は「社会的共有性」という言葉を使う。集団メンバー間で共有された情報や視点は、集団の討議にとりわけ大きな影響を与えるという考え方である。単純に言えば、共有されていない情報を犠牲にして共有情報にフォーカスし、それについて話し合うわけだ。だからテーブル上に出されていない情報は話し合われず、共通のメンタルモデルにも反映されない。アイデアを探求し、問題に対処し、誤解を克服するよう励ますことが本当に重要である。

しかし、そんな話し合いにも一種の「境界」が必要だ。さもないとすぐ生産性が落ちる。ファシリテーターが境界を決めずに何もかも鼓舞しようとすれば、集団メンバーはたちまち困惑し、情報過多を避け共通の土台を見つける唯一の手段として、「最低の共通項」に逆戻りしてしまう。特定の課題や目標にテーマを絞れば、もっと広いメンタルモデルに集約しやすくなる。

また、サプライヤーはコレクティブラーニングの境界を画定する際、自分たちが勝てるような方法をとらなければならない。そのバランスは微妙である。顧客に何かを学ばせ、そのうえで何かを買わせる――。何よりもまず、コレクティブラーニングの肝は問題の定義やソリューションの特定であり、サプライヤーの選定ではない。だからコマーシャルインサイトが重要なのだ。それがあれば、顧客に学習させ、なおかつサプライヤー独自のソリューションを想起させるように、会話の境界画定ができる。第9章で事例をいくつか挙げながら、そのへんを詳しく説明しよう。

原則3――サプライヤー主導のコレクティブラーニングは、リスニングだけでなくコーチングを必要とする

CEBは700以上の営業組織をメンバーに抱え、そのなかの優秀な販売員に数多くインタビューしている。さらに平均的販売員にも数多くインタビューしている。モビライザーへの依存について平均的販売員と話していると、必ず次のようなコメントを耳にする。「お客さんに私の考え方を説明してもらおうとは思わない」「(モビライザーは)うちの製品のポジショニングのしかたを教えてくれるから大事なのだ」。果ては「私の製品を推薦してくれればそれでいい。内部推薦は効果絶大だから」と言う者までいる。彼ら平均的販売員は、自社製品を認めてもらおうとしながら、同時に、ポジショニングの参考になる情報をできるだけたくさん顧客関係者から聞き出そうとする。顧客こそ営業のコーチである、という伝統的な見方を受け入れている。

目標は、製品のポジショニングに影響するあらゆる情報をこっそり教えてもらい、最終的には製品に関するお墨付きをもらうことだ。

他方、パフォーマンスの高い販売員からはまったく違う認識が聞かれる。「私の仕事は、お客さんが事業にとって正しい決定を下せるようにすること」というのが、よく聞くセリフである。同じく、こんな言い方もある。「お客さんの購買体験をサポートしなければならない」「私の仕事は販売ではなく、顧客を助けること」。トップ販売員に共通しているのは、顧客が彼らに販売のコーチをするのではなく、彼らが顧客に購買のコーチをするという考え方だ。平均的販売員と花形販売員によく見られる行動を調べたところ、たしかにそういう違いが出た（図8・8）。

どうやら優秀な販売員は平均的販売員よりもずっとモビライザーを信頼しているらしい。煎じ詰めると、モビライザーは顧客の意思決定者や意思決定プロセスに特権的にアクセスできる。販売員はまず無理だ。モビライザーは会議で発言権があるが、販売員にはない。モビライザーは販売員よりも意見の客観性を認められやすい。だが、モビライザーにこのレベルで何でも任せるのは危険である。彼らは何をしたらいいか本当にわかっているか？　モビライザーが毎日、購買業務をリードしているわけではない。彼らは訊かれそうな質問に答えられるのか。意思決定プロセスの次のステップがわかっているのか。他のさまざまな関係者の役割や、それが彼ら

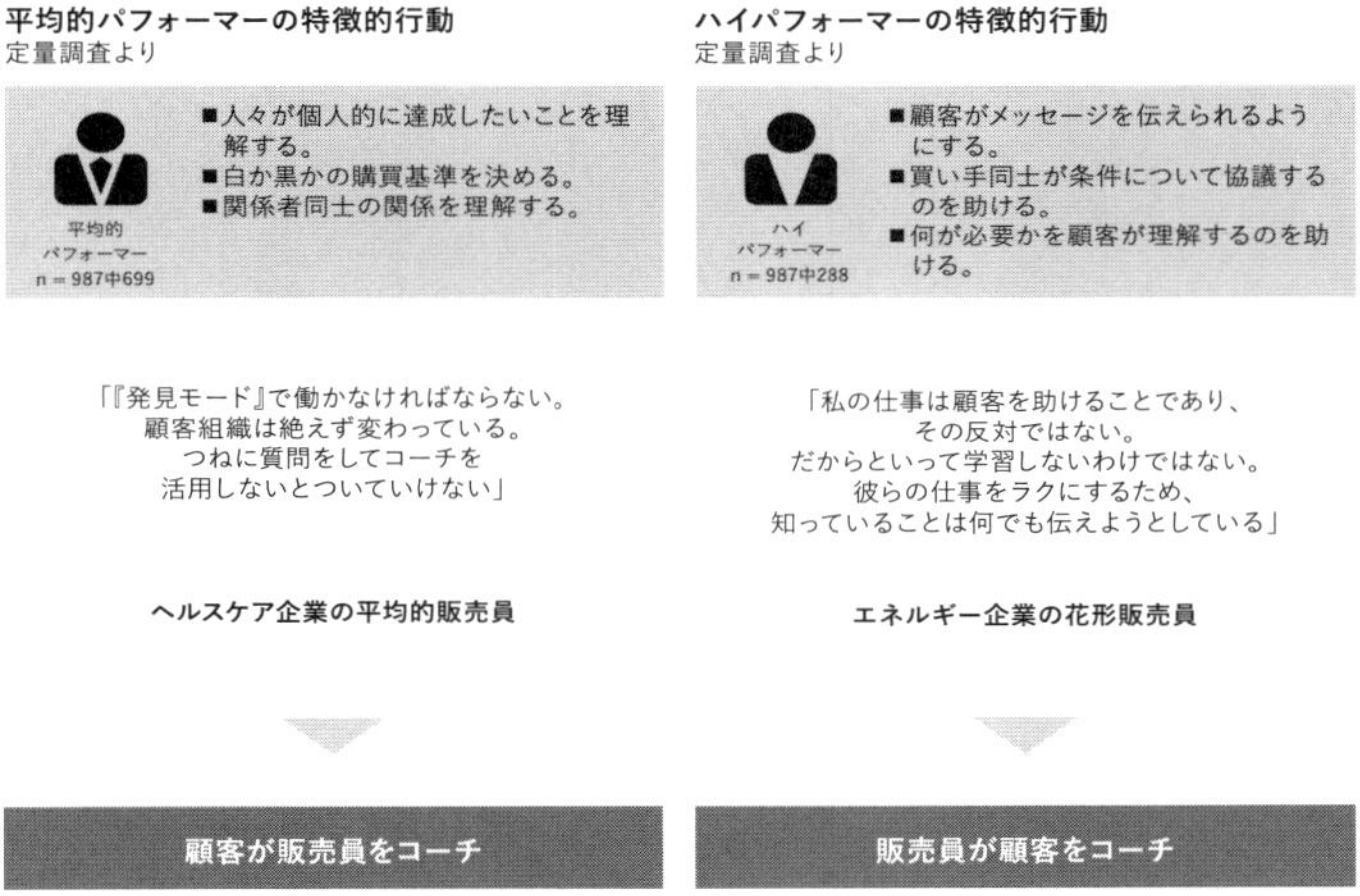
平均的パフォーマーの特徴的行動
定量調査より
平均的
パフォーマー
n＝987中699
■人々が個人的に達成したいことを理解する。
■白か黒かの購買基準を決める。
■関係者同士の関係を理解する。
「『発見モード』で働かなければならない。
顧客組織は絶えず変わっている。
つねに質問をしてコーチを
活用しないとついていけない」
ヘルスケア企業の平均的販売員
顧客が販売員をコーチ
ハイパフォーマーの特徴的行動
定量調査より
ハイ
パフォーマー
n＝987中288
■顧客がメッセージを伝えられるようにする。
■買い手同士が条件について協議するのを助ける。
■何が必要かを顧客が理解するのを助ける。
「私の仕事は顧客を助けることであり、
その反対ではない。
だからといって学習しないわけではない。
彼らの仕事をラクにするため、
知っていることは何でも伝えようとしている」
エネルギー企業の花形販売員
販売員が顧客をコーチ

出典：CEBによる分析

図 8.8　販売員の業績によるモビライザーとの接し方の違い

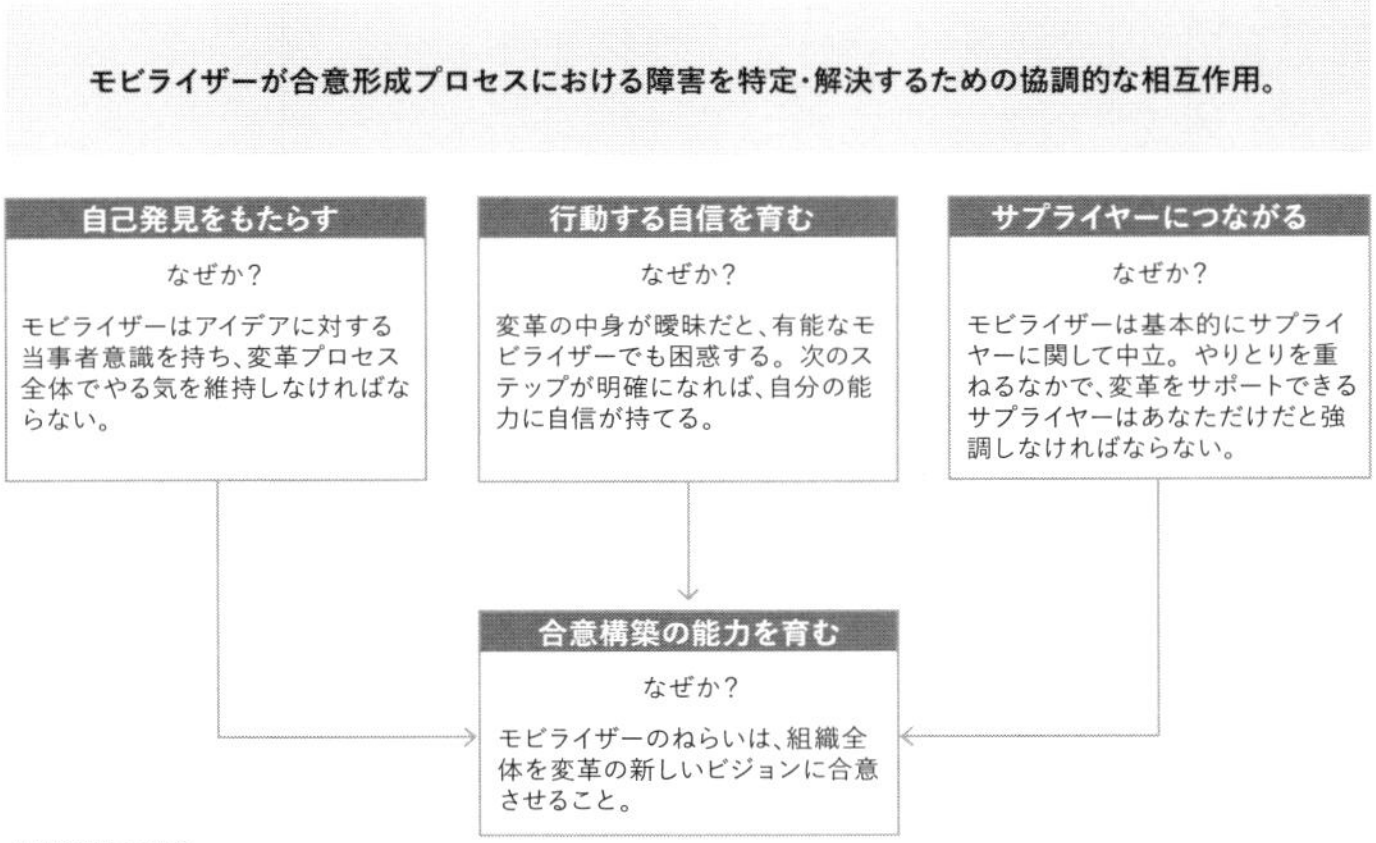
モビライザーが合意形成プロセスにおける障害を特定・解決するための協調的な相互作用。
自己発見をもたらす
なぜか？
モビライザーはアイデアに対する当事者意識を持ち、変革プロセス全体でやる気を維持しなければならない。
行動する自信を育む
なぜか？
変革の中身が曖昧だと、有能なモビライザーでも困惑する。次のステップが明確になれば、自分の能力に自信が持てる。
サプライヤーにつながる
なぜか？
モビライザーは基本的にサプライヤーに関して中立。やりとりを重ねるなかで、変革をサポートできるサプライヤーはあなただけだと強調しなければならない。
合意構築の能力を育む
なぜか？
モビライザーのねらいは、組織全体を変革の新しいビジョンに合意させること。

出典：CEBによる分析

図 8.9　コマーシャルコーチングの要件

の決定に及ぼす影響を知っているのか。ＩＴ、人事、マーケティング、調達、オペレーションなど、購買に関わりそうな部門の言語を使いこなせるのか。モビライザーがいくら恵まれた立場にあっても、備えるべきリスクは間違いなくある。

花形販売員はモビライザーの限界を認識している。それだけでなく、営業上のやりとりを重ねるうちに、顧客よりも自分たちのほうが製品購入に必要な条件をよく理解することを知っている。収集した情報をもとに、モビライザーに購買のコーチをすることで、文字どおりプロセスを「支配」している。われわれはこれを「コマーシャルコーチング」と呼ぶ（図８・９）。合意形成の紆余曲折《うよきょくせつ》のなかでモビライザーを指導し、購買を生産的に前へ進めることで、彼らの仕事のリスクを減らす――それがコマーシャルコーチングだ。コマーシャルコーチングは、モビライザーとの協働的な対話を通じて、彼らが行動を喚起する際にたどるべき道筋を示す。その本質はモビライザーの力になることであり、目標とする事業成果を出すために彼らが克服すべき障害の評価を手助けする。モビライザーがさらに前進する自信を与え、合意形成プロセスへの対応に必要な計画作成や考察（たいてい通常業務とは別）の負担を軽減する。これをコマーシャルコーチングと呼ぶのは、コマーシャルインサイトを強化し、モビライザーがそのインサイトを組織内で共有できるようにする働きがあるからだ。おかげであなたはナンバー１のサプライヤーとして位置づけられる。モビライザーができるだけ簡単かつ生産的に合意を築けるよ

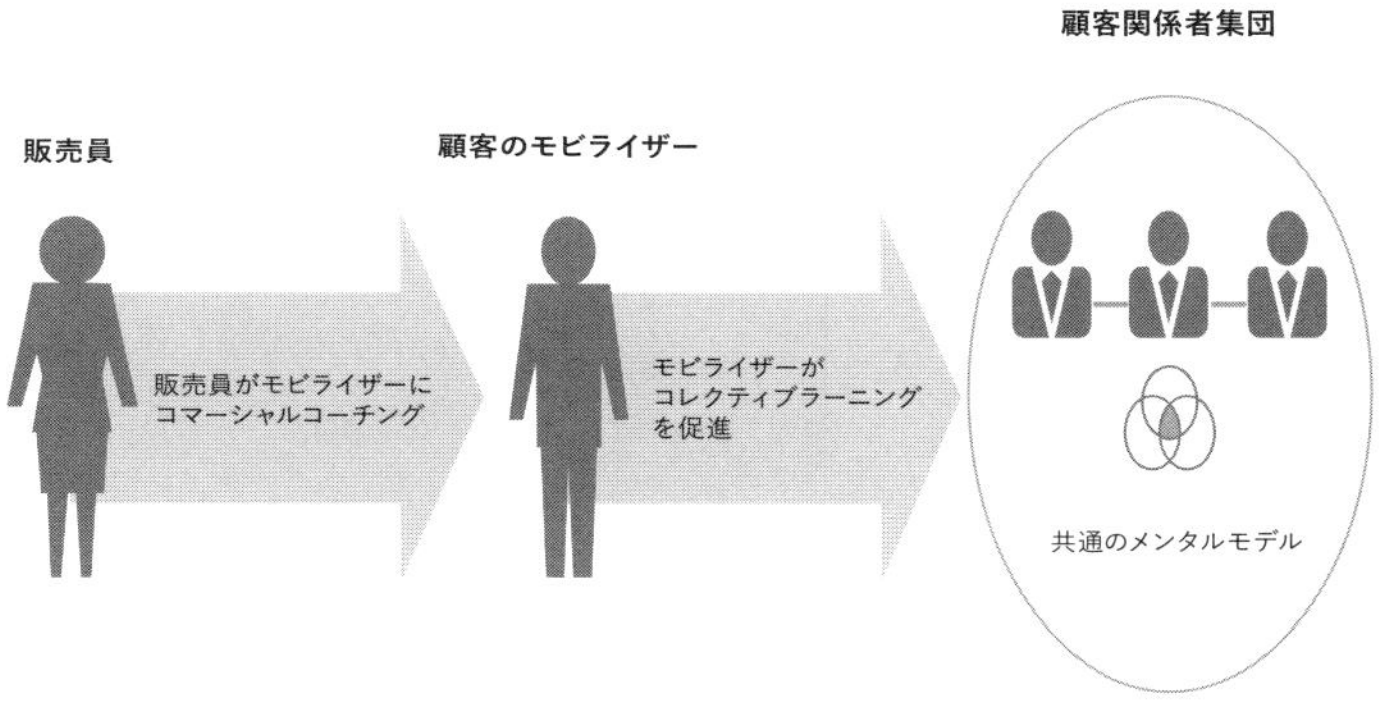

出典:CEBによる分析

図 8.10　モビライザーによるコレクティブラーニングの促進

1. 同僚がさまざまな活動のメリット／デメリットを理解するのを助ける。
2. 購買案件に関して他の関係者とインフォーマルな会話を行う。
3. 購買案件に関する集団討議の場を設ける。
4. 購買案件に関する集団討議を円滑に促進する。
5. 購買集団の関係者に、同じニーズや目標を共有していることを気づかせる。
6. サプライヤーのソリューションが対応するビジネスニーズについて、新しい情報を同僚に教える。
7. サプライヤーからの購入に関する同僚内の意見の相違を解消する。

出典：CEBのB2B価値調査

図 8.11　顧客のコレクティブラーニングを支えるモビライザーの行動

うに――それが根本的なねらいである。

モビライザーに対するコマーシャルコーチングはさまざまな側面から可能であり、本章の以降のページではその点を簡単に検討する。最も重要なのは、モビライザーを指導してチームをコレクティブラーニングに関与させることである(図8・10)。

モビライザーのどんな行動がコレクティブラーニングを支えるか、モビライザーがコレクティブラーニングに備えるためにはどんな行動が必要かを分析すると、図8・11のような結果が得られた。

では合意形成のために、モビライザーにはどんなコマーシャルコーチングが必要か？ モビライザーに働きかける方法は数多くあるが、われわれの調査から、合意形成へ向けたコマーシャルコーチングの起点となるアプローチがひとつ浮かび上がった。

合意形成の枠組み

CEBの販売支援ツールはたいていそうだが、コマーシャルコーチングの指針も、幅広いメンバー企業のトップ販売員とのインタビューがもとになっている。この指針を用いれば、モビライザーが合意形成を進めるための体系的アプローチを設計しやすくなる。これは細かい

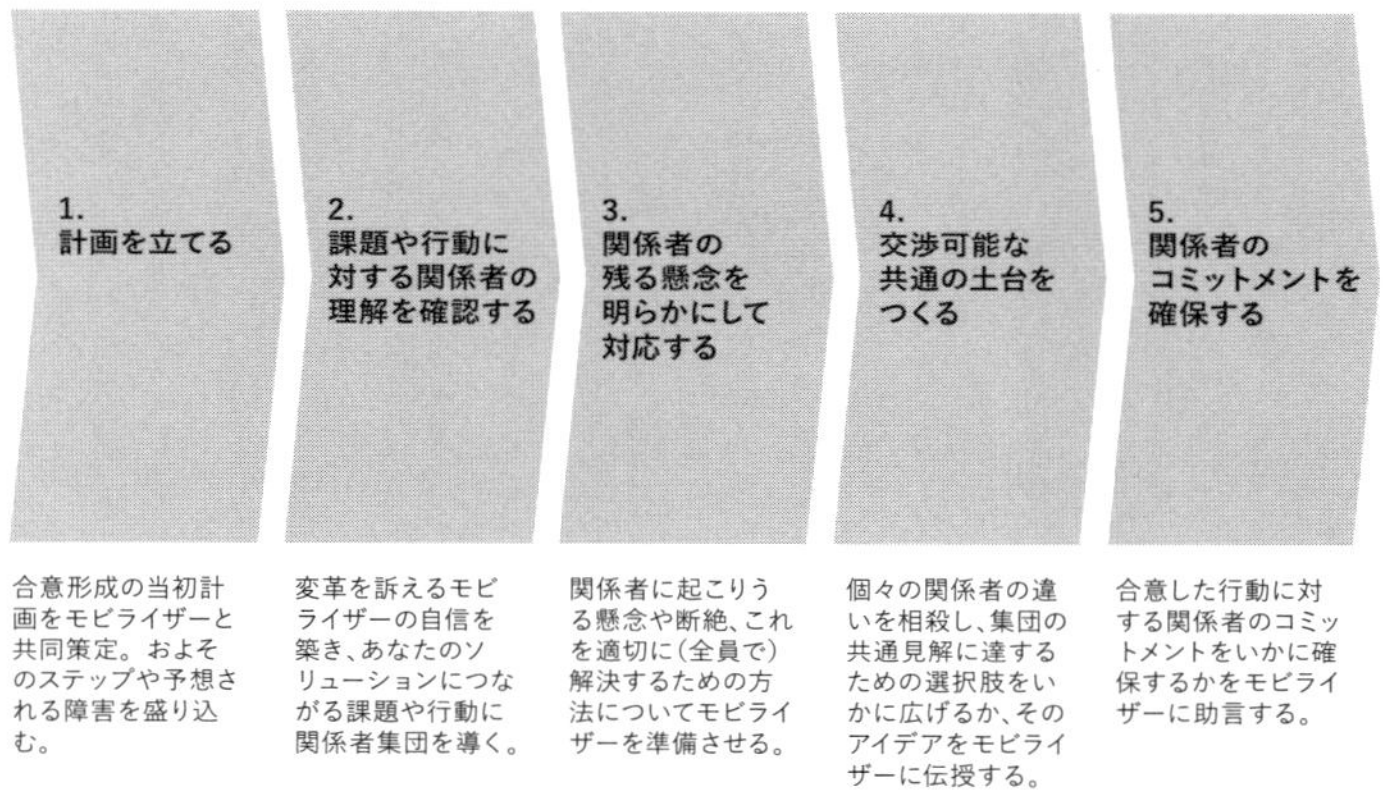
1.
計画を立てる
合意形成の当初計画をモビライザーと共同策定。およそのステップや予想される障害を盛り込む。
2.
課題や行動に対する関係者の理解を確認する
変革を訴えるモビライザーの自信を築き、あなたのソリューションにつながる課題や行動に関係者集団を導く。
3.
関係者の残る懸念を明らかにして対応する
関係者に起こりうる懸念や断絶、これを適切に（全員で）解決するための方法についてモビライザーを準備させる。
4.
交渉可能な共通の土台をつくる
個々の関係者の違いを相殺し、集団の共通見解に達するための選択肢をいかに広げるか、そのアイデアをモビライザーに伝授する。
5.
関係者のコミットメントを確保する
合意した行動に対する関係者のコミットメントをいかに確保するかをモビライザーに助言する。

出典：CEBによる分析

図 8.12　コマーシャルコーチングのプロセス

チェックリストとしてモビライザーに手渡すものではなく、モビライザーが購買プロセスを生産的に前へ進めるためのヒントを販売員から伝える際の参考材料になる。したがって、この指針はB2B購買の一般的な合意形成プロセスに呼応している（図8・12）。

　第1ステージでは、合意形成の計画づくりに関してモビライザーをサポートする。厳密なステップや責任者を記したチャート図を渡して「このとおりにしてくれ」ではダメだ。忘れてならないのは、あなたはモビライザーが自身を持って前へ進めるよう手助けしているということ。とくに彼らが行動を起こしやすくしなければならない。購買プロセスのなかで何が起こりそうかを考慮する必要がある。他の顧客との同様の取引に基づいて、どんな障害がありそうかを計画に盛り込みたい。このステージではストーリーが威力を発揮する。「去年同じような組織にアプローチしたときは、CFOに関して思わぬ課題が持ち上がって……」のように説明してもよい。

この時点で、モビライザーから組織の状況（および各関係者の関心事や性格）について説明を受け、それを考慮に入れよう。組織図を入手するのもこのタイミングがよいだろう。カギとなる人物をモビライザーに確認し、購買をめぐって発生しそうな意見の食い違いや共通見解を予測する。このステージの目標は、合意形成を進めるにあたってモビライザーが遭遇するであろう意見に備えることだ。「おそらく人事部が絡んでくるでしょう。それはまあ歓迎なのですが、いままでの経験では人事はこんな抵抗を示すと思われます。そのときはこんなふうに対処しましょう」という具合に。事細かな指示だけ与えてモビライザーを困惑させるのではなく、道筋を描き、「この人なら状況を支配し、私の取り組みをサポートしてくれる」とモビライザーに確信させなければならない。

この第1ステージでは、モビライザーの強みと弱みへの適応を心がけよう。「ゴー・ゲッター《やり手》」または「スケプティック《懐疑派》」のモビライザーはプロジェクト管理に優れ、プロセス志向が強いので、この段階ではあまり助言を必要としないかもしれない。しかし「ティーチャー《教育者》」にはコーチングを強化し、スケジュール作成や合意形成のだんどり決定を手助けする必要がある。

あなた（とモビライザー）が他の関係者のことをまだ理解していないときや、具体的な証拠もなく憶測ばかりしているとき、あるいはインサイトがモビライザー以外には共感されないときは、コマーシャルコーチングの次のステージへ進むのは避けたほうがよい。モビライザーにもっと情報を集めさせ、引き続き関係者の反応を見ながら、購買プロセスの支配へ向けた努力を続けよう。またここで、「この関係者は本当にモビライザーなのか」も再検討しておいたほうがよい。理想的には、この第1ステージでモビライザーが次のステップへの自信を示し、意思決定者やインフルエンサーの当たりをつけていることが望ましい。それを次のステージへ進むかどうかの判断基準にしよう。

第2ステージでは、モビライザーの組織が真の問題とその対応策を理解していることを確認する。合意形成の取り組みはここで頓挫することが多いため、コマーシャルコーチングプロセスのなかでも非常に重要なステージである。このステージの成否は、コマーシャルインサイトをモビライザーに確信を持って渡せるかどうかにかかっている。モビライザーがあなたから聞いたばかりのインサイトに興奮しているからといって、そのインサイトを他人に伝える用意ができているとはかぎらない。組織内のさまざまな関係者に向けたコマーシャルインサイトの微修正を手伝うとよいだろう。コマーシャルインサイトを顧客の組織状況に無理やり当てはめるのは大きな間違いだ。このステージではモビライザーと協力して、さまざまな役割の関係者にインサイトをどう適応させればよいかを考えよう。要は、各関係者の現在のメンタルモデルの微妙な差異をつかみ、望ましいメンタルモデルを彼らが共有できるように導く必要がある（それが引いてはあなたのソリューションにつながってゆく）。

このステージでは、組織が「行動しないこと」のコストをモビライザーに理解させるのが重要である。この点を伝達できるようにしなければならない。ある営業責任者が言ったように、「変わらないことの痛みは、変わることの痛みより大きい」。これはいくら強調してもし足りない。何もしないといかに高くつくかを伝える手段として、モビライザーにデータや「痛みチェッカー」を提供しよう。コマーシャルインサイトには必ずさまざまな反応がある。これは織り込み済みであるが、このステージではその反応をモビライザーから教えてもらうのが大切だ。それらの反応や意見の違いは、その後のコレクティブラーニングの基礎となるからだ。第2ステージ全体でめざすのは、あなたとモビライザーが提案する新しい方向性に対して顧客がどんな反応を見せるかを評価し、それをもとに今後のステップを決めることである。反応はまちまちのはずだ。新しい方向性に食いつく者もいれば、疑いを持つ者もいるだろう。あえて距離を置く者もいるだろう。関係者の足並みをそろえられるかどうかが問われる次のステージへ向けて、これを頭に入れておくのが重要である。

第1ステージと同様、この第2ステージでもモビライザーの強みと弱みを考慮したい。

「ティーチャー《教育者》」はストーリーを語るのが得意で、ビジョンを上手に説明できる。その強みを活かそう。自由にストーリーを語らせ、気持ちよくインサイトを伝えてもらおう。しかし「ゴー・ゲッター《やり手》」と「スケプティック《懐疑派》」の場合は、説得力を持ってインサイトを伝えられるよう指導しなければならない。このタイプのモビライザーは細部を重視しすぎて全体像を見失う可能性があるからだ。

モビライザー以外の関係者が課題に直面していると考えていない様子なら、コマーシャルコーチングの次のステージへ進むのはやめたほうがいい。新しい方向性について考えるのはもちろん、課題に責任を持って取り組もうという組織のコミットメントがなければ、購買へのコンセンサスは築かれない。このステージでモビライザーに望まれるのは、同僚の問題認識や問題解決への考え方について確固たる見解を持つことである。また、その問題が関係者のＫＰＩ（主要パフォーマンス指標）をはじめとする幅広い指標にどう影響するかも明らかにしなければならない。こうした進捗確認の目安をクリアしたら、コマーシャルコーチングの第３ステージに移ってよい。

この第３ステージでは、関係者の残る懸念を明らかにし、これに対応する。モビライザーと協力して、この時点では明るみになっていない反論や関係者の断絶に焦点を当てる。それらはモビライザーではなくあなたの経験に基づいて判断する。あなたはソリューションを毎日売っていても、モビライザーは毎日それを買っているわけではない。コレクティブラーニングの多くはこのステージで発生する。購買に関わる関係者を集める（バーチャルでもリアルでもよい）にはどうすればよいか、モビライザーといっしょに考えよう。そうしたセッションをできるだけ生産的なものにするには、ワークショップや診断プログラムが有効である（次章ではその事例を紹介する）。優れた販売員はこのステージでもっと関与を深め、ワークショップのなかで関係者の断絶について話し合ったりすることもある（これも次章で例を紹介する）。関係者からの反論に対応するためのデータやストーリーをモビライザーに提供するのも一案だ。

モビライザーがソリューションを気に入って興奮すると、話してばかりで人の話を聞かなくなる可能性がある。モビライザーには、耳を澄ませ、関係者の懸念や断絶をこちらに伝えるよう念を押す。そうすれば、モビライザーがこの段階で同僚たちとどう関わるかに注意を払おう。モビライザーには、どういう行動をとればよいかを互いに判断しやすい。とくに「ゴー・ゲッター《やり手》」には、早まって購買を強要しないようクギを刺す。幅広い関係者をコレクティブラーニングに巻き込み、意見の対立を解決するように指導しよう。

この時点で「ブロッカー《阻害者》」が購買案件への影響力を行使することがよくある。「ブロッカー《阻害者》」を念頭に置き、無力化することなく次のステージへ進むのは拙速である（これについては第10章で詳しく説明する）。さらに、顧客が抱える問題や、起こすべきだと考えている行動について、どれくらい関係者の足並みがそろっているかに注目しよう。問題と行動、その両方について（とくにあなたのソリューションにつながる問題と行動について）見解が一致していることが重要だ。このステージの進捗確認の目安は、関係者のあいだで少なくともひとつはコレクティブラーニングのやりとりが生じ、問題と起こすべき行動について関係者が同意を表明していることである。

その確認が得られたら、第4ステージへ移ることができる。ここでは、購買に関して交渉可能なポイントはどこかを明確にする。あなたとモビライザーは、顧客が購買について積極的な妥協が図れるよう手助けして、購買プロセスを支配する。関係者の違いを相殺し、集団の共通見解に達するための選択肢をモビライザーに授ける。最もよいのは交渉可能な選択肢、つまり、あなた独自のソリューションに重大な影響を与えることなく、関係者の残る懸念に応えるため、これなら譲歩できるというセンである。

このステージで一番重要なのは、顧客が「B」について合意できるようにすることだ。Bとはすなわち、あなたの組織が最も的確にサポートできる、新しく望ましいビジネスアプローチを意味する。このBこそが、交渉不可能な（すなわち交渉の余地がない）ポイントの基礎となる。新しい方向性としてBにコミットした顧客は、あなたのソリューションをそうそう軽んじられなくなる（だから逆に言えば、交渉可能なポイントはBにほとんど影響しないものでなければならない）。そうすると、事業上の問題やとるべき行動について、顧客関係者の足並みがまだそろっていることが必須である。顧客にとってこの購買案件が現実問題として映りはじめると、彼らは価格交渉力を獲得すべく、本能的にあなたのソリューションをコモディティ化しようとする。モビライザーへのコーチングにより、同僚たちが問題や新しい方向性についてなお賛同しつづけるようにしなければならない。さらに、購買案件のなかで交渉不可能なポイントをあらためて確認し、それをモビライザーから同僚に伝達させることが重要である。

モビライザーへのコーチングという点では、「ティーチャー《教育者》」は不安げな関係者のコミットメントを確保するため、創造性に富む選択肢を提案しやすいことに注意しよう。こうした創造的な選択肢がどんな影響を及ぼすかを「ティーチャー《教育者》」に理解させなければならない。場合によっては、彼らの創造性があなたのソリューションを危うくする可能性がある。「ゴー・ゲッター《やり手》」と「スケプティック《懐疑派》」は、事態の進捗を優先してうかつな譲歩をする傾向があるので、それを回避させなければならない。合理的に考える彼らには、不安そうな関係者を取引に肩入れさせるための、あまり当たり前でない創造的な方法を考えさせたい。

すべての「ブロッカー《阻害者》」をこの時点で無力化できていないときは注意が必要だ。とくに用心すべきは、なかなか意見を表明しない「物言わぬブロッカー《阻害者》」である。インフルエンサーと思しき人がまだ立場を明確にしていない場合は、とりあえず「ブロッカー《阻害者》」だと思っておこう。一番まずいのは、あなたが契約を結ぼうとする段になって、遅ればせの大きな反論を持ち出されることだ。

この段階で関係者の意見が割れることがよくあり、これも警戒信号となる。関係者のあいだで微妙に意見が分かれるのはなぜかを、モビライザーともども考える必要がある。ここへきて見解が分散すると、彼らは何も行動を起こさなくなる。あるいは「もうちょっと考えさせてください」という決めゼリフ?が返ってくる。この第4ステージの進捗確認の基準は、すべてのブロッカー《阻害者》を無力化したかどうか、そしてソリューションの修正・制限の代償を関係者がはっきり自覚しているかどうかである。それらの確認が得られたら、コマーシャルコーチングの第5ステージへ移ってよい。

最後の第5ステージは、今後へ向けた関係者のコミットメントを確保することが前提になる。購買プロセスの終盤になって思わぬ展開が起きないよう留意しなければならない。正しい行動方針について念押しし、あなたの会社こそそれをサポートできるという事実を繰り返し強調するよう、モビライザーをコーチしよう。このステージでは、商売っ気を少し出しても顧客は受け入れるので、あなたの会社の能力をライバルと比較できる情報をモビライザーにも提供しよう。この段階でまだためらっている関係者がいないかをモビライザーにモニターさせ、その人たちの考え方について話し合おう(また、この購買案件に参加してきそうな関係者がほかにもいたら、それを特定する)。

このステップでは細部がクローズアップされる。一見小さくて見逃されている懸案事項が大きな問題になりかねない。とりわけ「ゴー・ゲッター《やり手》」と「スケプティック《懐疑派》」が実行計画を重視しすぎて、未解決の懸案や新たな反論を見過ごすことがないよう注視しなければならない。「ティーチャー《教育者》」はすべてが順調と考えて早くから喜んでしまい、次のアイデアに関心を移すことが多いので、この取引に集中するよう言い聞かす必要がある。

顧客にとってこの案件と競合する優先事項が出てこないかに気をつけよう。他の優先事項が生じたら、十分注意を払わなければならない。このステージの進捗確認の目安として理想的なのは、関係者があなたのソリューションの実行に向けたリソースやサポートをきちんと確保すること、関係者があなたのソリューションに対する幅広い支持を認識すること、そしてもちろん、あなたのソリューションこそが事業の一番の支えになると、関係者が広く合意することである。

ここで何よりもはっきりしているのは、モビライザーが貴重な資産だということである。彼らのおかげで顧客の購買行動をみごとに「支配」できる。したがってモビライザーとの関係をどう構築・維持するかが重要になる。合意形成という困難な仕事をやり抜くのに必要なサポートやアドバイスを提供するのは、間違いなく効果的な方法だ。モビライザーが支援を受けられるというだけでなく、彼らが可能なかぎり生産的な顧客の購買行動に関われるようになり、結果的にあなたは思いどおりに顧客のコンセンサスを築くことができる。

コレクティブラーニングの重要性は軽視できない。今日のコンセンサス主導の購買においては、意見の相違や機能不全が幅を利かせ、最低の共通項に基づく取引しか成立しにくい。そんななか、コレクティブラーニングを通じて顧客は質の高い購買に合意できる。顧客のコレクティブラーニングをサポートし、それをモビライザーへのコマーシャルコーチングで支える——そのようにして顧客の購買を支配するのが、現在のコンセンサス購買という課題を克服するうえで欠かせない。

次章では、主要企業の営業・マーケティング組織の具体例を通じて、コレクティブラーニングの実態を見ていく。どの企業も合意形成や変革推進の有効な手段をモビライザーに授けている。また、それだけでは十分でない場合に販売員がとりうる各種の行動についても解説する。

第9章

集団的学習（コレクティブラーニング）の実践

コレクティブラーニングの環境づくりは、共通の土台探しから始まる。それでもある種の言葉の壁は避けられない。縦割りのそれぞれの部門が独自の言葉を話しているからだ（たとえ同じ言語を話していても！）。

だから、仮に購買集団の異なる関係者が同じものを求めていても、その表現方法が違うので、あなたにはわからない。そうした断絶を埋めるメッセージにどんな共通言語を用いるか、それを探さなければならない。

マーケティング部門は昔ながらの顧客理解活動、つまりは観察やインタビューを通じて、この共通言語を探ることができる。だがここでは、シスコが用いているエレガントで信じられないほど効果的な手法（ソーシャルリスニング、メッセージテストなど）に焦点を当てたい。事例をひもとくとわかるのだが、シスコのこの手法は個々の関心事や言語ではなく、共通の関心事や言語を明らかにしようとするものだ。

シスコといえば、誰もが知るネットワーキング製品・サービスのサプライヤーである。ソリューションが進化を続けるなか、同社は新しい多様な顧客関係者を関与させなければならない、そして最終的には説得しなければならないと考えるようになった。マーケティング部門がテクノロジーにお金をかけるようになっていることもあり、カギを握る新しい関係者のひとりはＣＭＯである。だが見たところ、ＣＭＯの考え方は伝統的な意思決定者であるＣＩＯ（またはＣＴＯ＝最高技術責任者）とは違うようだ。少なくとも表面上は、意思決定に関してこの２種類の人たちを束ねる共通の土台はほとんどない（それでもいずれは両者共同で決定を下す必要がある）。

そこでシスコはそのギャップを埋める手法を編み出した。ソーシャルメディアなどで交わされる会話から、ＣＭＯとＣＩＯの共通言語になりそうな要素のヒントを探すのだ。これによって、両者には思った以上に共通点があることを示すメッセージをつくることができる。

一般的なＢ２Ｂ販売チームのソーシャルリスニングの方法は、ごく初歩的なものがほとんどである。求めているのはだいたい２つのうちどちらかだ。第一に、自分たちがサプライヤーとしてどう認知されているかを知るため、自社や自社ブランド、自社製品に対するコメントをチェックする。第二に、よくある検索語やディスカッションスレッドを探って、検索最適化のレベルアップを図る。発言者に注意を払うこともあるが、基本的な関心の対象は発言内容である。

しかしシスコで大事なのは発言者のほうだ。同社の購買案件ではＣＭＯが新しく重要な役割を果たすようになっているため、ＣＭＯに対する理解がかつてないほど求められる。何を話しているか。テクノロジーについてどう考えているか。どんな問題が重要か。そして共通言語は？　それを知るため、シスコはソーシャルメディアやデジタル出版物のマイニングを行い、ＣＭ

Oが書いたコンテンツやCMO向けのコンテンツを抽出する。CMOがみんなツイートや投稿をしているわけではないが、それでもCMOが大きな関心を持つことがらについて大量のコンテンツが存在する。

シスコはそうして分離したコンテンツをすべてチェックする。図9・1が示すように、これは1つの関係者だけに的を絞った探索行動である。ただし、ここで重要なのは彼らが何を探しているかだ。それはシスコに関するCMOの発言ではない。同社が知りたいのはCMOの発言全般である。

図9・1の例のように、CMOの多くはデバイスの接続性について何かしら語っていることがわかる。デバイスと人間、さらにはデバイス同士も接続するようになった世界について、マーケターはいろいろな話をしている。

これは重要な情報である。この情報をただちに利用して、IT専門家への橋渡しができるからだ。実はシスコはまったく同じ手法を通じて、IT専門家もCMOと同じことを話しているのを突き止めていた。だが、その橋渡しの前に、共通言語の構成要素を探さなければならない。重要なトピックを見つけたら、次にそこから少し離れて、そのトピック周辺の発言内容を分析する。ここでのゴールは、「デバイスの接続性」というトピックがどんな文脈でマーケターによって語られているかを知ることだ。

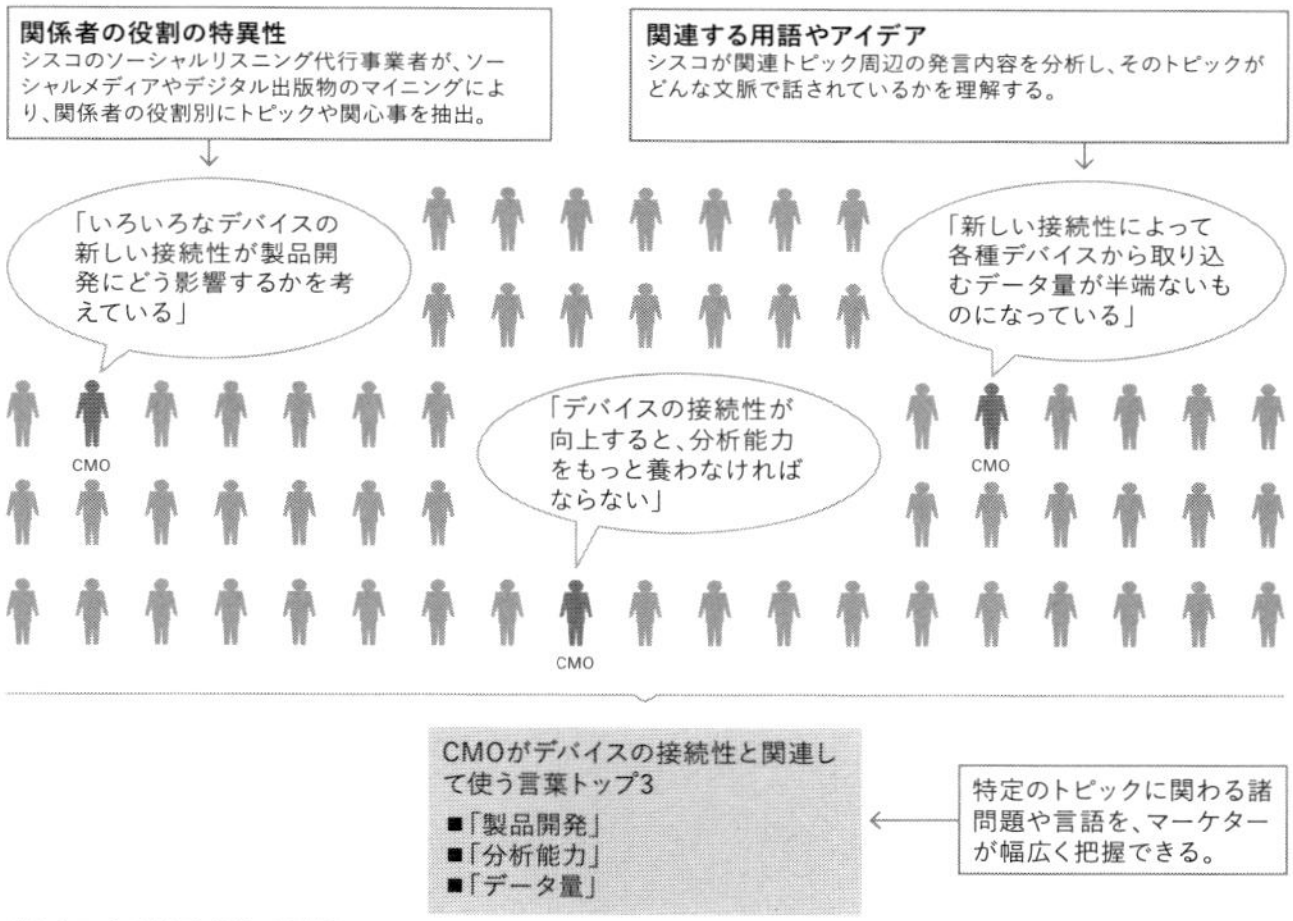

出典：シスコシステムズ、CEBによる分析

図 9.1　関係者の関心事や言語の追跡：シスコの例

これによってシスコは、マーケターが何を話しているかだけでなく、なぜそれが彼らにとって重要なのかを知ることができる。そしてこの2つ――「何を」と「なぜ／どのように」――の組み合わせにより、シスコのチームは、特定の関係者集団に強く訴える問題と言葉を幅広く知ることができる。

彼らがここでしたことをよく考えると、そこには大きな意味がある。これはCMOがサプライヤーについて語ったことではなく、サプライヤーが話題の中心ではないときに自発的にしゃべった内容である。だがもっと重要なのは、それが共通の土台を築くのに必要な材料を提供するということだ。最終目標はコンセンサスの促進であること

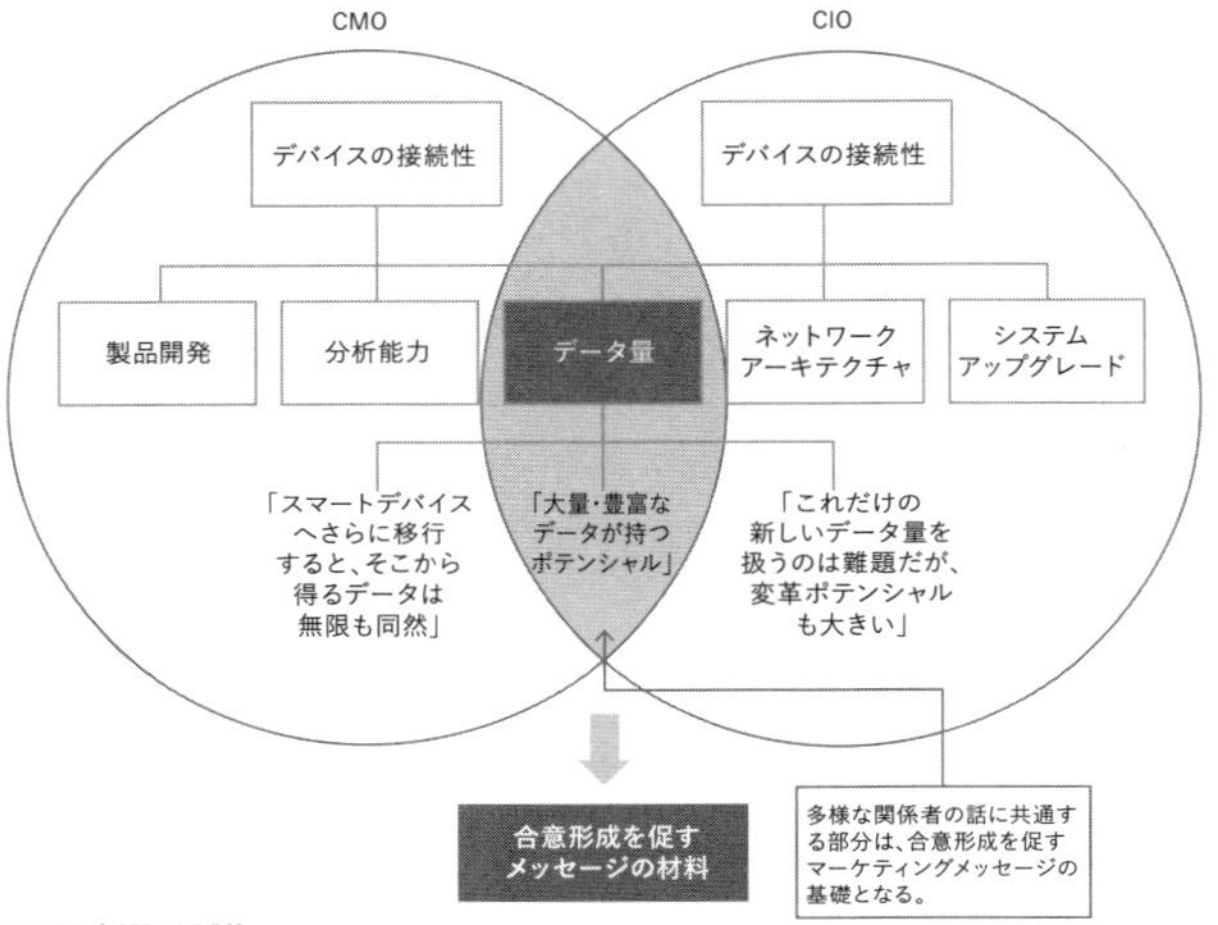

出典：シスコシステムズ、CEBによる分析

図 9.2　関係者の言語系統樹：シスコの例

を思い出そう。

　ここでシスコは、ＣＭＯがデバイスの接続性についてどのように話しているかというその情報を、ＣＩＯがデバイスの接続性についてどう話しているかという情報に合体させ、マップ化することができる。そして重なり部分がないかを探す（図９・２を参照）。この場合はたとえば、デバイスの接続性というトピックに関して、データ量という問題がＣＭＯとＣＩＯに共通していることがわかった。もっと具体的に言えば、ヒトやモノが深くつながった世界のデータが持つポテンシャルについて、両者に重なりのあることがわかった。

　これが探し求めていた共通部分であり、それをもとにシスコはＣＭＯとＣＩＯを結

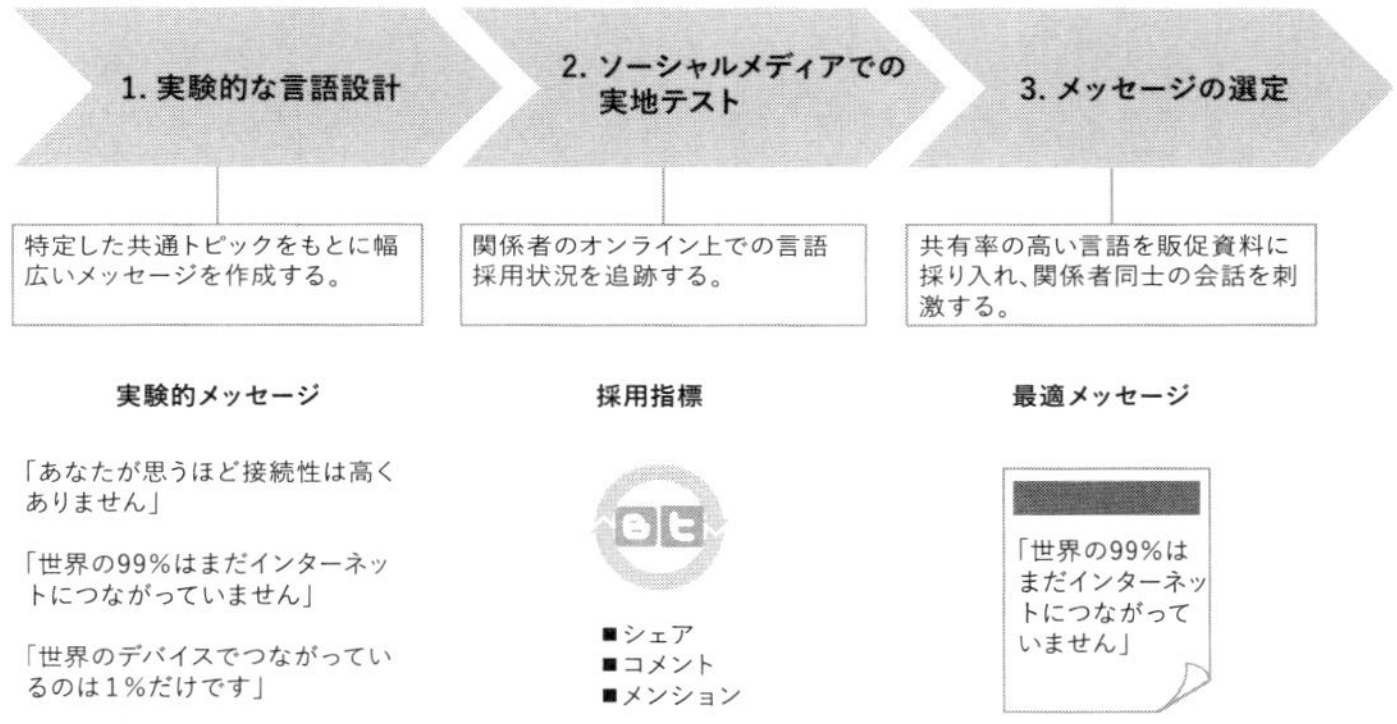
1. 実験的な言語設計
2. ソーシャルメディアでの実地テスト
3. メッセージの選定
特定した共通トピックをもとに幅広いメッセージを作成する。

関係者のオンライン上での言語採用状況を追跡する。

共有率の高い言語を販促資料に採り入れ、関係者同士の会話を刺激する。

実験的メッセージ
「あなたが思うほど接続性は高くありません」

「世界の99%はまだインターネットにつながっていません」

「世界のデバイスでつながっているのは1%だけです」

採用指標
■シェア
■コメント
■メンション
最適メッセージ
「世界の99%はまだインターネットにつながっていません」

出典：シスコシステムズ、CEBによる分析

図9.3　共有可能なメッセージの作成ステップ：シスコの例

びつけることができる。この重複部分は、両者の関心事をめぐって双方に同時に話しかけるためのメッセージの基礎となる。

この図を見れば接続性に関する話の切り口には5通りあることがわかるが、シスコはそのうちの1つにしか目を向けない。なぜなら彼らの目標は、販売員がいよいよ行動を開始する前に、購買集団の関係者のあいだに橋を架けることだからである。

もうひとつ興味深いのは、これらの関係者の共感を同時に呼ぶメッセージを、次にどうやって決めるかだ。

図9・3のようなステップに沿って、それは行われる。ステップ1は、メッセージの雛型《ひながた》の作成だ。この場合、シスコは接続性の向上という共通トピックが持つ大きな

可能性を強調しようとする。たとえば、こんなメッセージをつくってみる。「あなたが思うほど接続性は高くありません」「世界のデバイスでつながっているのは1%だけです」

ステップ2では、メッセージをテストする。リンクトイン、ツイッター、マーケティング技術に関する掲示版、有名なブログなどにそれを埋め込み、どのメッセージが好評かをモニターする。閲覧やリツイートの頻度だけでなく、メッセージのなかの言葉の採用度合い、つまりどの言葉が選ばれ、広く使われるかをチェックする。そうした言い回しを一度見つけたら、関係者の橋渡しに必要な共通言語を手にしたことになる。

次にその言い回し――ターゲットとする多様な関係者集団に広く採用されるフレーズ――を正式なキャンペーンに使用する。それがステップ3である。この場合は「世界の99%はまだインターネットにつながっていません」というフレーズがキャンペーンのなかで使われる。

このように、度重なるテストや注意深い観察を要する重要なプロセスであるが、つねに意識しなければならないのは関係者を結びつけることであり、個々の関係者の懐に入り込むことではない。なぜなら、これらのメッセージはＣＩＯとＣＭＯが共通の関心事に気づくための基盤であるからだ。

このシスコの事例は一見難しそうだ。潜在顧客の会話が豊富に交わされるハイテク業界だからできることではないか、と言いたくなる。だが思い出してほしい。シスコは関係者のソーシャルネットワーク上の会話に耳を澄ますだけでなく、関係者をターゲットとしたコンテンツをも入念に調べている。デジタルコンテンツ作成の対象となる関係者は、それこそハイテク業界に限らず範囲が広い。

こうしてこの時点で、多様な関係者の合意の足場となる共通言語や共通の土台が見つかったことになる。できれば、その共通の土台や言語をコマーシャルインサイトにしっかり結びつけ、関係者が集団として事業について考え直すきっかけにしたい。

しかしサプライヤーとしては、これを成り行き任せにはできない。現場の販売員を関係者に働きかけさせることができなければ、モビライザーに頼むしかない。つまり、マーケターとしてこの段階でもうひとつやらなければならないのは、モビライザーが関係者を束ねられるようにすることだ。

モビライザーに関係者を束ねさせる

ここで重要なのは、どうやってモビライザーに他の関係者を説得させるかである。マルケトとスキルソフトという2社の事例を見ていこう。まずはマルケトから――。

ご存じのように、マルケトはマーケティングオートメーションを得意とする会社である。これは比較的新しい技術分野で、マーケティングチームは需要創出のさまざまな側面を自動化できるだけでなく、その取り組みを最適化するための指標の追跡もスムーズに実行できる。モビライザー絡みで興味深いのは、これはテクノロジーの購買であるため、マーケティングにとどまらない多数の関係者がつねに関わってくるということだ。ITはもちろん、営業、財務、調達も関係する。5・4人がそろい踏みである。

しかも、新しいテクノロジーなので、こうした関係者の多くはあまり知識がない。したがって認識がばらばらで的外れになりやすい。言い換えれば、モビライザーにとっては難易度の高い設定である。

マーケティングオートメーション技術のモビライズに取り組もうとしたら、これら多様な関係者全員と関わる必要がある。さて、どうするか? まずマーケティングチームの同僚を説得したら、次にCIOに「マーケティングオートメーションシステムが必要なんです」と言うか。考えられる反応は、「すでにCRMシステムがあるんだから、うまく調整して使いなさいよ。あれだってけっこうかかったんだから」。マーケターのあなたはこう思う。「違う違う、同じじゃない!」。でも、IT責任者にそれをどうやって伝えるのが一番いいか、よくわからない。

営業責任者のところへも行くだろう。言われそうなセリフはわかっている。「さあねえ、そのマーケティングオートメーションとやらの前に、ほかに買うものが5つくらいあるんじゃない？　ＣＲＭへの投資はまだまだ回収できてないしね」。ＣＦＯもたぶん同じようなことを言うだろう。

そんなふうに考えて、モビライザーはしょげ返ってしまう。会話を交わす前からあきらめる者もいれば、トライはするものの抵抗されたり、中途半端に終わったりする者もいるだろう。

マルケトにとっての課題は、どうやってモビライザーに他の４・４人を上手に説得させるかである。あらためて言うが、ねらいは関係者とサプライヤーをつなげることではなく、関係者同士をうまくつなげることにある。

マルケトの解決策が素晴らしいのは、たいていの販売チームがすでに持っているもの——各種の「セールスイネーブルメント（営業支援）」ツール——に少しだけ手を加えて、モビライザー向けの強力なリソースを生み出している点だ。

営業チームやチャネルパートナーが使うツールを、マーケティングや営業でつくっていないだろうか？　販売員用の台本やポイント集、想定問答、プレゼンテーションスライド、ＲＯＩ資料、ストーリーやエピソード、使用事例……。たいていはこうした販売ツールを何種類か持っているはずだ。マルケトはそれに少しだけ手を加えて、モビライザー支援ツールをこしらえている。つまりは顧客対応ツールである。どれもリソースキットとしてオンラインにアップされているので、モビライザーは簡単に入手できる。

マルケトのツールは「マーケティングオートメーション完全ガイド」と呼ばれる。大部の文書で何章にも分かれており、簡単な個人情報を入力すれば誰でもダウンロードできる。「マーケティングオートメーション」でグーグル検索すればすぐに出てくるだろう。

さて、これが「マルケト完全ガイド」ではないことに注意してほしい。前述のように、集団の機能不全がピークに達し、サプライヤーがコンセンサス問題に直面するのは、問題やソリューションの性質に集団を合意させようとするときである。サプライヤーの決定はもっとあとだ。したがって、このツールを使って、マルケトではなくマーケティングオートメーションに関する効果的な会話をモビライザーにしてもらわなければならない。

既存の販売ツールを調整してモビライザー向けのツールに変える必要があるのは、この部分である。販売用のツールはサプライヤーであるあなたに焦点を当ててつくられている可能性が高いので、もっと広く問題やソリューションの性質にフォーカスするよう修正しなければならない。

たとえば、マルケトのツールには営業トークのポイント集が含まれており、それぞれの関係者がマーケティングオートメーションの代わりに何をソリューションとして考える傾向があるかを分析している。何をあなたのソリューションの機会費用と見なしているか、と言い換えてもよい。これは非常に賢いやり方だ。おかげでモビライザーは、どんな現実的反論に遭いそうパート3：マーケティングオートメーションと○○はどう違う？

CRMとの関係

	CRM	マーケティングオートメーション
部門の重点	主に営業と営業管理、マーケティングは従	主にマーケティングとマーケティング管理、営業は従
アーキテクチャ	データベース志向、取引型クエリ	ワークフロー志向、詳細な行動データクエリ

サプライヤーのソリューションと各部門の代替策・次善策を対比。

出典：マルケト、CEBによる分析

図 9.4　マルケト「マーケティングオートメーション完全ガイド」の抜粋

かを事前に垣間見ることができる。

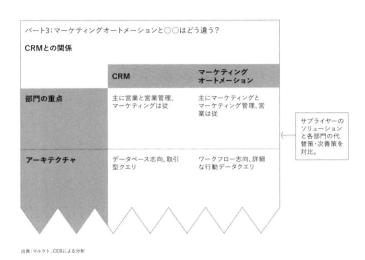

この場合、最大の代替ソリューションはＣＲＭである。ＣＲＭとマーケティングオートメーションが同じことをするからではなく、関係者のなかに、ＣＲＭがほとんど同じことをすると思っている人がいるからだ。マルケトはその違いについてモビライザーが話をできるようにする。しかも各関係者が最も関心を持ちやすい方法で。つまり関係者の言葉で語らせる。

関係者に関するガイドもある。他の４・４人のタイプ、関心事、考え方、世界観、利用する指標・言語などの概要が示される。ペルソナ（プロファイル）に近い情報だ。モビライザーは営業やＩＴ、財務、調達の責任者と話をしなければならないとは考えて

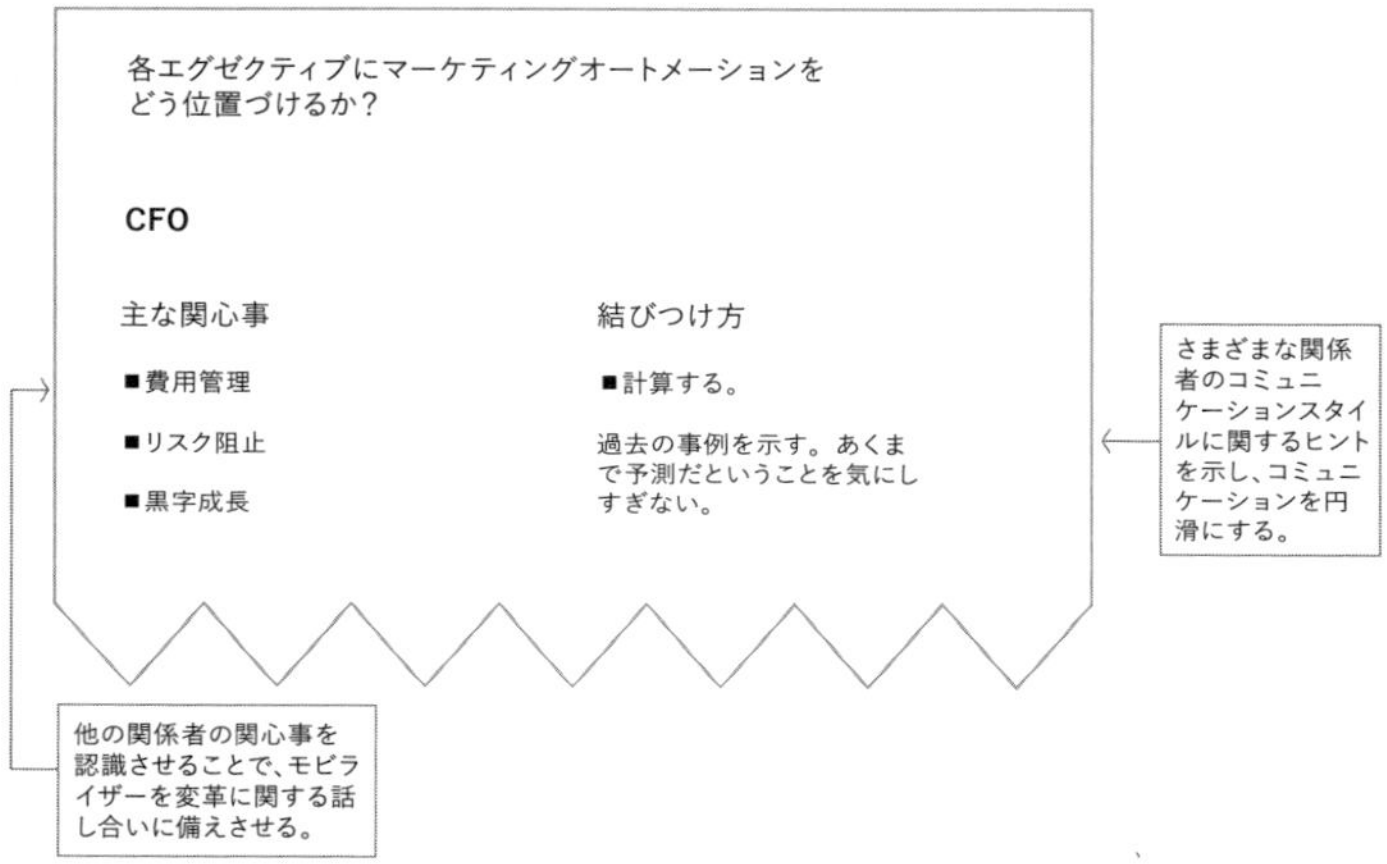

出典：マルケト、CEBによる分析

図 9.5　マルケト「マーケティングオートメーション完全ガイド」の抜粋

いないかもしれないから、これはとても重要なツールである。そればかりか、そうした関係者の前で何を言うべきか、ソリューションと彼らが使う指標をどう結びつければよいかまで示される。

そのほか、想定問答ガイドでは、各関係者から出そうな反論を載せ、その関係者に響く言葉でこれを克服するためのヒントを提供している。

ツール全体に通底しているのはストーリーだ。これはモビライザーが関係者との交渉めざして踏み出す道を照らす、格好の光となる。ただし、あなたの代表的な顧客をめぐるストーリーではない。サプライヤーを前面に出し、顧客がそのサプライヤーからどんな価値を獲得したかを強調するものではない。ストーリーの中心となるのは、マーケティングオートメーションによる変革を経験した数々の企業であり、変革を推進した企業とモビライザーがそこから何を得たかである。モビライザーにはこのようなストーリーを手渡したい。

マルケトのこのツールでもうひとつ評価したいのは、モビライザーの使いやすさを重視している点だ。多様な関係者の集団に対するモビライズは困難で複雑に感じられる。そこで同社は、そのまま使える事例テンプレートをパワーポイント形式で用意した。モビライザーはテンプレートをダウンロードし、ロゴを付加し、編集や補足を加えればよい。このスライドはモビライザーが必要とする会話の骨格となる。盛り込まれているのは、重要データ、さまざまな関係者へのプレゼンテーションのポイント、関係者別の重点スライド情報など。繰り返しだが、モビライザーができるだけモビライズしやすいこと、それが眼目である。

このようにして最も重要な顧客、モビライザーに武器を与えるのだが、念を押しておくと、既存の販売ツールすべてを修正して、サプライヤー中心との印象を与えないようにしなければならない。さもないと、結果的にモビライザーをあなたのサクラとして養成してしまうおそれがある。すると彼らは他の関係者をうまく説得できず、モビライザーなどしたくないと考えるかもしれない。これらのツールは、コマーシャルインサイトを生み出すつもりでつくらなければならない。主人公はあくまで顧客である。サプライヤーであるあなたを前面に出さずに、あなたならではの特徴を想起させる必要がある。うまくいけば、このモビライザー向けツールは第6章で述べたSIC（刺激・導入・直面）コンテンツプロセスの要素をすべて内包できる。

では、モビライザー向けツールのもうひとつの事例、スキルソフトの場合を見ていこう。同社はコマーシャルインサイトを中心に、マルケトの発想をさらに拡張。第三者のソートリーダーを上手に活用するとともに、顧客エンゲージメントに段階を設け、その深さと幅のバランスをとっている。

スキルソフトのモビライザー向けツール

スキルソフトはクラウドベースの学習ソリューションを扱う大手で、官民および大小問わず全世界の6000以上の組織に製品・サービスを提供している。主力はテクノロジーをベースにした学習・人材管理のプログラム、プラットフォーム、サービス。技術やビジネスに関わる幅広い分野で学習者のスキル構築や知識形成をサポートしている。

同社のグローバル・コーポレート・マーケティング担当バイスプレジデント、パム・ボイロスは、ラスベガスで開催されたCEBのメンバーサミットでマルケトのツールの事例を見て、「わが社にもこれが必要だ」とすぐに決断した。パムによれば、スキルソフトの購買プロセスには平均5・7人の関係者が介在するという。想像どおり、主要関係者は人事部、具体的には学習や能力開発の担当者である。だが、スキルソフトのようなテクノロジーベースの学習プラットフォームの場合、購買にはIT、調達、財務、法務も関係する。

さらに2つの問題が、コンセンサス購買のダイナミクスをスキルソフトにとっていっそう困難なものにしている。クラウドベースの学習ソリューションは比較的新しいテクノロジーであるため、同社の主な顧客関係者である人事部のスタッフは、自分たちが買おうとしているもののすべてを知り尽くしているわけではない。しかもパムによれば、人事部の人間は典型的なモビライザータイプではない。その経歴や経験、組織でのポジションから言って、モビライザーにふさわしい立場ではない。「こうした学習ソリューションには、これぞモビライザーという人がなかなかいません。だからモビライザーをつくらなければならないと思っています」とパムは言った。

スキルソフトのツールは同社のウェブサイトからダウンロードできる。他のマーケターも見習うべき優れたお手本である。マルケトのツールに似ているかもしれない。モビライザーの教育からビジネスケースの構築支援まで、扱う範囲が包括的であるほか、文章よりも図や動画、事例が主体で理解しやすい。また、実用的なアドバイス、ダウンロード可能なツールやテンプレートが豊富で、モビライザーとしての取り組みが容易になる。

目次

はじめに
なぜこれを読むか
誰が読むべきか

セクション1:なぜクラウドベースの学習か
クラウドベースの学習とは
よくある学習タイプの特徴
Eラーニングの一般的ベネフィット
神話:独立学習プログラムとしてはイベントベースの学習で十分
神話:たしかにスキルギャップはあるが、それほど深刻な問題ではない
神話:学習/トレーニング管理システムひとつで万能な解決策となる
トレンド:モバイルラーニング
トレンド:ソーシャルラーニング
ソートリーダーインサイト:ダン・ポンテフラクト
開発か購入か

セクション2:クラウドベース学習の成功とは
成功の4要素
エンゲージメント
ケーススタディ:インガソール・ランド
アラインメント
ケーススタディ:アクティブ・ネットワーク
ソートリーダーインサイト:デイヴィッド・ヴァンス
アドプション
ケーススタディ:スプリント
バリュー
ソートリーダーインサイト:エリオット・メイジー

セクション3:クラウドベース学習の正しいパートナーの選択
コンテンツ
テクノロジー
サービス
経験
ソートリーダーインサイト:トッド・タウバー

セクション4:クラウドベース学習のビジネスケース構築
なぜ学習・開発のビジネスケースは失敗するのか
ケーススタディ:全米プロゴルフ協会
関係者は誰か、優先事項は何か
ビジネスケースの4つのステージ
ステージ1:ビジネスイシューの定義
ステージ2:選択肢の分析、ベストオプションの選定
ステージ3:ビジネスケースの作成
ステージ4:ビジネスケースの提供
反論への対応
ソートリーダーインサイト:レイシ・ロウ

セクション5:クラウドベース学習ソリューションの購入
予定される契約手順
クラウドベースライセンス
クラウドベース価格トレンド
契約プロセスの案内

セクション6:スキルソフト:クラウドベース学習のグローバルリーダー

リソース一覧
協力者

Skillsoft
2

出典:スキルソフト、CEBによる分析

図 9.6 スキルソフトのモビライザーツール

セクション1
神話：独立学習プログラムとしてはイベントベースの学習で十分

Share On

真実：
継続的学習によって仕事へのスキル移転が促される

イベントベースの学習プログラムとは、クラスルームトレーニングやワークショップなど、始まりと終わりの日程や時間が決まっているものをいいます。業界リーダーの多くは、こうしたイベントベースの学習プログラムの効果が長続きし、望まれる行動変化につながるのか疑問視しています。イベントベースのプログラムは拡張可能性がありません。スキル開発やスキル移転の必要性が高まるなか、学習ソリューションには組織全体への拡張性が求められています。

誰でも経験があるはずです。優れたクラスやカンファレンスに出席して、素晴らしい情報をたくさん教えてもらい、学んだことを活かそうとやる気が高まります。ところが仕事に戻ると日常業務に忙殺され、クラスで学んだことをさらに高めるチャンスがありません。そしてそのせいで、せっかくの学習内容も忘れてしまいます。

10ページの「忘却曲線」が示すように、学んだことのほとんどはすぐに失われます。それはまた、従業員をトレーニングイベントに送り出した際の投資も失われるということです。

したがって、学習を一度きりのイベントと考えてはなりません。学習は日常に定着させ、必要なときに従業員がどこででも利用できなければなりません。主要な組織はすでに継続的学習モデルを受け入れており、従業員は能力開発を支援するオンデマンドリソースに常時アクセスすることができます。

イベント中心になりすぎ、人材危機がもたらすスキルギャップに対応しない企業は、大きな障害に直面する可能性があります。学習者の期待は変化しているのに、ほとんどの組織は世界の変化スピードに適応できていないのです。

ご覧ください

クラスルームトレーニングからEラーニングに切り替え、あわせて数十万ドルの経費を削減した組織の実例を紹介します。

www.skillsoft.com/Areva

Skillsoft

9

出典：スキルソフト、CEBによる分析

図 9.7　スキルソフトのモビライザーツールからの抜粋

だが、パムたちのチームはそれをさらに強化・改善した。

コマーシャルインサイトに基づく再構成

パムたちは従来の神話を打ち砕くかたちで、学習に関するスキルソフトのコマーシャルインサイトの主要素を提供した（図9・7を参照）。このシンプルな1ページのストーリーを読んだ顧客関係者は、自分たちの組織の学習のあり方について考え方を改めるようになる。これは第6章の「刺激・導入」コンテンツの好例である。

ソートリーダーの紹介

スキルソフトのツールには、各1ページのソートリーダー紹介コーナーが5つちり

ソートリーダーインサイト

ダン・ポンテフラクト

Share On

ダン・ポンテフラクトは『Flat Army: Creating a Connected and Engaged Organization』の著者で、TELUSトランスフォーメーション・オフィスのチーフ・エンビジョナー。同社では、さまざまな組織の従業員エンゲージメント、リーダーシップ開発、組織文化の向上をサポートしている。

スキルソフト：ソーシャルラーニングのない組織とはどのようなものですか？
ダン：ウォータークーラーには社交場という意味もありますが、休憩室やランチルーム、エレベーター、さらにはビルの外の喫煙所も社交の場となります。ソーシャルラーニングはつねに組織の一部でした。それは知識や情報、アイデア、意見の非公式なやりとりです。コラボレーション技術を活用してそのやりとりを支援する「新しい」ソーシャルラーニングは、新たなマスト要件です。ソーシャルラーニングのない組織は、魂のない組織、文化のない組織です。無関心がはびこり、学習が教室や学習管理システムのなかに永遠に閉じ込められる、そんな過酷な環境です。

スキルソフト：ソーシャルラーニングの提供は従業員エンゲージメントにどんなメリットをもたらすでしょう？
ダン：ピーナッツバターとジェリーのサンドイッチをつくるには、まずパンが2枚必要です。これをフォーマルな学習と呼びましょう。ピーナッツバターは2枚のパンをくっつける働きがあります。これをインフォーマルな学習（コーチング、メンタリング、ジョブシャドウイング、書籍など）と呼びましょう。しかしサンドイッチを完璧なものにするのは、ジェリーの甘さです。その甘さはソーシャルラーニングという形をとります。組織のエンゲージメントや文化を高めたかったら、それは必要不可欠です。ソーシャルラーニングは、知識やコンテンツやアイデアの交換に際してコラボレーション技術を通じて互いを結びつけるだけでなく、ヒエラルキーの障壁を壊します。シニアバイスプレジデントが内々のブログを始めて、重要な経営トピックをみんなと議論し、あわせてそこをプラットフォームにして発言内容に対するフィードバックや感想を求めたとします。学びと従業員エンゲージメントを同時に実現させる、またとない方法ではないでしょうか。

スキルソフト：モバイルやソーシャルは組織が提供する学習プログラムとして、次の新しい潮流になるでしょうか？
ダン：プロスカウアーという法律事務所から最近、全世界の職場のソーシャルメディアに関するレポートが発表されましたが、私はそれを読んでとても残念でした。このレポートによると、雇用主の36%は外部のソーシャルメディアサイトへのアクセスを積極的にブロックしているといいます。ちなみに2012年は29%でした。従業員全員にソーシャルメディアへのアクセスを認めている企業は43%で、これも10%の低下です。これはよい傾向ではありません。ソーシャル、モバイル、ウェアラブルなど、次にくるものはすべて人間の条件のひとつです。私たち人間は生存のために発明し、成功のために考え、存在のために創造します。組織が提供する学習プログラムとして、あらゆるものが次の新しい潮流になります。ソーシャルやモバイルに限りません。真に学習する組織は業界や従業員の声に耳を傾けて、こうした新しいテクノロジーやアイデアがどのように従業員のエンゲージメントを高め、彼らの教育に資するかを判断しなければなりません。それが引いては顧客のニーズに応えるためのパフォーマンスの向上につながるのです。

15

出典：スキルソフト、CEBによる分析

図 9.8　スキルソフトのモビライザーツールからの抜粋

ばめられている（図9・8を参照）。彼らはスキルソフトの人間ではなく、スキルソフトを直接宣伝するわけでもないため、ツールの信頼性が大きく増す。このツールを使うモビライザーが、サプライヤーに関する合意ではなく、問題やその解決法に関する合意を促せるようにしなければならない。

　これらのソートリーダーに登場してもらうのは思いのほか簡単だった。パムたちのチームは、各ソートリーダーの公表されている情報や意見をもとにページの草案をつくり、その草案を見せながらツールでの位置づけを本人に説明した。パムによると、5人とも掲載を了承してくれたという。「業界アナリスト、コラムニスト、インフルエンサーなどの著名人で、あなたの会社と方

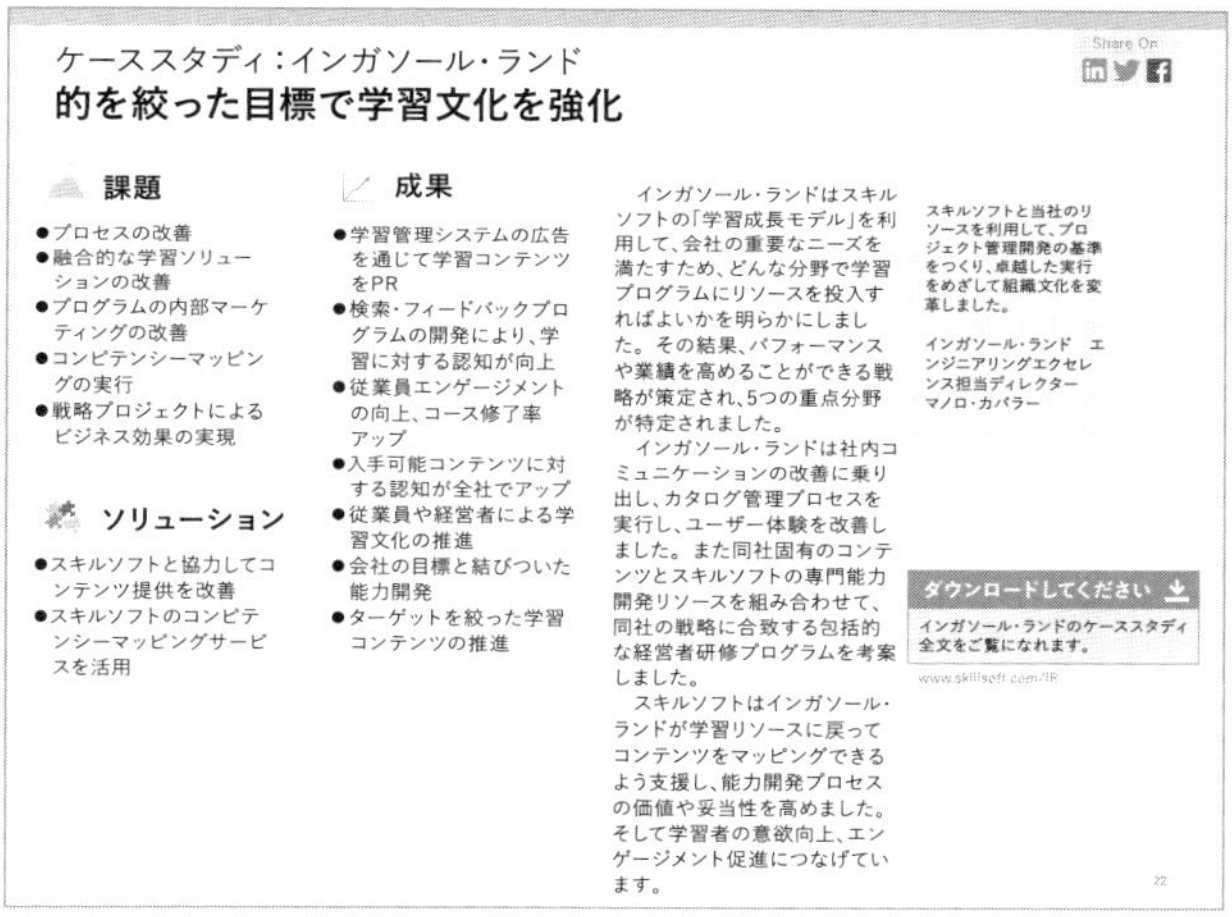

出典：スキルソフト、CEBによる分析

図9.9　スキルソフトのモビライザーツールからの抜粋

向性が一致しているソートリーダーを選びましょう。彼らにとっても名声をさらに高めるチャンス。これはウィンウィンの関係なのです」

段階的なエンゲージメントとサポート

スキルソフトのツールはフォームに個人情報などを入力しなくても自由にダウンロードでき、同僚にも転送できる。また、ツールのなかでさらにテンプレートやケーススタディ、ホワイトペーパーなどをダウンロードできるようになっている（図9・9を参照）。ここにはいわばゲートが設けられているので、パムたちは誰が情報やツールにより深い関心を持っているかを知ることができる。そうしたダウンロードをしなくても、このツール自体、モビライザーにとって非常に価値があるが、ダウンロードをすればもっと詳しい情報やテンプレートが入手でき、モビライザーには鬼に金棒である。

これらのダウンロードは、顧客がＳＩＣプロセスのどこにいるかを知る大きな目安となる。パムのチームはモビライザーがいつ詳しいケーススタディをダウンロードしたかがわかるので、それによってモビライザーがＩ（導入）ステージのどこかにいることがわかる。あるいは、ＲＦＰテンプレートをダウンロードしたなら、モビライザーはＣ（直面）ステージに入っている。これをもとにパムのチームや営業チームは次の最善策を練ることができる。

このツールをつくるため、パムをはじめとするスキルソフトのスタッフは考え方や行動を変え、マーケティングや営業はこうあるべしという従来の思い込みを捨てなければならなかった。たとえば、ツールそのものに「ゲート」を設けず、無条件にダウンロードを認めるというのは、大きな、そして難しい決定だったという。マーケターとしては、これだけのコンテンツなら当然ゲートを設け、誰がアクセスしているかを知りたいと思うだろう。見込み客がこの膨大なコンテンツをダウンロードしたら、その人を会社のシステムに取り込まない手はない。

だがスキルソフトは、合意形成を促そうとしているモビライザーへの「武器」提供が主な目的であれば、ツールを共有しやすくするのが重要だと考えた。フォームに記入させるようなゲートを設けた瞬間に、それは共有を阻む力となる。

パムの話によれば、サプライヤーに中立的な立場を貫くのも一苦労だったという。マーケターなら誰しも、サプライヤーとしてのあなたがなぜ一味違うかを説明したくなるだろう。自社の提供価値を際立たせたいのが人情だ。ところがスキルソフトのチームは、モビライザーにまず合意形成を進めさせるのが主目的なら、ツールの大半でサプライヤー色を出さないのが重要だと認識していた。前面に立たず、自分たちのほうへ徐々に誘導するのだ。実際、このツールでスキルソフトに初めてスポットが当たるのは最終章、60ページ中の55ページ目である。

最後に、契約プロセスの詳細を知らせることには社内から疑問が起こった。社員のなかにはそれを「企業秘密」と考える者もいた。これから交渉というときに、なぜ契約の助けになるようなアドバイスを買い手に与えるのか、と。パムの答えはこうだ。「モビライザーの助力で、スキルソフトの全サービスを使ってもらえるような大口取引をまとめたければ、契約内容がどのようなものかを彼らが知らなければなりません」。ソリューションの販売より難しいのはただひとつ、ソリューションの購入なのである。

市場に出て間もないツールだが、すでに目覚ましい成果を出している。まず、「細分化可能」なツールをつくるという優れた仕事をやってのけたこと。それぞれの章やページ単独でも内容的に価値が高く、ばらしていろいろな用途で使うことができる。利用価値が尽きないのでツールとしての寿命も長そうだ。たとえば、ツールを公表して4カ月後、パムたちは「Eラーニングをめぐる2つの神話」に関するインフォグラフィックを「スライドシェア」というスライド共有サービスにアップロードした。すると、それがその日のトップスライドに選ばれ、1週間で2000ページビューを稼ぐとともに、ツールの認知度も高まった。さらに、ブログや動画などのちょっとした派生物が生まれ、ツールの認知度アップやダウンロードの増加に役立っている。

スキルソフトの販売員もこのツールを気に入っている。それがRFPの作成に影響を与えているとの報告が販売員からよく聞かれる。ある営業チームはビジネスケースのセクションを利用して、大型のEラーニングソリューション成約への道筋を描き、当初の契約額を10倍に増やしているという。

スキルソフトとマルケトは、販売員の関与の有無にかかわらず、優れたコンテンツやツールがモビライザーの大きな武器になることを示している。次に、販売員がモビライザーの助けを借りて、顧客のコレクティブラーニングを促進している事例を見てみよう。これは先ほどのマーケティングの事例を補完するものであり、両者相まって、コレクティブラーニングの支援・推進により顧客の購買を支配する大きなヒントとなる。

アルファ社の顧客関係者ワークショップ

アルファ社（仮称）はコレクティブラーニングの背後にあるものについてじっくり考え、顧客ワークショップに基づいて重要な教訓を導き出している。同社はある大手金融情報会社の一部門で、ソフトウエア、データ、調査、分析ツールなどを金融サービス業界に販売している。

ご想像のとおり、アルファにも「5・4人の関係者」がいる。数年前まで、販売チームは評価部門の責任者およびその直属の部下たちを相手にしていたが、金融評価の範囲や複雑さ、規制面の影響などにより、コンプライアンス責任者、さまざまな経営幹部、そして法務責任者などとも話をするようになっていった。従来の関係者とは合意形成もまだスムーズに進んでいたが、他の4・4人と関わりを持つにつれ、取引への支援が簡単には得られなくなった。この多様な関係者に、自分たちの断絶について早い段階で気づいてもらい、率直に話し合ってもらう必要がある。さまざまな関係者が共通の問題をめぐって足並みをそろえられるようにするのがねらいである。この取り組みをアルファは「関係者団結ワークショップ」と呼んだ。

最終的にはこの取り組みで集団コンセンサスを勝ち取るわけだが、話はまず集団を構成する個人から始まる。そもそもどうやってワークショップへの参加に顧客を同意させたのかと尋ねると、アルファのチームはこう答えた。「一人ひとりに一生懸命説明して同意してもらわなけ

	1. 断絶ポイントを評価・伝達する	2. 断絶の解決に向けた切迫感を生む	3. 関係者ワークショップへの支持を確認する	4. 参加に対する期待を抱かせる
販売員の行動	■関係者の優先事項やニーズに耳を傾ける。 ■他の関係者の考え方を伝える。断絶ポイントや視点の違いを明らかにする。	■現在の断絶が顧客組織にもたらす影響を説明する。 ■同様の断絶があった顧客の経験を伝える。考えられるコスト（時間や資源のムダ、次善の決定など）を説明する。	■ワークショップのねらい（サプライヤーのプレゼンやデモではなく対立の解消）を明確にする。 ■ワークショップが断絶の解消や目標の共通化につながるとの事例を提供する。	■ワークショップの議題を伝え、そのねらいや参加ルールを明らかにする。 ■関係者の懸案を共有することに対する承認を得る。 ■自由闊達な話し合いを約束させる。

出典：アルファ社、CEBによる分析

図 9.10　アルファの関係者コミットメントプロセス

ればなりません。私たちのソリューションに対する同意ではなく、新しい行動を起こすことの価値について同僚といっしょに話し合うことに同意してもらうのです」。言い換えれば、コレクティブラーニングに対する承認をとりつけるということだ。

　そのために最もよい方法は、たいていの販売員がやりたがらないのだが、さまざまな関係者が本人たちの考える以上にばらばらであるという事実を突きつけることだった。顧客関係者の断絶に直接切り込むしかない、とアルファは気がついた。

　ワークショップ参加の同意をとりつける手順には4つのステップがある（図9・10を参照）。

　第1ステップでは、ワークショップの下

地をつくる。顧客の話を聞き、それぞれの関係者の目標や優先事項を把握するのが何よりも大切である。アルファはモビライザーへの依存をことさらに強調しなかったが、関係者間の断絶を知るうえでモビライザーが役に立つことは言うまでもない。ここでのポイントは、そうした目標や優先事項を取り上げ、同僚との断絶が見られる点を指摘することだ。顧客の次のような反応を引き出したい。「それは考えたこともなかった。思ったほど一枚岩ではないということか……」

第2ステップでは、関係者の断絶を放っておけないとの切迫感をもたらす。断絶や食い違いが未解決のままだとどうなるかを説明する。断絶を放置したがために思わぬ痛みや遅れ、コストを招いた他社の事例を紹介するとよい。ここでは顧客に次のように思わせたい。「なんとかしなくては。共通の理解を持たないと、すべてがおじゃんになってしまう」

顧客がそんなふうに思いはじめたら、第3ステップへ移る。ここでワークショップを提案する。顧客が考えそうな普通のワークショップではなく、顧客が純粋に断絶に向き合い、考え方を統一するための場である。販売員はこのワークショップを、アルファの価値の宣伝ではなく、対立の解消の機会として注意深く位置づける。主人公はアルファではなく、あくまで顧客である。ここでの目標は、各関係者にワークショップ参加を約束させ、みんなで話し合うことの緊急性を納得してもらうことだ。

この第3ステップに関しては重要な余談?がある。営業の世界に「どうせ負けるなら早めに負けよ」という格言めいたものがあり、それに由来する余談である。アルファのチームに、顧客がワークショップへの参加を約束しなかったらどうするのかと尋ねたところ、それならそれで「この顧客は見込みなし」と判断する材料になるとのこと。こうしてワークショップは、その顧客の購入意思を測る重要な目安になる。高いコストをかけて損を出しつづける代わりに、アルファは早々に撤退するなり、案件を保留にするなりできる。

関係者がワークショップへの参加を約束したら、第4ステップに進む。このステップは至極重要である。販売員はそれぞれの関係者に働きかけてワークショップへの準備をさせる。関係者には正しい心構えで出席してもらわなければならない。意見が違っても共通の土台を見つけようとする、自由闊達《かったつ》な話し合いをしてもらいたい。このステップでは、共通合意をめざして各人の異なる（場合によっては対立する）意見を出し合うことに全員の承認を得る。そうすれば、ワークショップで意見が出されても、誰も不意打ちを食らわない。

この4ステップの会話全体は入念に計算されている。要は関係者同士のコレクティブラーニング実現へ向けて弾みをつけるのが目的である。ワークショップが始まったときには、出席者全員が、自分がなぜそこにいるのか、何がテーマかを了解している。アルファは顧客に対して率直に、関係者が抱える違いを解決しないかぎり目標達成はままならないと告げる。顧客はたいていそうした差異を認識しておらず、それが足かせになる。アルファがやっているのはつまり、顧客が必ず直面する変更管理上の課題をあらかじめ解決することにほかならない。

あなたの組織の販売員が顧客とこのような会話を交わしているかを考えてみよう。たぶん交わしていないのではないか。いや、平均的な販売員のほとんどはそれをむしろ避ける傾向がある。「面倒だし難しい。顧客の問題であって、私の関知するところではない」。しかし実は、それこそが販売員の問題の核心である。パフォーマンスの高い販売員なら十中八九、「私もそうしている」と答えるだろう。彼らは顧客関係者同士を結びつける必要性をそれとなく理解しているのだ。

では、ワークショップ自体はどのように行われるか？　アルファはコレクティブラーニングに当てはまる大きな教訓を得た（図９・11を参照）。ワークショップは半日が基本だが、時に丸一日続くこともある。平均５～６人の顧客関係者が出席する（それ以上になると会話のコントロールが難しく、会議が先へ進まない）。アルファからは最低でも２人が進行役として参加する。販売員がリード役、専門家や営業マネジャーがサポート役を務めることが多い。１人で進行を管理し、メモをとり、顧客の反応をモニターし、進捗を追跡するのは無理なので、２人が出席する。重要な取引やパートナーシップでは、アルファの経営幹部がリード役を担う場合もあるが、通常は販売員がセッションの運営を任される。

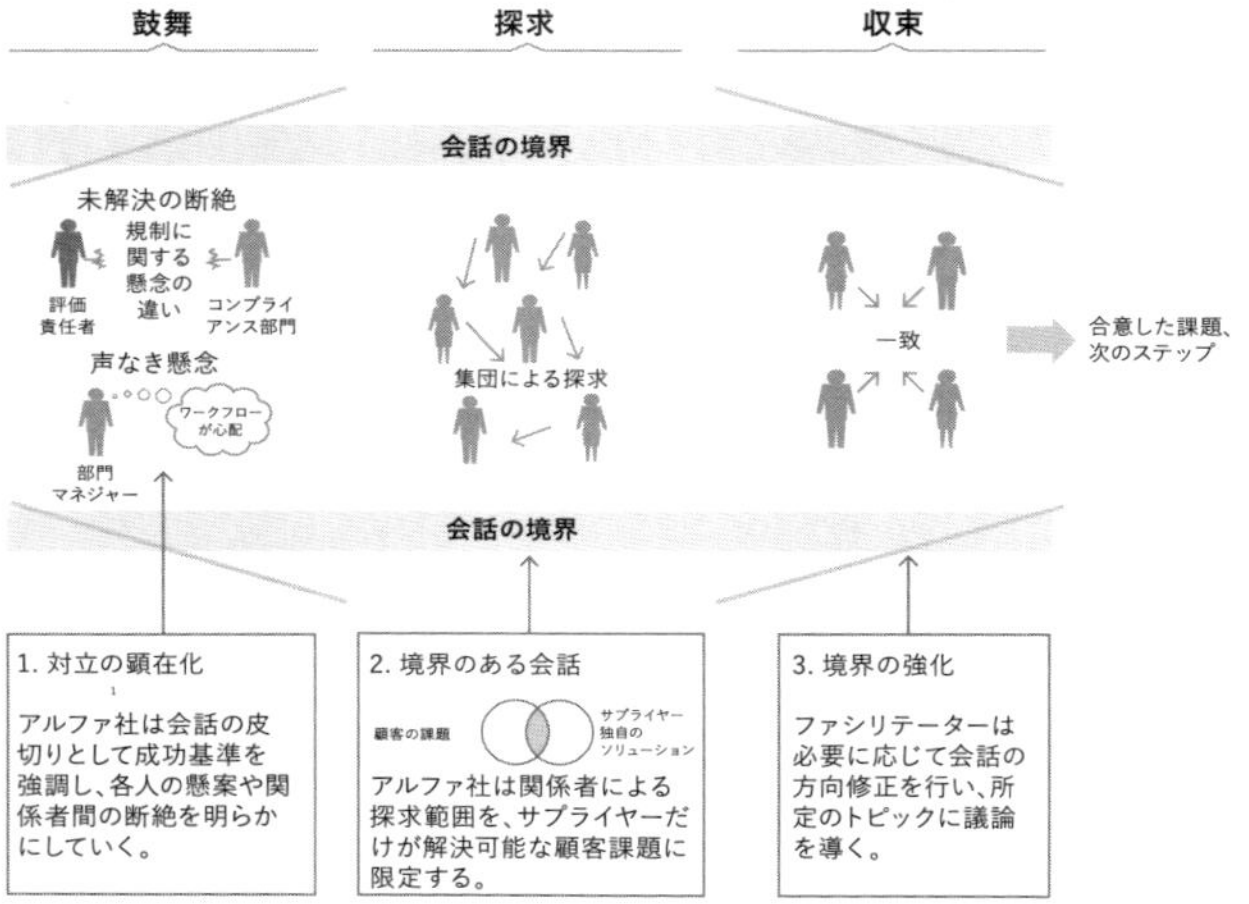

出典：アルファ社、CEBによる分析

図 9.11　アルファの「関係者団結ワークショップ」概要

ワークショップの流れは前章でふれた「鼓舞（プロンプティング）」と「境界画定（バウンディング）」の原則に従う。具体的なステップには「鼓舞」「探求」「収束」の3つがあり、これによって幅広い問題を扱いながら、その境界を定めることができる。アルファのチームは、会のスタート前に顧客組織の最高幹部に「対立や不一致は歓迎」という趣旨の話をしてもらうことを勧める。すると出席者は、どんな意見を言っても大丈夫、違う意見がむしろ奨励される、と安心できる。こんなことをふだん言う経営幹部はいない。

そうやって経営幹部に安心材料を提供してもらったら、ワークショップは第1フェーズ「鼓舞」に入る。アルファの販売員がまず行うのは、参加者たちがあらかじめ述べた目標を説明することだ。それらの目標に対する関係者の意見を引き出し、ひとつの目標を決めさせる。目標が固まったら、次にその目標をめざすうえでの課題や優先事項を話し合ってもらう。目標達成に関わる各人の懸念を引き出し、表に出ていない対立を明らかにする。

たとえば、評価責任者とコンプライアンス責任者は新しい規制要件への対応策について意見が分かれるかもしれない。そこで販売員は議論を促し、2人が意見の相違を解決できるようにする。完全な解決は望めなくても（実際、アルファは顧客への提言を宿題として持ち帰るケースが多い）、大事なのは前よりも関係者の歩調がそろい、お互いの考え方を理解できるようになることだ。これによって顧客は「最低の共通項」以上の合意に達することができる。このようにワークショップの第1フェーズは意見の対立を机上に乗せ、それをどう拡張させるかがカギになる。次のフェーズでは、もっとコレクティブに（つまりは集団全員で）考える機会を見つけるため、顧客に互いの考え方をもっと探求させる。

この第2フェーズでは、会話の「境界画定」という原則が作用する。アルファの販売員は、ワークショップの初めに合意した目標を中心に会話が展開されるよう注意を払うと同時に、アルファがサポートできる課題に顧客の関心を向けさせる。「探求」の進捗が遅くなってきたら、次のステップへと集団を「収束」させてゆく。

ワークショップのこの第3フェーズでは、「アルファからもっと買わせる」のが目的ではない（少なくともまだ）ことに留意したい。購買プロセスのまだ早い段階なので、「○○の課題に取り組む価値がある、そのためには××の行動を起こすのが得策である」という広い合意をとりつけることをめざす。目標は、ワークショップの初めの頃に比べて、関係者に新しい視点や判断基準を持たせることである。

このようなワークショップは当然いろいろな成り行きをたどる可能性があるので、アルファは事前の計画作成を怠らない。ワークシートを頼りに理想的な進行プランを練るだけでなく、関係者の会話が非生産的な方向へそれた場合に備えた緊急対応計画も用意する。

ワークシートの一例を図9・12に示す。これをもとに販売員は、どのような順序で断絶を顕在化させるかを考える。いわば「鼓舞」ガイドだ。ワークショップのなかで、こちらの計算どおりに重要な対立を浮き彫りにするのがねらいである。右側のワークシートは「境界画定」ガイドだ。出席者の会話がアルファがサポートしづらい領域へそれた場合の緊急対応計画である。顧客がワークショップの主目的から逸脱しそうな領域をあらかじめ予測し、会話の軌道修正のしかたを計画しておく。もちろんすべてを網羅はできないが、その必要もない。会話が脱線しそうなのはどこかをよく考えておくことで、販売員は何に注意するべきかという感覚を身につけ、軌道修正の方法をあらかたマスターするものだ。この計画作成によって会話の境界が確保

断絶予測ワークシート

顕在化させる断絶ポイント	顕在化の戦略
新しいプラットフォームに関するスタッフ研修の必要性。	現在使用中のプラットフォームの普及率について関係者に議論させる。
評価モデルのばらつきを高めている追加データソースに関する懸念。	現在のデータソースが債券評価モデルにどう影響しているかを関係者に議論させる。

顧客が逸脱しそうな場所	軌道修正戦略	誰が会話をリセットするか
関係者が低リスクオプションとして現状維持を提案。	他の顧客が現状維持によってマイナスの影響を受けた事例を説明し、新たな行動を起こすことの潜在的価値を強調する。	専門家
スキルのある人材が不足しているのが本当の問題だと関係者が指摘。	他の顧客が新しい人材を雇ってこの問題の解決を試みたが失敗した例を説明し、根本的な原因を理解させる。	シニアマネジャー

出典：アルファ社、CEBによる分析

図9.12　アルファのワークショップ事前計画（例）

される。つまりアルファが顧客をサポートできる範囲に会話を限定できる。

アルファはまた、計画作成に役立つ秘訣を教えてくれた。まず、計画を立てていて心許ない部分があれば、顧客の前で初めて口にするという事態を避けるため、ワークショップのリハーサルを行う。それから、顧客はこのようなソリューションやサービスについて頻繁には考えないが、自分たちはこのソリューションを毎日売っている、だから対立や断絶についても顧客より予測しやすい立場にいる、と心に留めるようにしている。そうした知識や経験をもとに、顧客が単独では気づかなかったことを考えさせることができるのだという。

こうした実践には大きな効果がある。

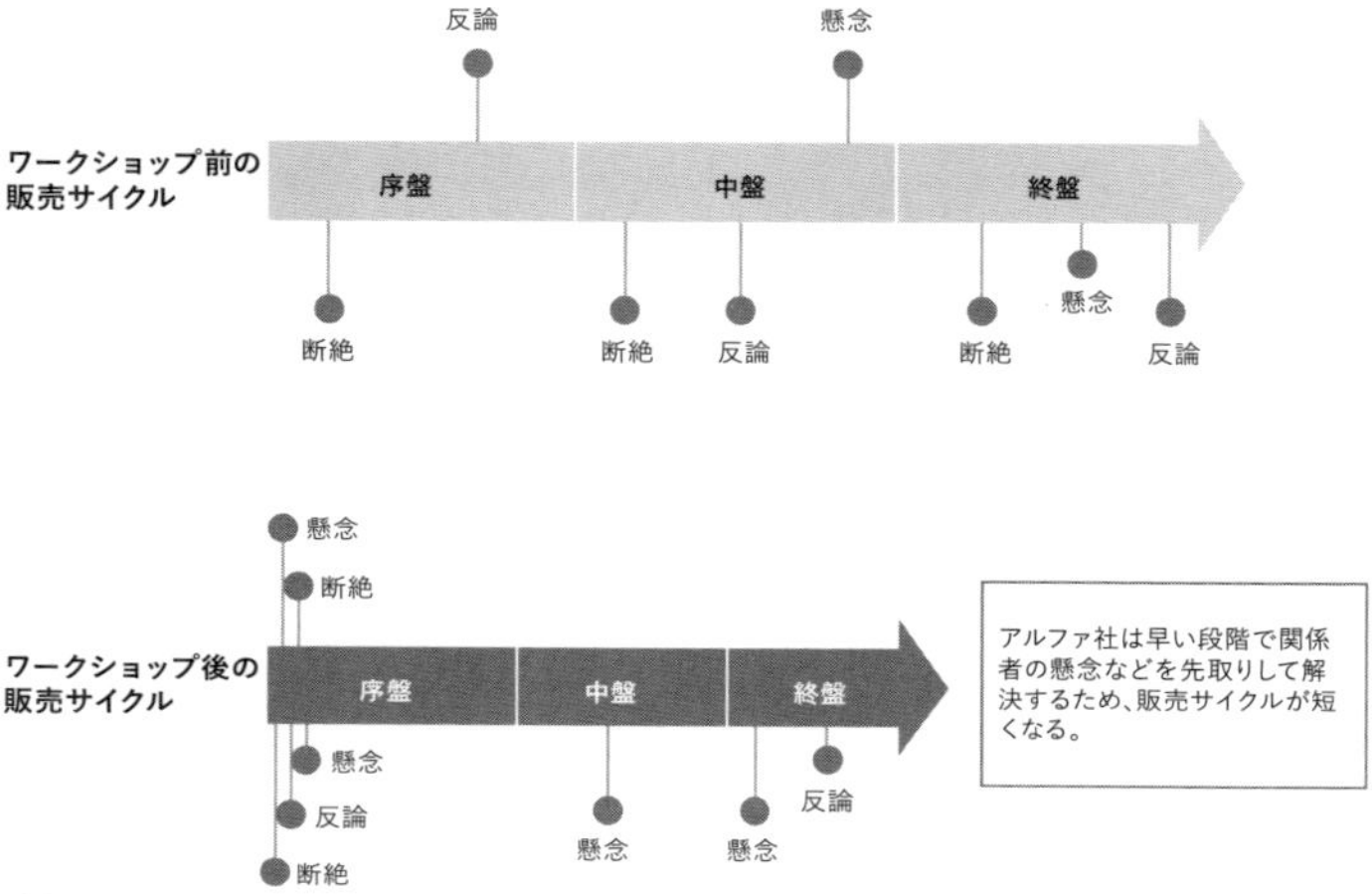

図 9.13　ワークショップが販売サイクルに及ぼす影響

ワークショップの最初にできるだけ多くの懸念や反論を先取りするので、販売サイクルが短くなり、販売コストも安くあがる（図9・13を参照）。通常なら購買プロセスのあちこちで関係者の反論が（何の前触れもなく）生じるのだが、アルファはそんな反論に早めに対処しているため、まとめてコントロールを利かせやすい。

アルファの販売戦略・オペレーション責任者は次のように述べている。「統制の利いた環境で顧客の合意形成をサポートすると、販売サイクルが短縮されるうえ、顧客のコミットメントを早めに確認できるので商機が増大します。その結果、販売コストも減少しました」。そうした効果はすべてコレクティブラーニングのやりとりを生み出したことによるものだ。

第10章

チャレンジャー・コマーシャル・モデルへの移行

いまのB2B販売で成功を収めるには、顧客組織のなかに「チャレンジャー」が必要である。それが本書の大前提だ。結局、ソリューション販売に伴うサプライヤーの苦悩より、ソリューション購買に伴う顧客の苦悩のほうが、より深刻な問題なのだ。モビライザーに優れたコマーシャルインサイトをそなえさせ、そのインサイトに関わる（そして本来的にはあなたのソリューションに関わる）合意をとりつけようとする彼らの取り組みを支援するには、新しい市場参入戦略が必要である。

そうした事業戦略の大転換は数々の影響を及ぼす。営業とマーケティングは、新たな共通言語に基づいて協力し合わなければならない。『チャレンジャー・セールス・モデル』で詳しく述べた販売員のスキルも再検討しなければならない。マーケティングコンテンツを細分化し、何が誤っているのかを顧客に伝えるストーリーを構成しなければならない。有能な販売員はみんな有力な成長市場をめざすので、販売対象や地域の面でも多くの組織に影響が及ぶだろう。こうしたシフトは一朝一夕には、あるいは半年や一年では完結しない。もっと時間がかかるし、営業、マーケティングおよび製品チームのあいだの調整が必要である。そして何よりも、経営幹部の継続的で力強いサポートが求められる。

とはいえ、われわれの調査から特別厄介だと思われる影響は一握りしかない。以下に示すのは変更管理手順のサマリーというよりも、多くの組織が最初から「誤解」しやすい影響の一覧である。この影響を放置すると、転換を図ろうにも図れなくなるおそれがある。さらに言えば、これらの影響をしかるべく考慮せずに転換を図ろうとするのは危険極まりない。

影響1——需要創出

たいていのマーケティングチームが需要創出の取り組みで重視するのは、「買う準備ができた」見込み客（リード）を生み出すことだろう。昔から言う「BANT条件」（予算、権限、ニーズ、タイミング）がその基準になる。たしかにこのアプローチは準備のできた客を営業チームに引き渡すが、あなたの思いどおりにはならない。それは需要の形成や質の高いリードの創造には役立たない。必要なのは「需要のモビライズ」だ。詳しくは後ほど検討しよう。

影響2——マーケティング人材

ほとんどのマーケティングチームはデジタル分野でのスキル構築に精力を傾けすぎる。たしかにそれはある程度必要だが、コンセンサス購買に関わるスキルでほかに見過ごされているものがある。それはマーケターがコマーシャルインサイトを創造・展開するためのスキルである。そのスキルは市場参入戦略を左右するので、デジタルスキルよりも重要だ。

影響3――ソーシャルセリング

販売員がソーシャルメディアを使って顧客と関わらなければならないのは当然だが、ソーシャルセリングといっても内実はせいぜい一方的なブロードキャスティング（もっと正確に言えばノイズ）にすぎないものが多い。だがそれでも、モビライザー購買においてソーシャルメディアの役割は大きい。中心となるのは、ソーシャルメディアでモビライザーの学びを促し、そのメンタルモデルに異を唱えることだ。マーケティングと営業は協力してソーシャルセリングではなく、ソーシャルティーチングを提供しなければならない。

影響4――「ブロッカー《阻害者》」への対応

「ブロッカー《阻害者》」が合意形成プロセスに関わると、営業チームの士気はあっという間に下がる。質の高い合意を築くには、販売員が自信を持って「ブロッカー《阻害者》」に対処し、その影響力を削ぐ必要がある。しかし現実には、「ブロッカー《阻害者》」を無視するという考え方が主流になっている。「ブロッカー《阻害者》」への対処法が教えられることはめったにないし、ましてや営業マネジャーが取引の「ブロッカー《阻害者》」は誰か、その影響力を最小限に抑えるために何をすべきかと問うことはもっと少ない。だから販売員も同じように、「ブロッカー《阻害者》」がどこかへ行ってしまわないだろうか、反論をあきらめないだろうかと願ってばかりいる。このセクションでは「ブロッカー《阻害者》」への積極的な対処法を検討する。

影響5――販売プロセスと機会計画（オポチュニティプランニング）

販売プロセスの中心は長いあいだ、販売員の行動の基準となる枠組みを提供することにあった。販売スピードを最大化し、販売のステップを定め、次の段階を管理するための順序立った枠組みである。すでに述べたように、サプライヤーが直面しているコモディティ化の圧力は、顧客が「そこそこ」で妥協したがるようになった結果ではなく、彼らがもはや何事にも合意できなくなった結果である。これからの販売プロセスは、サプライヤーのステップに沿って取引を前へ進めるのではなく、販売員がいかにして顧客の正しい購買行動を引き起こせるかをふまえたものでなければならない。また、オポチュニティプランニングも同じ論理に従う必要がある。

影響1――需要創出

では、それぞれの影響を詳しく見ていこう。CEBの調査で明らかになった、コンセンサス購買やモビライザーの役割に関する知見によると、マーケティング部門は需要創出システムを見直す必要がある。「需要創出システム」とは、リードジェネレーション、リードスコアリング、リードナーチャリングに関わるヒト、プロセス、テクノロジーおよびデータをいう。当然、マーケティング組織はここに多額の投資をしているし、それはマーケティングの責任を果たすための重要な要素である。しかし正しいシステムの理解はこのうえなく難しい。

簡単に言うと次のようなリスクがある。もし誤った市場参入戦略に頼って需要創出システムの導入や調整を進めたら、「誤った」需要（第1章で述べたように、コモディティ化された質の低い取引につながる需要）を引き起こすことになる——。

残念ながら、需要創出について書かれたブログ類を調べても、B2B購買に対する時代遅れの認識に基づくものが多い。CEBの調査で明らかになった、合意形成やモビライザーのダイナミクスをふまえると、世間一般の考え方はマーケターを間違った方向へ導いている。マーケティングオートメーションのサプライヤーのホワイトペーパーなり、コンテンツマーケティングの第一人者のブログなりを読むと、一般的な理解はおよそ次のようなものだ。

- 市場の「ノイズ」が増えているため、B2Bの買い手になかなか到達できない。
- そこで優れたコンテンツが必要になる。優れたコンテンツとはサプライヤーに関するものではなく、顧客に関するものだ。
- 顧客といっても統計データ上の顧客（例・売上高1億ドル以上の企業のCIO）ではなく、買い手のタイプやペルソナ、苦悩や目標を指す。購買の決定を下すのは企業ではなく、ヒトである。

- ペルソナに合わせてコンテンツを個別化する。彼らがよく訪れる場所にそのコンテンツを配する。サプライヤー評価の段階で真っ先に思い出してもらえるよう、スマートで気の利いた発言をする。
- マーケティングオートメーションでペルソナとの関係を深め、リードを育成する。彼らの苦悩や目標、その時点で必要とするものに応じたコンテンツをさらに提供する。
- エンゲージメントのレベルやＢＡＮＴシグナルによって購入の準備度を測定する。
- 育成したリードを営業に渡し、成約を得る。
- 全員でハイタッチ。シャンパンで祝杯をあげる。

これのどこが間違っているのか？　ここまで読んできたあなたなら、従来の考え方がマーケターをどんな点で間違った方向へ導くかがわかるだろう。主に３つある。

①従来の考え方ではコンテンツをどんどんつくりつづけなければならず、じきに質より量が優先される。アウトバウンドマーケティングでリードを生み出さねば、との思いと相まっ

て、すでにサプライヤーからのメッセージ攻めに遭っている顧客をげんなりさせるおそれがある。

②従来の考え方は、顧客の自社事業に対する認識を変え、方向転換させるのがいかに重要かを語っていない。つまり、マーケターは自分たちのソリューションをコモディティ化する需要を生んでしまう。

③従来の考え方は、購買集団の個人をサプライヤーであるあなたに結びつけようとするものであり、彼らを互いに結びつけようとするものではない。したがって、問題やソリューションをめぐる早期合意の下地をつくれない（サプライヤーのことは忘れていい！）。

順番に見ていこう。

最初の誤りは非常に単純だ。マーケティング部門は人々をとにかく巻き込みたいとの思いから、コンテンツをつくりまくる。「主なペルソナの一人ひとりに対して、彼らが情報を求めるあらゆる場所で、絶えず存在感を出さないといけない。メールキャンペーンなどのアウトバウンドコミュニケーションを通じて、コンテンツをこれでもかとぶつけていくぞ」

するとどうなるか、マーケターも心の奥底ではわかっている。量を確保しなければならないという重圧のせいで、コンテンツの質が低下し、顧客をうんざりさせるのだ。そうなるとサプ

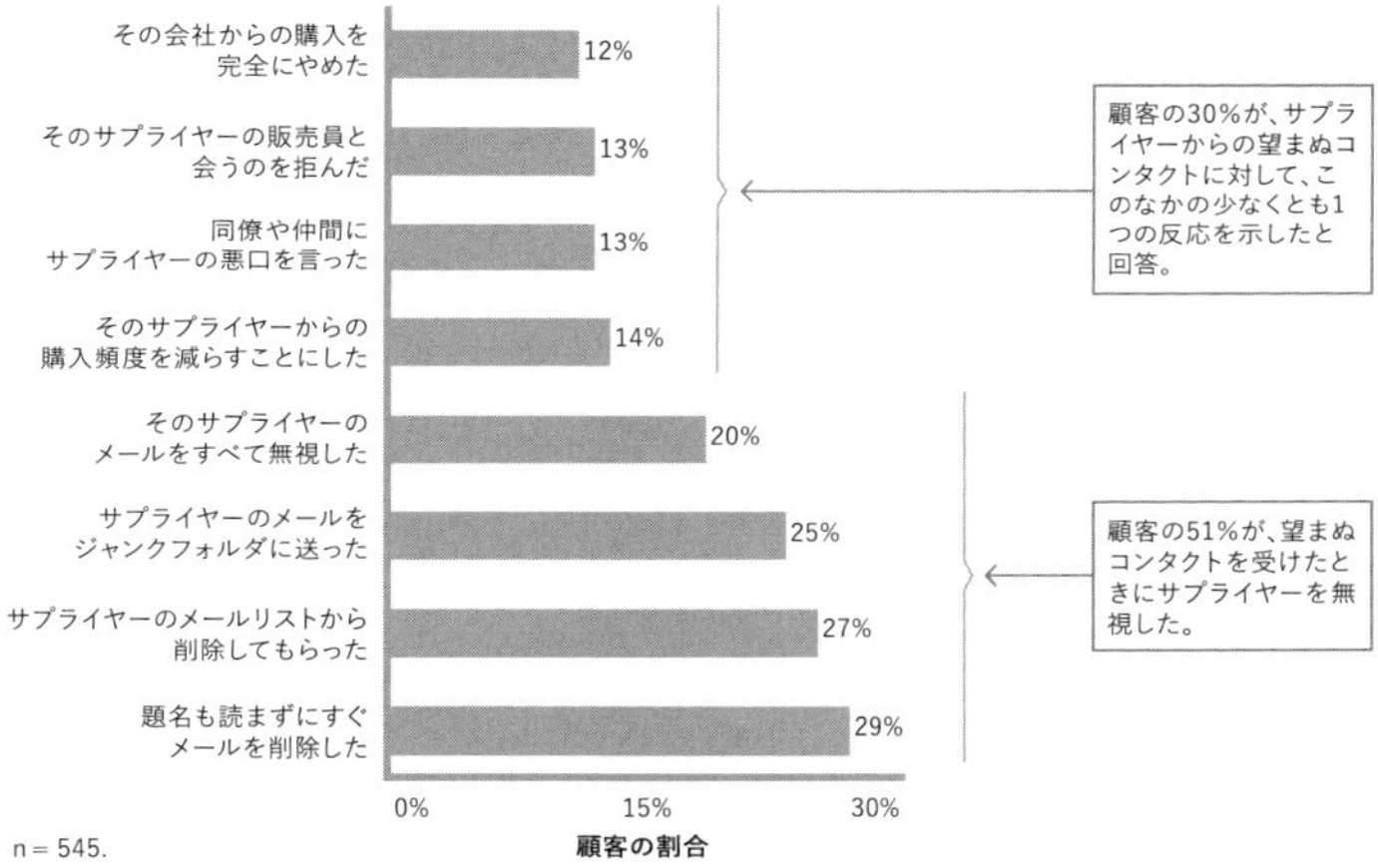

出典：CEBによる分析

図 10.1　サプライヤーからのメールなどのコミュニケーションに対する顧客の反応

ライヤーは耳を貸してもらえない。悪くすればソーシャルメディアで悪口を言われたり、販売員の訪問を拒否されたりする。

フォーチュン100に属する技術系企業で地域マーケティングの責任者を務める人物から、次のような不思議な話を聞いた。一年半のあいだに、このサプライヤーのオプトイン顧客の6割がオプトアウトしたというのだ。同社は需要創出を得意とする、この分野のパイオニアである。ノイズに満ちた異常な世界では、アウトバウンドエンゲージメントにとりつかれた需要創出モデルに頼りつづけると、何かが起きるらしい。

2つ目の失敗は、従来の考え方ではわれわれの言う「確立された需要」に対応するので、利益率の低い小さな取引で終わってしまうということだ。確立された需要は、第1章でふれた質の高い取引の正反対に位置する。その出所は、みずから学び、最低の基準を掲げ、サプライヤーを他の2つのサプライヤーとの価格競争に誘い込む顧客である。例の「3分の1問題」そのものだ。こうした顧客はソートリーダーシップを示すあなたのコンテンツを読んだとしても、現在の事業に関する考え方をけっして変えようとしない。だから、あなたが接触する頃には、何を買うべきかという見解がとっくに確立されているのである。

いま述べた従来の考え方には、顧客のメンタルモデルに向き合うシーンがどこにもない。しかしそれこそ、コモディティ化行きの列車の行き先を変えるためにサプライヤーがしなければならないことである。サプライヤーと接触する前に購買プロセスの57%まで進んでいる顧客を方向転換させるには、それが必要だ。社会通念としては、マーケターは顧客の痛みに寄り添うコンテンツ、サプライヤーである自分たちのスマートさを証明するコンテンツをつくりさえすればよい。だが第3章で述べたように、そのような方法では顧客の方向転換を実現できない。

BANTに基づくリードスコアリングで探すのは、予算や明確なニーズがあり、購買時期が決まっている客である。そのすべてを満たす者はマーケターのリードスコアリングシステムで高ポイントを獲得し、営業へ送られる。要するに、「そこそこ」でよしとする購入基準を持ち、あなたを2つのライバルと価格で争わせようとする客を営業へ送ったことになる。そんな「チャンス」を追って時間をムダにしたい販売員がいるだろうか？　われわれの調査で、パフォーマンスの高い販売員がマーケティングで合格になったリードを優先しないのは、そういう理由がある。

３つ目の失敗はコンセンサスに関係している。従来の考え方では、マーケターは自社（サプライヤー）と顧客組織の人間のあいだに強いつながりを築く。それらの人間（ペルソナ）に深く関わることができれば、買いたいという顧客の気持ちが高まり、取引増につながるという理屈に基づいて、ペルソナに応じたコンテンツを作成する。

だが、もうご存じのように、コンセンサス購買では個々人の購入意向はほとんど意味を持たない。従来の考え方はこのコンセンサスのダイナミクスを理解していない。メッセージやコンテンツを極端に個別化すると、購買集団の多様な関係者をもっとばらばらにしてしまうのだ。うまくいってもせいぜい各人からイエスをもらうだけで、集団はイエスと言ってくれない。

ＣＥＢの需要創出ベンチマーク調査によると、マーケティングで合格になったリードのうち成約につながるのは、よく見積もっても３％にすぎない。そして残る97％のうち、問題やソリューションをめぐる組織の合意をとりつけるだけの自信がない、ましてやサプライヤーをめぐる合意など無理だと考えて先へ進めない人が相当多い。

そうしたリードの多くは、ホワイトペーパーやウェビナー、インフォグラフィック、需要創出メールがきっかけで獲得された、いわば孤独な関係者だ。彼らは毎日のように業界のニュースサイトやリンクトイングループを見て回っている。あなたに痛いところを突かれたので反応したが、日々の惰性から抜け出し、組織全体の合意をとりつけるチャンスがあるとは考えない。そこまでで撤退してしまう。

需要を「モビライズ」せよ

以上の失敗を修正するためには、集団の機能不全を克服し、合意をまとめるうえでのモビライザーの役割を考慮した需要創出システムが必要である。それは合意をめぐる機能不全がピークに達する、購買プロセスの37％の時点、すなわち販売員が積極的に関与するずっと前の時点を考慮したものでなければならない。

ここでその概要を説明しよう。追って一つひとつ詳しく見ていくが、テーマはもうなじみのあるものだと思う。

①「直面」と「結合」をもたらすコンテンツプロセスをつくる

すでに述べたように、われわれはさまざまな理由からＳＩＣ（刺激・導入・直面）コンテンツを必要とする。それはモビライザーを惹きつけ、コレクティブラーニングの基礎を築き、合意形成を後押しする。顧客を方向転換させるには、ソートリーダーシップやターゲット関係者に有効なコンテンツに頼るのではなく、彼らのメンタルモデルを変えるしか方法はない。

さらに、モビライザーに訴えるＳＩＣコンテンツプロセスをつくったマーケティング部門は、質の高い取引を結果的に後押ししている。問題やソリューションの性質に関する何らかの合意が始まる前に割って入り、モビライザーの方向性を変えているのだ。ＳＩＣコンテンツを通じて、サプライヤー独自の強みに利する早期の需要形成の地ならしをしたことになる。

②「直面」と「結合」を考慮してリードスコアリング基準を調整する

リードスコアリングに際しては、リードがコンテンツにどれだけ破壊的（ディスラプティブ）な衝撃を受けたか、そしてサプライヤーのコンテンツが購買集団の関係者同士をどれだけ結びつけたかを計測しなければならない。そのためにマーケティング部門は、刺激・導入・直面（ＳＩＣ）のどの役割を担うかによって、コンテンツを識別する必要がある（詳しくは第６章を参照）。それいまならコンテンツ管理やマーケティングオートメーションのテクノロジーの範囲内で、それは十分可能である。

また、同じアイデアで複数の関係者を巻き込んだ場合はポイントを多く割り振るべきだ。よって、破壊的なコンテンツ（破壊的なアイデアを導入または個別化するコンテンツ）に関わる関係者をマーケティングオートメーションシステムが検知する場合は、その関係者が同じコンテンツを他者と共有したときや、同じ顧客組織の別の関係者が同じように破壊的なコンテンツに関わったときも検知できるようシステムをプログラムしなければならない。それは顧客組織でコンセンサスの下地がつくられている証になる。そうしたリードにはポイントを多く与えるべきだ。

共有機能やゲート機能（スキルソフトのモビライザーツールを参照）など、コンテンツの設計を工夫すれば、このようなリードスコアリングは可能である。コマーシャルインサイトを反映したコンテンツに引き寄せられ、そのコンテンツを他の関係者と共有している見込み客がいるかどうかがわかれば、実に力強い。われわれのシステムが優先すべきは、そんな需要である！

ＢＡＮＴやエンゲージメントに基づくスコアリング基準との違いがわかるだろうか？コモディティ化へとつながる「確立された需要」をどれだけ把握できているかを示す購買準備度（ＢＡＮＴ）にポイントを付与する代わりに、あなたはいま、見込み客が受けた破壊的衝撃の度合いを計測しているのだ。

同じように、関係者個人の「エンゲージメント」に応じてスコアをつける（見込み客の時間を要するコンテンツにポイントを多く与える）のではなく、あなたは意外なコンテンツ（形式は問わない）が複数の関係者に消費されることに対してポイントを付与している。エンゲージメントのためのエンゲージメントは意味がない。マーケターが重視すべきは、幅広い顧客関係者を結集させるＳＩＣエンゲージメントだ。「刺激（Ｓ）」コンテンツには若干のポイントを。「導入（Ｉ）」コンテンツにはもう少々のポイントを。「直面（Ｃ）」コンテンツにはたくさんのポイントを。そして、いずれかのコンテンツが仲間の関係者と共有されたときはボーナスポイントを――。

③コマーシャルインサイトとコレクティブラーニングのためにリードを育成する

リードがまだ営業に渡すだけのレベルに達していなくても、次にどんなアプローチをとればよいかを判断しやすい。メンタルモデルの破壊度や関係者の結合度が目安になる。たとえば生成したリードのなかで、ある関係者はＳＩコンテンツを消費し、別の関係者はＳコンテンツだけを消費している場合は、最初の関係者にＣコンテンツを提供し、もう１人の関係者を呼び込むよう要請するのがよい。おそらくこのＣコンテンツは、両関係者が共通の結集点を中心に学習するための「痛みチェッカー」やオンライン診断になる。あるいは、そこでコレクティブラーニングのワークショップを提案し、販売員を助っ人に連れてくるのがよいかもしれない。

これはリードナーチャリングに対するまったく新しいアプローチである。通常は、所定の「魅力的（エンゲージング）」なコンテンツを関係者に順次提供する。「魅力的」とは、詳しい情報を提供し、消費するのに時間がかかるコンテンツという意味であることが多い（多すぎる）。「インフォグラフィックを見た人なら、今度はホワイトペーパーを送ろう」とか「ホワイトペーパーを見たなら、ウェビナーに招待しよう」という具合に。詳しい情報を提供するコンテンツだからといって、顧客のメンタルモデルを揺り動かしたり、コンセンサスの土台を築いたりするとはかぎらない。

顧客の最も一般的な購買プロセス——そこでは彼らがみずから学習し、サプライヤーのコモディティ化をもたらす——に沿ったナーチャリングの場合、マーケターはコモディティ化行きの列車を加速させるコンテンツを無意識に供給しているかもしれないのだ！

需要をモビライズしていることをどうやって知るか

これら3つの策を講じて、需要をモビライズするシステムへの軌道修正をしたら、どんなことが起きるか？　一般的な需要指標はどう変化するだろう？

予測される指標の変化を図10・2に示した。これはよく頭に入れておきたい。というのも、需要の創出から需要のモビライズへ移行するとどうなるかを、経営幹部を含む顧客組織全体に期待させなければならないからだ。

需要のモビライズがうまくいっていれば、生み出すコンテンツが減るため、リードの全対数

需要創出指標	指標の変化	説明
リードの数	（当初）　（結局）	コンテンツの量から質への移行により、最初はリードの数が減るかもしれないが、1年から1年半たつと、質の高い挑発的なコンテンツがアーンドメディアで効果を出しはじめる。
リードの質		顧客の破壊的なアイデアの採用を反映するようリードスコアリングシステムが改定されれば、リードの質は飛躍的に上昇する。
営業が創出するリード		セールスファネル前の受動的学習ステージで顧客エンゲージメントを行う方法を、マーケティングが営業に授けることにより、営業みずからが創出するリードが増加する。
勝率数		破壊的なマーケティングにより、サプライヤーに有利な方向へ顧客のメンタルモデルがリセットされるため、勝率は大幅にアップする。
販売サイクル		一方では、営業が早めに顧客に接触しなければならないため、サイクル時間が長くなり、そのうえ、混乱の処理にも時間がかかる。他方、破壊的なコンテンツは購入の機運を高めるため、全体として販売サイクルはたぶん変わらない。
取引の収益性		サプライヤー独自の基準によって競争がなされるため、破壊的なマーケティングは価格圧力をあまり生じさせない。

出典:CEBによる分析

図 10.2　需要の創出からモビライズへ移行した際に予想される指標の変化

はしばらく減るかもしれない。しかし、その新しいコンテンツはアーンドメディアで注目・共有されやすいので、だんだん独り歩きを始める。われわれの経験では、それには1年から1年半かかるが、リード数は増加する。

さらにリードの質が上昇する。ただし、確立された重要ではなく、新しい需要に沿ってリードの質を再定義しなければならない。早い段階でモビライザーを惹きつけるようなコンテンツをつくると、サプライヤーはまだ顧客の問題認識やソリューション決定に影響を及ぼすチャンスがある。

改善されたコンテンツがアーンドメディアなどを通じて幅広い市場に届くようになると、リードの適格性を欠く引き合いが増えるかもしれない。業界団体から個人事業主、学者まで、さまざまなプレーヤーの注意を引く可能性がある。意外なコンテンツの背景をもっと知りたいという問い合わせが増えるだろう。だが、それらを意味のないリードと決めつけるべきではないし、リードダッシュボードに無条件に含めるべきでもない。ここで注目すべき指標は、質の高いリードの絶対数である。

需要創出アプローチから需要モビライズアプローチへの移行によって、営業が創出するリードも増えるだろう。マーケティングは意外で印象的なサウンドバイト（言い回し）を営業に授け、販売員が早い段階で、リンクトインなどのソーシャルコミュニティで顧客エンゲージメントを行う手助けをしなければならない（ソーシャルセリングへの影響については後ほど検討する）。SICコンテンツは注意を引きやすく、共有されやすいので、販売員も自身のソーシャルネットワークを通じてリードを獲得しやすくなる。

勝率と取引の収益性も上向くはずだ。RFPの先を行き（つまりRFPにがんじがらめにされず）、購買基準のみならず、その基準の最低パフォーマンスレベルにも影響を与えることができる。それが勝率アップ、取引規模の拡大、利益率の増加につながる。CEBの調査やメンバー企業の経験によると、需要をモビライズし、営業ステージまで持続させた場合、15～20%の価格プレミアムも珍しくない。ゼロックスの顧客担当者ジョン・ゴリッツが第5章で述べたのは、これと同じ効果である。「色が生徒のパフォーマンスを高める」というインサイトの効果を、彼は次のように語ったのだった。「まるでドアが閉まり、私は内側、ほかの人は外側にいるみたいでした」

ここまではよい。質の高いリードの増加（最初は減るが）。取引規模の拡大。利益率と成約率のアップ。だが、販売サイクルはどうか？

サイクル時間に関しては、プラスとマイナスの影響を及ぼす要因がある。見込み客は購買プロセスの早い段階でＳＩＣコンテンツに遭遇する可能性が高い。ひょっとしたら、まだ購買プロセスに入らない受動的学習の段階で、アーンドメディアなどを通じてコンテンツに出合うかもしれない。リードを初めて獲得した時から成約までを販売サイクルの期間とするなら、ある意味、それは購買の「時計」を早くスタートさせることになる。したがって他の条件が等しければ、販売サイクルは長くなる。

他方、販売サイクルを短くする力も働く。モビライザーと早めに関わり、彼らが購買集団内の合意を促し、関係者の反論を早めに顕在化させるためのコンテンツやツールを提供することで、第9章のアルファ社のように、取引の機運を効果的に高めることができる。すると、関係者を早く結びつけて機能不全を克服しなかった場合に比べて、購買集団はもっと早い時期に、もっと大きな問題、もっと高価なソリューションに合意できるようになる。

緩やかな成功指標

あらためてＫＰＩの全体像を見たら、コンテンツや需要創出戦略の変更には勇気が要ることがわかる。市場がコンテンツを咀嚼《そしゃく》するのに時間がかかるので、短期的にはリードの質やサイクル時間に対する圧力がかかるだろう。共有メディアで取り上げられ、アーンドメディアでインフルエンサーに注目されなければならない。モビライザーがそのコンテンツに出合い、仲間の関係者と共有し、その下に結集しなければならない。

この需要モビライズの途上にあるＣＥＢメンバー企業に訊いたところ、正しい道のりを進んでいると教えてくれる「緩やかな」指標を使って自信を得ているとのこと。とくにダッシュボード上のＫＰＩが（一時的に）「誤った」方向へ動いたとき、そんな指標を頼りにするという。図10・3は需要ファネルを模式化し、その周りに具体的な例を記している。

ファネルに入る前の段階では、次のような事実があれば、正しい道のりを進んでいることがわかる。

● **独自フレーズの採用**――あなたのつくった言葉がソーシャルメディアで使われはじめる。あるいは市場で広く採用される（第９章のシスコの事例を参照）。

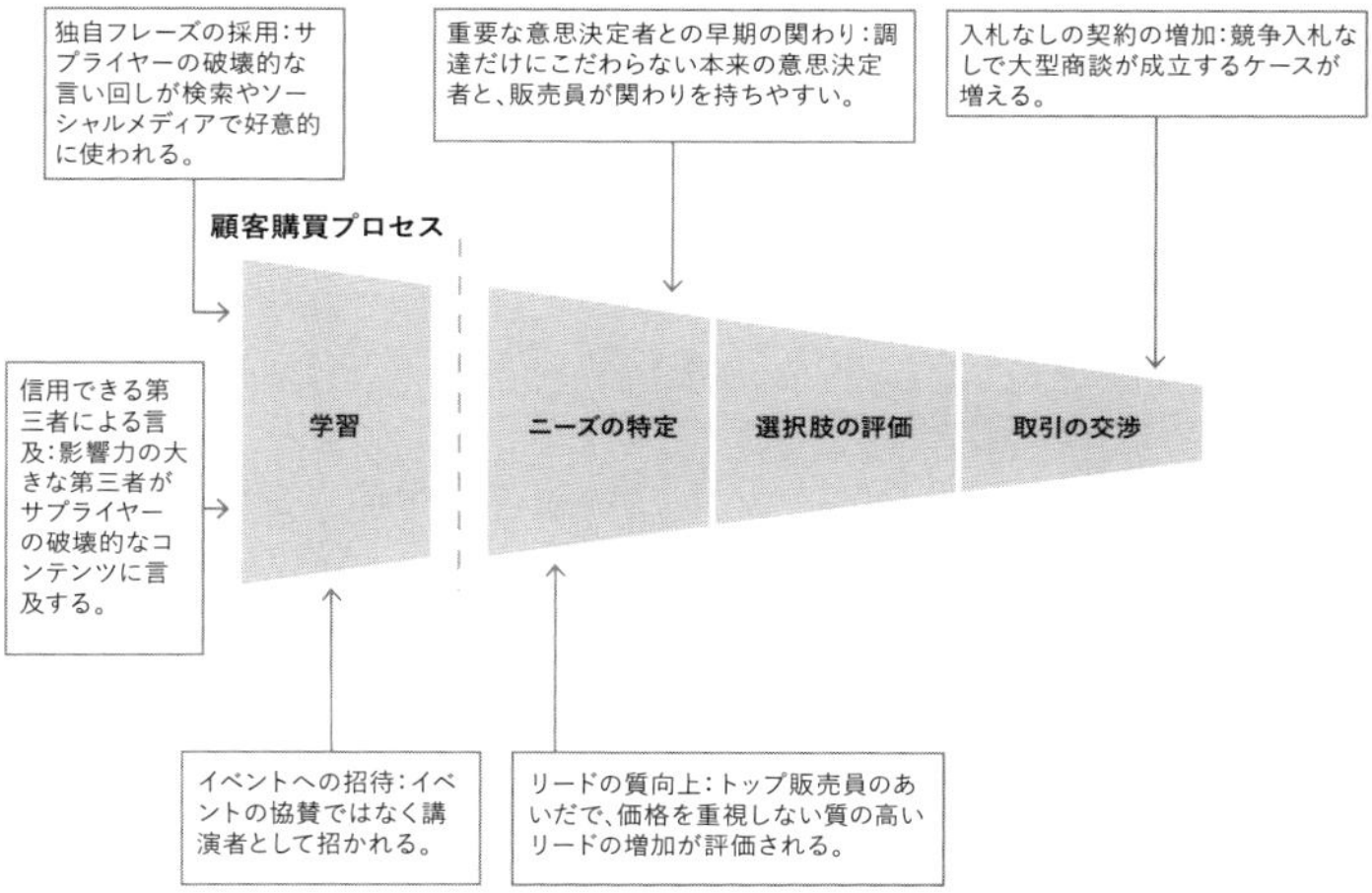

出典：CEBによる分析

図 10.3　需要のモビライズが機能していることを示す「緩やかな」指標

- **第三者による言及**――アーンドメディアでの発信者や著名ブロガーなどがあなたのコマーシャルインサイトに言及しはじめる。要は意外な情報が好きなのだ。
- **イベントへの招待**――イベントのスポンサーとしてお金を出すのではなく、イベントに招待され、コマーシャルインサイトについて発表するようになる。それはあなたのコンテンツがサプライヤーであるあなた自身ではなく、顧客のビジネスで起きている驚くべき事実について語っているからだ。

ファネルに入ってからも、次のような緩やかな指標が進捗の証になる。

●重要な意思決定者との早期の関わり――早い段階で関わることができる。第5章と6章で、ゼロックスがIT以外の上級意思決定者と新たに関わりを持てた経緯を思い出そう。

●リードの質に関する販売員の高評価――マーケティングが獲得したリードとはよい話し合いができる（コンテンツがきっかけで、コマーシャルインサイトや事業へのその適用についてもっと学ぼうという姿勢ができている）との声が販売員から聞かれる。

●RFPや入札に縛られない契約――コンテンツのおかげでRFPの先を行く、つまり入札のない契約を結ぶ事例が増えている、との声が販売員から聞かれる。第9章でスキルソフトのモビライザーツールがこれを可能にしているのを思い出そう。

以上のような出来事を経験したら、しめたもの。チームメンバーや営業の仲間と成果を分かち合おう（いずれも需要モビライズのシステム設計で協力する副操縦士のようなものだ）。そして、このタフな道行きに果敢に挑戦しよう。ゼロックス、スマートテクノロジーズ、スキルソフトなど、この方向へ踏み出した企業はみんな、苦労は必ず報われると述べている。

影響2――マーケティング人材

マーケティングリーダーが人材について関心を持つべき問いは、「コンセンサス購買の世界で成功するマーケター人材がうちにはいるか」である。CEBはこの点を定量的に調査した。とくに重点を置いたのは、マーケターがコマーシャルインサイトを創造・展開できるかどうか。つまるところ、コマーシャルインサイトはモビライザーと早く関わりを持つためのカギである。それができれば、コンセンサスのダイナミクスをものともせず、組織を成功に導くことができる。

ポイントは次のとおりだ。コマーシャルインサイトのスキルと知識は不足している。また、コマーシャルインサイトを首尾よく構築するには、そのスキルと知識をうまく融合させ、正しい環境で活用しなければならない。言い換えれば、成り行きに任せたり、マーケティングチームの英雄的活躍に委ねたりすることはできない。マーケティングリーダーは正しいチーム編成を行い、コマーシャルインサイトの創出を促す環境を整備する必要がある。

詳しく見ていこう。われわれはアンケートに基づく定量調査を実施した。対象は全世界のB2Bサプライヤー29社に属する、さまざまな役割と階層のマーケター580人余り。アンケートでは、スキル、態度、知識、経験、業務環境など、幅広い次元のパフォーマンスを自己評価してもらった。次いで各社のマーケティング責任者に、コマーシャルインサイトの創出に欠か

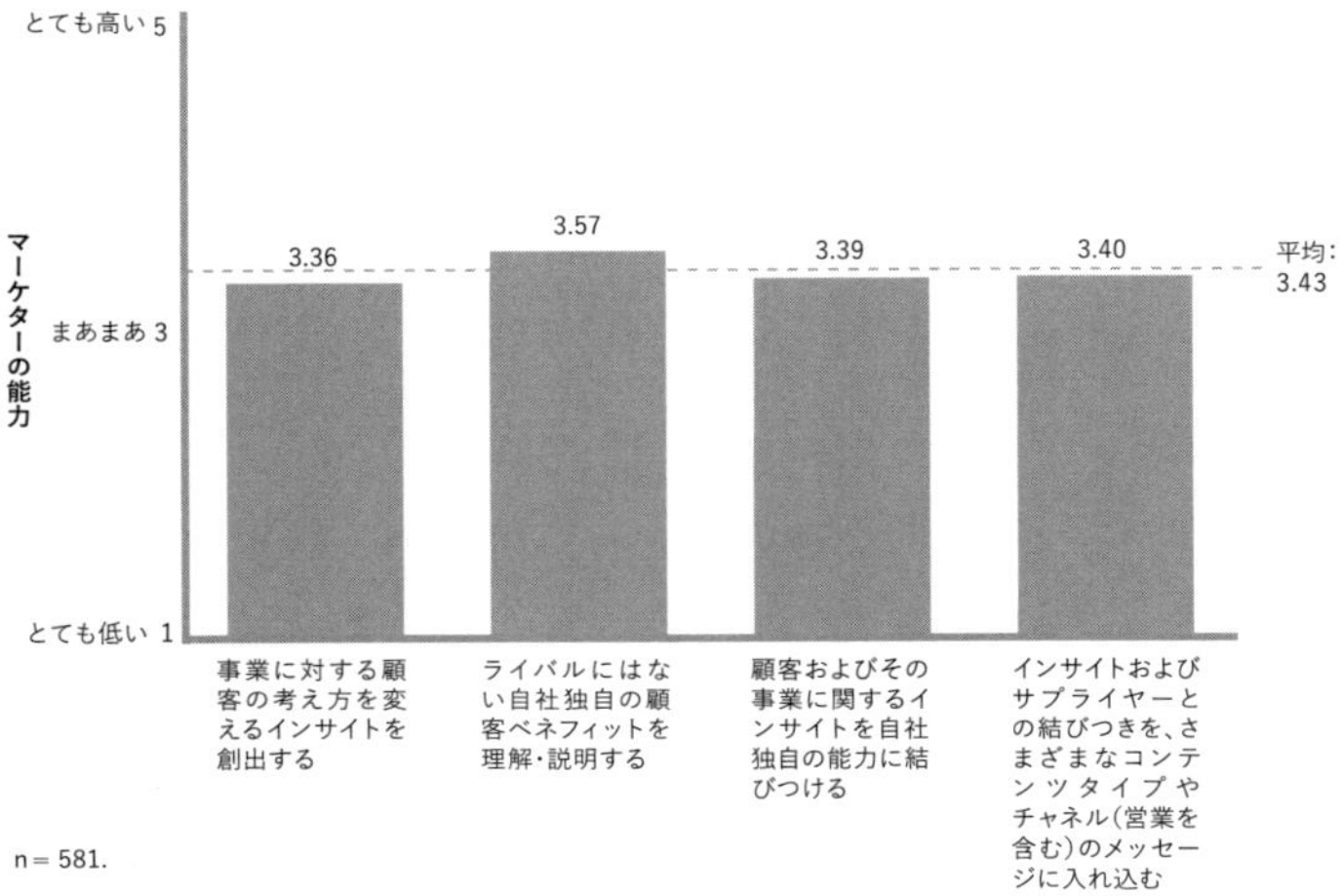

出典：CEBコマーシャルインサイト評価（2012年）

図 10.4　コマーシャルインサイトの有効性に関する（マネジャーによる）マーケターの評価

せない4つのスキルについて、アンケート回答者一人ひとりの能力を評価してもらった。最後に統計的分析を用いて、コマーシャルインサイトを構築・展開するうえでマーケターとして何が一番重要かを明らかにした。

結果は以下のとおりである。

まず、われわれがコマーシャルインサイトに不可欠と考えた4つのスキルを見ておこう。この4つについて、マーケティング責任者に部下を評価してもらった（図10・4を参照）。

評価したのはマーケターの以下の能力だ。

①事業に対する顧客の考え方を変えるインサイトを生み出す能力

②自社（サプライヤー）独自の能力やベネフィットを理解・説明する能力
③顧客に関するインサイトを自社独自の能力に結びつける能力
④それらすべてを、さまざまなコンテンツタイプ（営業資料を含む）の説得力あるメッセージに入れ込む能力

これらはコマーシャルインサイトの指標である。その指標のドライバー要因については後ほど見るとして、しばらくは指標そのものについて考えよう。最初にわかるのは、これらのコマーシャルインサイト指標についてマーケティンググリーダーに部下の能力を1～5で評価してもらったところ、どれもほぼ平均的なレベルだったことだ。

高くもなく低くもない。マーケターのパフォーマンスを改善する余地はまだまだある。ひとつ注釈しておくと、調査の実施に際しては、コンテンツやメッセージの作成に携わるメンバーだけをリーダーに選んでもらった。だからこれはメッセージおよびコンテンツエンジンそのもののX線写真のようなものだ。

マーケターのパフォーマンスの分布に目を向けると、平均が4を超えるのは4人に1人しかいない。大きな取引は、顧客の事業を顧客自身よりよく理解することから生まれる（少なくとも、あなたの能力と顧客の事業に接点がある場合）。これは高いハードルだ。必要なスキルのレベル

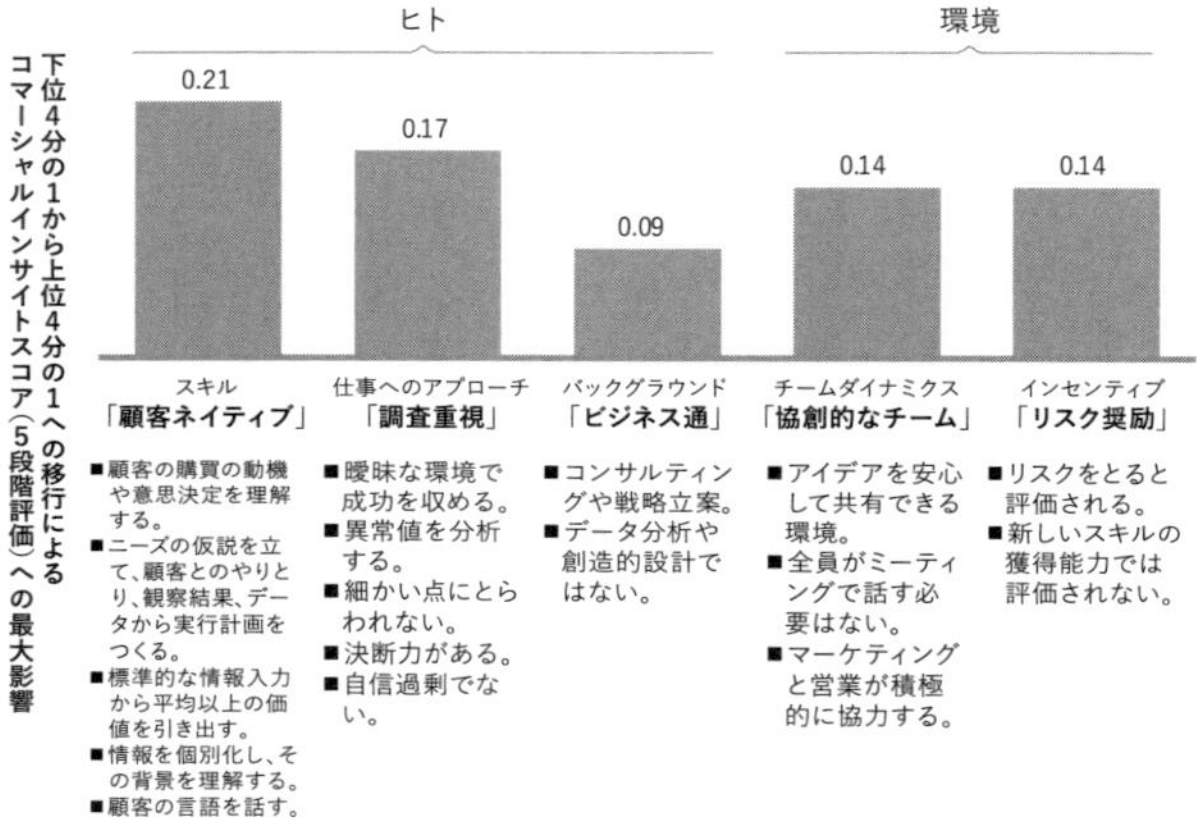

n＝581.

出典：CEBコマーシャルインサイト評価（2012年）

図 10.5　コマーシャルインサイトの有効性のドライバー

を考えたとき、顧客の考え方に反論するためのスキルに秀でたマーケターがあまりいないのは問題である。

マーケティングリーダーにとっては興味深い課題が生じる。「基準以上のチームメンバーを増やすにはどうすればよいか？　いまのメンバーを変えられるか、それとも新しい人を雇うべきか？」

この問いに答えるには、4つのコマーシャルインサイト指標のドライバー要因をよく理解する必要がある。調査では、可能性のある多様なドライバーについて尋ねた。図10・5では、マーケターのコマーシャルインサイト指標のドライバー要因として最も重要なものを挙げている。

統計的に有意な5つのドライバーに整理

した。これらの属性カテゴリーが、先の４つのコマーシャルインサイト指標を動かす要因となる。各棒グラフの上の数字は、そのパフォーマンスが平均以下から平均以上に改善したときに期待される増加スコア（５段階評価）を表す。

たとえば「顧客ネイティブ」と命名された最初の棒グラフには０・２１とある。つまり、「顧客ネイティブ」の属性のパフォーマンスが下位４分の１から上位４分の１に改善したとき、マーケターのコマーシャルインサイトのパフォーマンスが５段階評価で０・２１ポイント上昇するという意味だ。

０・２１という数字は大きいのか、とお考えかもしれない。だが、すべての棒グラフを足すと（つまり、これらすべてのスキルが改善すると）、コマーシャルインサイトのパフォーマンス全体に劇的な効果が及ぶ。もしこれらすべてのベネフィットを実現すれば、コマーシャルインサイトのパフォーマンスレベルが平均的であるマーケターが上位15％へ移行するのだ。商業的な成果の大躍進につながる「コマーシャルインサイト創出領域」へ行けるということである。

それぞれの棒グラフの中身を見ていこう。そのためには、マーケティングチームがコマーシャルインサイトを生み出そうとしている実際のミーティングの様子を知る必要がある。

彼らが探しているのは、顧客のビジネスに隠された、顧客自身が気づいていないつながりである。そのつながりの手がかりを探し求めている。

顧客のメンタルモデルをマッピングし、顧客のビジネスのしくみを描写する。メンタルモデルのなかでどこが間違っているかを見つけ、一定の距離を保ちながら、顧客に「刺激・導入・直面」をもたらす創造的なメッセージを届ける。

それは簡単なことではないが、では何が必要か？　重要なものから始めよう。最初のドライバー「顧客ネイティブ」にまず焦点を当てる。このドライバーが把握するのは、本当の意味で顧客を理解する能力だ。顧客の動機、意思決定、使用言語、考え方……。

たとえば「ニーズの仮説を立てる」という項目がある。コマーシャルインサイトに優れたマーケターは、顧客自身より先に顧客のニーズを予測できる。顧客に尋ねたり、過去のデータをにらんだりはしない。そのためには、彼らがまだ気づいていないニーズを仮定できるだけの顧客知識を持っていなければならない。

それは「指導」のカギである。指導とは、まだ認識されていない顧客ニーズを見つけることにほかならない。

2つ目に大きなドライバーは「調査重視」とある。これはコマーシャルインサイトチームに必要なマーケターの「態度」や「特徴」に関わるものだ。探偵のようにいつも「なぜ」と問うタイプと考えられる。山のような曖昧な情報を調べ、仮説を検証する。顧客の事業環境、手持ちの顧客データ、最新の市場トレンド、そして普通なら見過ごされそうな顧客の異常シグナルのなかに手がかりを探す。それもすべて、情報の新しいつなぎ方を発見し、メンタルモデルの誤りを顧客に示すためだ。

「自信過剰でない」というサブドライバーにも注目したい。世の中には「調査重視」の姿勢に反する、コマーシャルインサイトチームに絶対ほしくないタイプのマーケターがいる。それは自身過剰なマーケターだ。顧客のニーズなんかとっくにわかっていると考え、それに反するデータを理屈を並べて遠ざけるタイプである。

第3のドライバーは「ビジネス通」。ここで興味深いのは、コンサルティングや戦略立案のバックグラウンドがあるマーケターは4つのコマーシャルインサイト指標で高いパフォーマンスを出すのに、データ分析や創造的設計のバックグラウンドの持ち主はそうでないということだ。

理由は2つある。第一に、ビジネス通のマーケターはメンタルモデルの構築と破壊に以前から長けている。コンサルティングや戦略立案の経験者は基本的にそういう訓練を受けている。複雑で曖昧な問題に取り組むのが彼らの仕事である。

第二に、彼らの頭のなかには、ビジネスや経済の枠組みに関する膨大な「図書館」が存在する。ありとあらゆる業界や状況でどうお金を稼ぎ、ビジネスモデルを機能させればよいかを知り尽くしている。それはコマーシャルインサイトを築くうえで欠かせない要件だ。隠れたつながりを見つけるといっても、それは経済的に意味のあるものでなければならない。衛生士の欠勤が歯科経営にもたらすコストをモデル化したデンツプライの例を思い出そう。

以上が最初の3つのドライバーである。これら3つはコマーシャルインサイトを構築・展開する個人の特徴に関係しているため、「ヒト」という見出しでくくられる。そこにはスキル、経歴、知識の優れた融合が見られる。

データによると、この融合が1人のマーケターに見られる可能性は低い。われわれの経験からもそれは裏づけられる。コマーシャルインサイトの構築・展開はチームスポーツだ。リーダーはマーケティングだけでなく製品、戦略、営業、インサイト、あるいは研究開発にも目を向けて、正しいチーム編成をしなければならない。

コマーシャルインサイトのチームづくりを運任せにしてはならない。最前線のマーケターやボランティアを適当に混ぜればよいというものではない。リーダーは人員の適正な組み合わせに配慮するとともに、今度はその人たちが働きやすい条件も整えなければならない。それが最後の2つのドライバーに関わることである。「環境」という見出しでくくったのはそういう理《わ》由《け》だ。

2つのうち1つ目は「協創的なチーム」。コマーシャルインサイトを考えつくのは、有機的、反復的かつ総合的な運動行為である。したがってリーダーは、お互いのアイデアを共有・活用することが奨励されるような環境をつくらなければならない。ご存じのように、コマーシャルインサイトは破壊的な性質を持つ。最も優れたアイデアは顧客のいまの世界観と対立し、一見、突飛に思えるものだ。

このドライバーに関しては、パフォーマンスの高いチームはマーケティングと営業が協力し合うことがわかった。お互いの経験を尊重し、異なるアイデアを統合し、自分の主張が通らなくても受け入れる。また、興味深いことに、パフォーマンスの高いチームはメンバーが交代で発言する必要はないと考えていることもわかった。こういう考え方が出てくるのは、コマーシャルインサイトを生むには大きすぎるチームがよくできるからだろう。理想的なサイズは4人か5人である。7人とかそれ以上になると、何人かのスキルや特徴がすでに犠牲になっている可能性が高い。だから規模が大きくなると、チームは全員の意見を採り入れなければならないと感じ、結果的に鋭い洞察が薄まってしまう。

これは「ピザ1枚ルール」と言ってもいい。夜のチーム会議でピザを頼むとき、2枚必要ならチームは大きすぎるのだ。

環境ドライバーの2つ目は「リスク奨励」である。これはもう意外ではないはずだ。コマーシャルインサイトの生成は創造的な仕事であり、リスクをとることを奨励しなければ、その核心をなす水平思考や常識外れのアイデアは得られない。

画期的なコマーシャルインサイトを手に入れようとするなら、マーケティングリーダーはこうしたチーム編成や環境を用意しなければならない。コマーシャルインサイトを生み出すのに必要な人材の多様性を考えたとき、マーケティングだけでなく営業や製品のリーダーも同じ責任を負う。

影響3 ―― ソーシャルセリング

第5章で、コンテンツを利用してモビライザーのメンタルモデルに早めに異を唱える方法を説明した。マーケティングがそれをしなければならないのはもちろんだが、販売員もモビライザーにアプローチして、できるだけ早く「A」を壊すことに加担すべきである。ソーシャルメディアの台頭により、マーケティングと営業が協力して、こうした早期の「指導」機会をつくれるようになった。ソーシャルセリングでよく見られる「ブロードキャスト」アプローチとは一線を画している。

顧客が購買プロセスの57%まで進んでいるとの調査を先に紹介したが、そこから浮上する疑問のひとつは、「顧客がサプライヤーの販売員との接触を遅らせているとして、一部の販売員がそれでもなお早めに食い込めているのはどういうわけか」。やり方が何か違うのか？　それを知るために販売員の行動を調べた。

定量調査と定性調査の両方を用いたところ、重要な発見があった。

さまざまな業界のB2B企業23社の販売員1000人以上に調査を実施し、「早めの食い込み」に関わる販売員の行動や特徴を90項目以上にわたって検証。次いで、販売員、マネジャー、リーダーに100を超すインタビューを行い、早めの食い込みに関してハイパフォーマーと平均的パフォーマーを分けるのは何かを知ろうとした。

その分かれ目として最も大きかったのは、顧客を巻き込み、リードを生み出す重要なチャネルとしてソーシャルメディアを使っているかどうかだった。

早めに食い込むためにソーシャルメディアを使うとは、どういう意味か？　データを分析すると、3つの要素に行き着く。

①潜在顧客とつながる

②リンクトインやツイッターなどのソーシャルネットワークを使って、顧客に有用な視点を共有する

③ソーシャルメディアをリードジェネレーションに使う

このアプローチで大きな成功を収めている販売員と話してわかったのは、ソーシャルネット

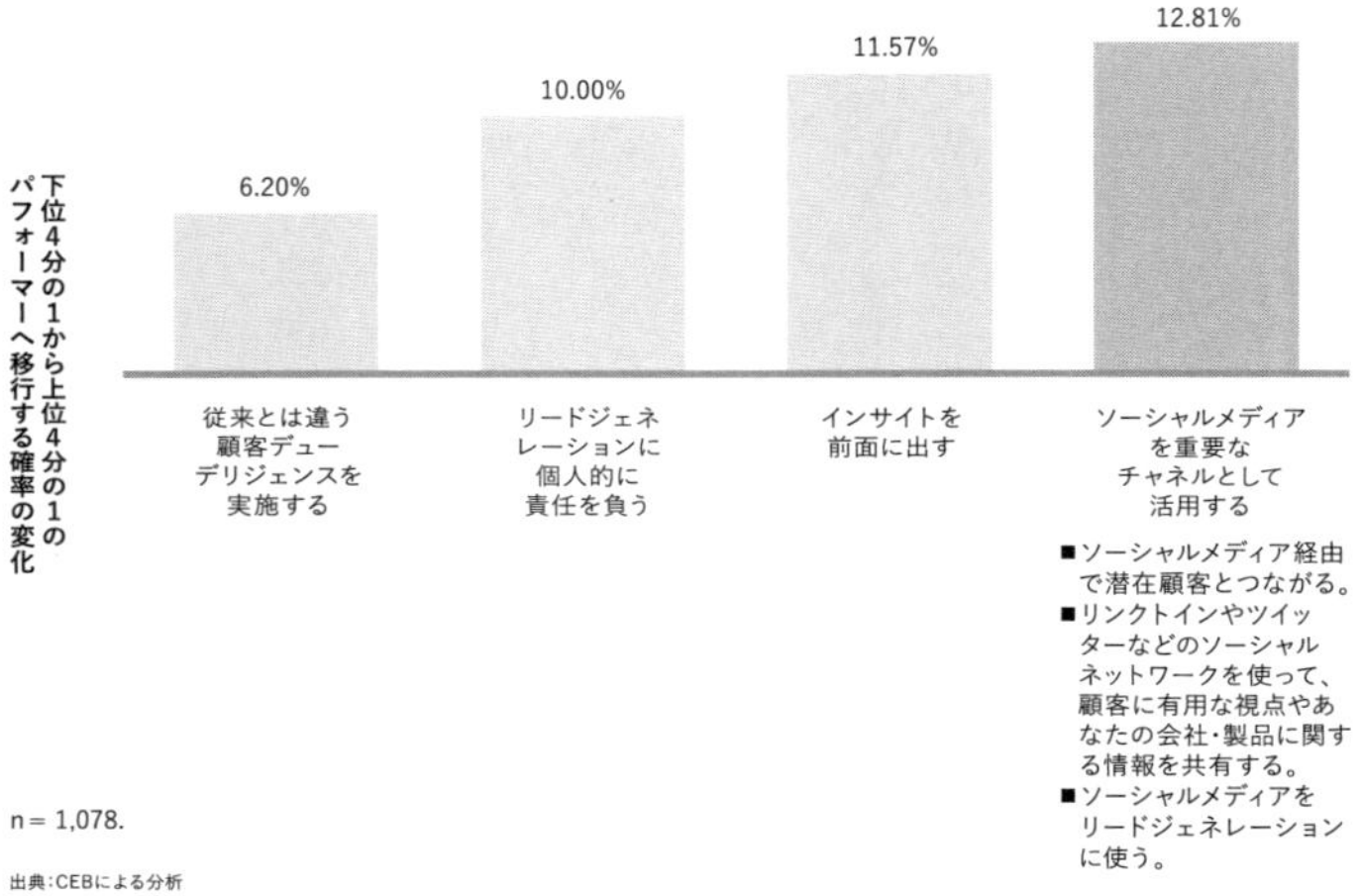

図 10.6　早期の顧客エンゲージメントをめざす営業活動とその成果

ワーク内のインフルエンサーとして自身を位置づけられるかどうかが、最終的にカギを握るということだ。

そのために彼らは、個人的な知り合いや現顧客にとどまらず、大規模なソーシャルネットワークを利用しようと努めている。売り込み先の市場のエコシステム全体にアクセスしようとするから、既存顧客だけでなく潜在顧客も対象になる。顧客にはなりそうもないが、違うチャネルやまったく別のサプライヤーを通じて、他の地域で製品を買ってくれるかもしれない人さえ含まれる。

だが、それは始まりにすぎない。その次はチャネルパートナー、業界専門家、市場のインフルエンサー、補完的なサプライヤー、近隣業界のインフルエンサー……挙げだしたらキリがない。基本的には、あなたの製品・サービスが関わりそうな幅広い問題をめぐる会話に興味がある人なら誰でもよい。

だから優秀な販売員は、業界の人々が集い学ぶオンラインコミュニティを探す。もっとデキる販売員になると、「指導するつなぎ役」として、共通の関心テーマについて学ぶための会話に人々を巻き込んでいく。これができる販売員はモビライザーを引き寄せる可能性が高い。

販売員がソーシャルメディアの使い方を誤るケースもある。優れた販売員はこれを慎重に利用する。最もやってはいけないのは、指導要素のない一方的なメッセージを流すことだ。言い換えれば、単なる広告チャネルとしてソーシャルメディアを利用することだ。ところがソーシャルセリングの実に多くが、まさにこのようにして行われている。

「当社の新製品XP9-100がいよいよ来月発売になります。いますぐご予約を！」みたいな投稿に我慢できる人はいないと思うが、リンクトインにはこの手のメッセージがあふれている。

ソーシャルチャネルはそのように使うものではなく、生産的で興味深い会話を交わすための道具である。「指導」する会話が理想的だ。それは第6章のSICモデルにもぴったり当てはまる。驚くべきデータやインサイト、挑発的な視点を伝達することでターゲットオーディエンスを刺激し、あなたのアイデアに関心を向けさせるためには、ソーシャルコミュニティは理想的な場所である。コマーシャルインサイトはあなた（サプライヤー）ではなく顧客に関する情報であるから、ＣＭっぽいという理由で拒否される可能性は低い。

ある医療業界の花形販売員は、こんなふうにうまくまとめてくれた。「お客さんが学んでいるのと同じ知識の織物にあなた自身を織り込んでいかなければなりません。ただし、正しいやり方が求められます。お客さんがそれまでと考え方を変えるのをサポートしなければなりません」

業界によっては、顧客やエコシステムパートナーが学習し会話する機会やソーシャルコミュニティがたくさんあるところもあれば、医療や金融のように規制が強く、ソーシャルメディアの成長が阻まれているところもある。しかしその拡大スピードはすさまじく、思いもよらぬＢ２Ｂ分野にも及んでいる。化学しかり、物質科学しかり。果ては自動車販売金融および保険の世界にも。

代表的なマーケティング組織と営業組織はタッグを組んでこれにあたっている。ＩＢＭ、シスコ、ナショナルインスツルメンツなどのサプライヤーがその先駆者だ。ソーシャルメディアは時間や手間がかかるので拡張しづらい、とマーケターはぼやくけれども、これらの企業は、営業ならマーケティングの何倍もの人手を利用できると気づいている。

こうした協力体制に基づくソーシャルメディア対策は、モビライザーを指導し、そのメンタルモデルを早めに壊すための大がかりな戦略に不可欠なパーツである。早めとは受動的学習の段階が望ましいが、最低でも顧客が販売員に電話をかける57%の前でなければならない。顧客が学習する場所とタイミングで「指導」したい。

影響4――「ブロッカー《阻害者》」への対応

関係者が自分の考え方をいっさい曲げず、取引が難航することがある。先述のように、われわれはこういう人たちを親しみを込めて「ブロッカー《阻害者》」と呼ぶ（あなたの営業チームはもっと品のない言葉を使っているのではないかと想像するが）。ブロッカー《阻害者》は合意形成やコレクティブラーニングの取り組みをすぐ頓挫させ、新しい観点が生まれるチャンスをつぶしてしまう。ブロッカー《阻害者》への最もよい関わり方を販売員に尋ねたところ、愉快な回答がいろいろ返ってきた。たとえば「クビにする」「フットボールのチケットでも渡して機嫌をとる」「恥をかかせる」。それがふさわしいシーンもなくはないだろうが、一番多かったのはやはり「無視する」だった。ブロッカー《阻害者》を完全に避けるというのが、長年の一般的な考え方である。現実から目をそむけ、いなくなることを願う――しかし、この方法には問題がひとつある。ブロッカー《阻害者》は立ち去ることも傍観することもないのだ。彼らは知ってか知らずか、どんな取引にもたいてい顔を出す。

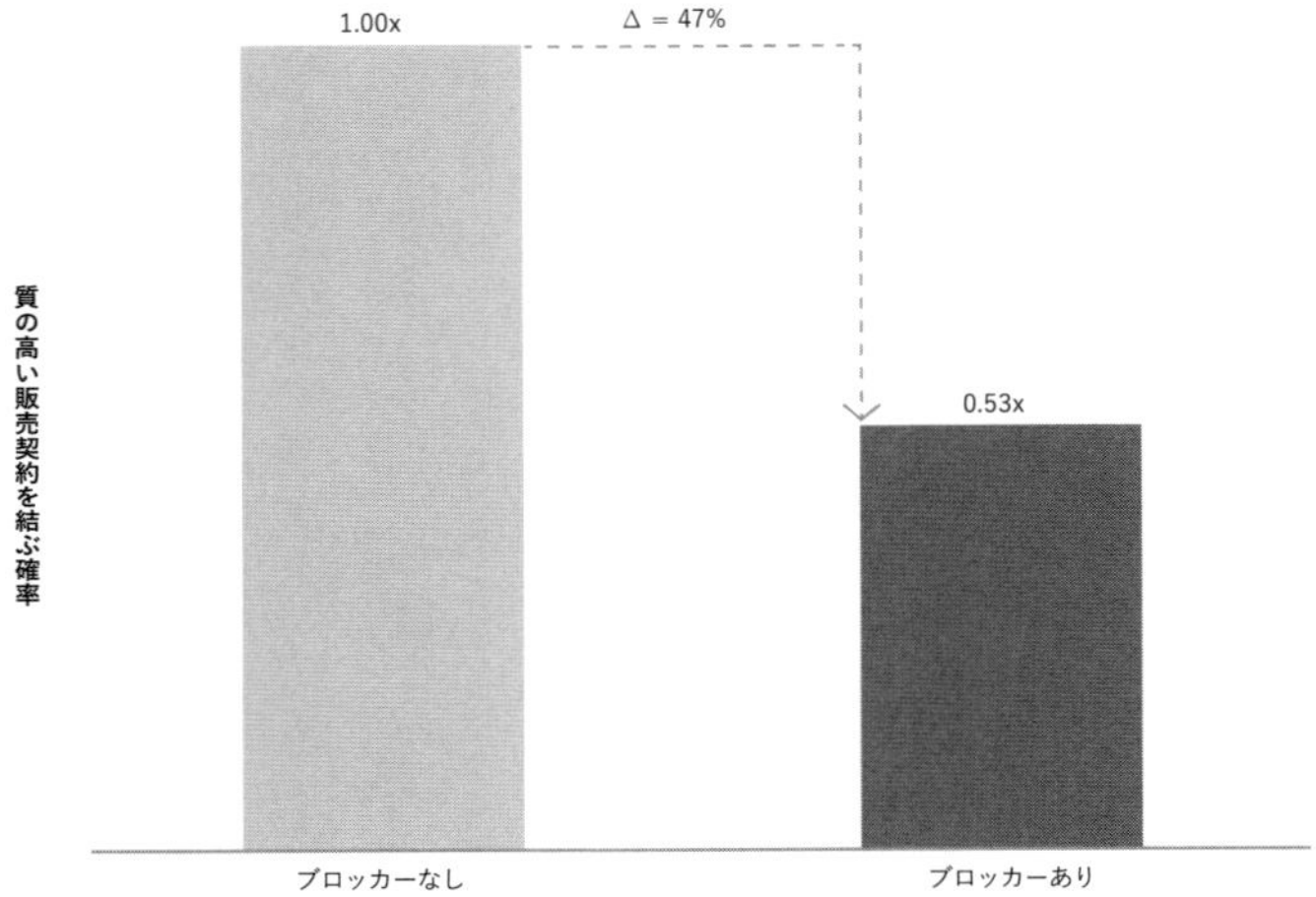

出典：CEBによる分析

図 10.7　質の高い契約にブロッカーが与える影響

影響力の大きい者なら、有望な取引を妨害することもできる。幸い、われわれは調査を通じて、ブロッカー《阻害者》を無力化する有力な方法を明らかにすることができた。

あらためて確認すると、「ブロッカー《阻害者》」とはサプライヤーの商談を妨げようとする顧客関係者をいう。サプライヤーが嫌い、ライバルのサプライヤーが好き、現状維持を望むなど、理由はさまざまだ。モビライザー同様、年功や役割などのパターンが存在せず、その形態、規模、影響力は多様である。しかも、サプライヤーにはブロッカー《阻害者》であることが必ずしもわからない。販売員への支持を表明しながらこっそり寝返って妨害する「ステルス・ブロッカー」もいる。

ブロッカー《阻害者》が１人でも取引に関わっていたら、サプライヤーが質の高い販売契約を結ぶ確率は47％も減少する。ご存じのようにブロッカーはほぼどんな取引にもいるから、質の高い契約を結べる確率は最初から53％しかないことになる。大変な脅威だ。

ほとんどの営業マネジャーが証言するように、販売員はブロッカー《阻害者》になかなか上手に対応できない。取引を台無しにしようと待ち構えるブロッカー《阻害者》を無視する場合がほとんどだ。ブロッカー《阻害者》の反論を封じるだけの支持を集められることを願いながら。われわれの観察によると、優れた営業マネジャーはブロッカー《阻害者》に関する議論を文字どおりチームに強要する。たとえばこんなふうに問いかける。「この取引のブロッカー《阻害者》を見逃しているとしたら、誰がそのブロッカー《阻害者》だと思うか。理由は何か」。こう訊かれたら、販売員は「ブロッカー《阻害者》はいない」とは答えられない。無視したいのが本音だが、そうはいかない。ほかにもマネジャーはこんな問いかけをする。「どんなタイプの関係者がこのような取引を妨害しやすいか」。すると販売員は同じような取引に考えをめぐらせ、ブロッカー《阻害者》に共通の傾向がどんなところにあるかを考えざるをえない。

ブロッカー《阻害者》は関係者のなかでも扱いづらい人種で、他の関係者の反論と呼応する反論をしようと考える。事を荒立てる輩だと思われたくないからだ。だからブロッカー《阻害者》の本当の目論見を明らかにするのは難しい。優れた営業マネジャーは「これまでブロッカー《阻害者》がこちらとネガティブなやりとりをしたことがあるか」のようなストレートな質問をする。だが、さらに質問を重ねて、根底にある問題を掘り起こそうとする。「この購買案件によってなぜブロッカー《阻害者》の仕事がやりにくくなるのか」

最後に、優れたマネジャーはブロッカー《阻害者》への対応計画に責任を持って関与する。目標は、ブロッカー《阻害者》との接触を遅らせようとする販売員の傾向にブレーキをかけることだ。「ブロッカー《阻害者》を扱ううえでの戦略は?」と尋ねて、営業チームの行動を促す。

では、どうやってブロッカー《阻害者》に対応するか? 販売員がまず自問しなければならないのは、「ブロッカー《阻害者》を関係者集団のなかの支持者によって説得できるか」。別の言い方をすれば、社会的圧力を加えてブロッカー《阻害者》を無力化できるか? モビライザーなどの関係者から影響を与えることができるか? 答えがイエスなら、コレクティブラーニングを通じて社会的圧力を加えるとよい。すでに見たように、コレクティブラーニングでは関係者の反論や懸念、不安を探って、断絶や意見の対立を明らかにする。そのねらいは、ブロッカー《阻害者》を含む全員に共通の理解を持たせることだ。ひょっとしたらブロッカー《阻害者》を支持者に変えられるかもしれないし、最低でも集団全体への影響力を抑えることができるだろう。

コレクティブラーニングに加えて、以下のような社会的圧力を用いてブロッカー《阻害者》に対抗することもできる。

- 関係者がブロッカー《阻害者》と意見交換できるワークショップなどのイベントを実施する。
- ブロッカー《阻害者》が敬うインフルエンサーを明らかにし、モビライザーに仲介を依頼する。
- 取引を支持するようブロッカー《阻害者》を説得するための情報を、モビライザーなどのインフルエンサーに与える。
- 他の関係者が取引を支持している理由をインフルエンサーから伝えてもらう。

CEBの調査によると、コレクティブラーニングはブロッカー《阻害者》と遭遇する確率を20％減少させる。さらに、ブロッカー《阻害者》のいる関係者集団でコレクティブラーニングが生じると、質の高い販売の確率が35％も増加する（図10・8を参照）。コレクティブラーニングの重要性がわかるデータである。この戦術をまず試す理由は、効果があるのと同時に、リスクも一番低いからだ。社会的圧力のリスクはそれほど高くない。同僚から身を引けと言われたらブロッカー《阻害者》は怒りだすかもしれないが、それはまあ最悪のケースである。

この効果の源泉は何か？　コレクティブラーニングは関係者集団内の「支持者」の割合を増やし、「中立者」と「ブロッカー《阻害者》」の割合を減らすので、残るブロッカー《阻害者》の影響力も低下する（図10・9を参照）。

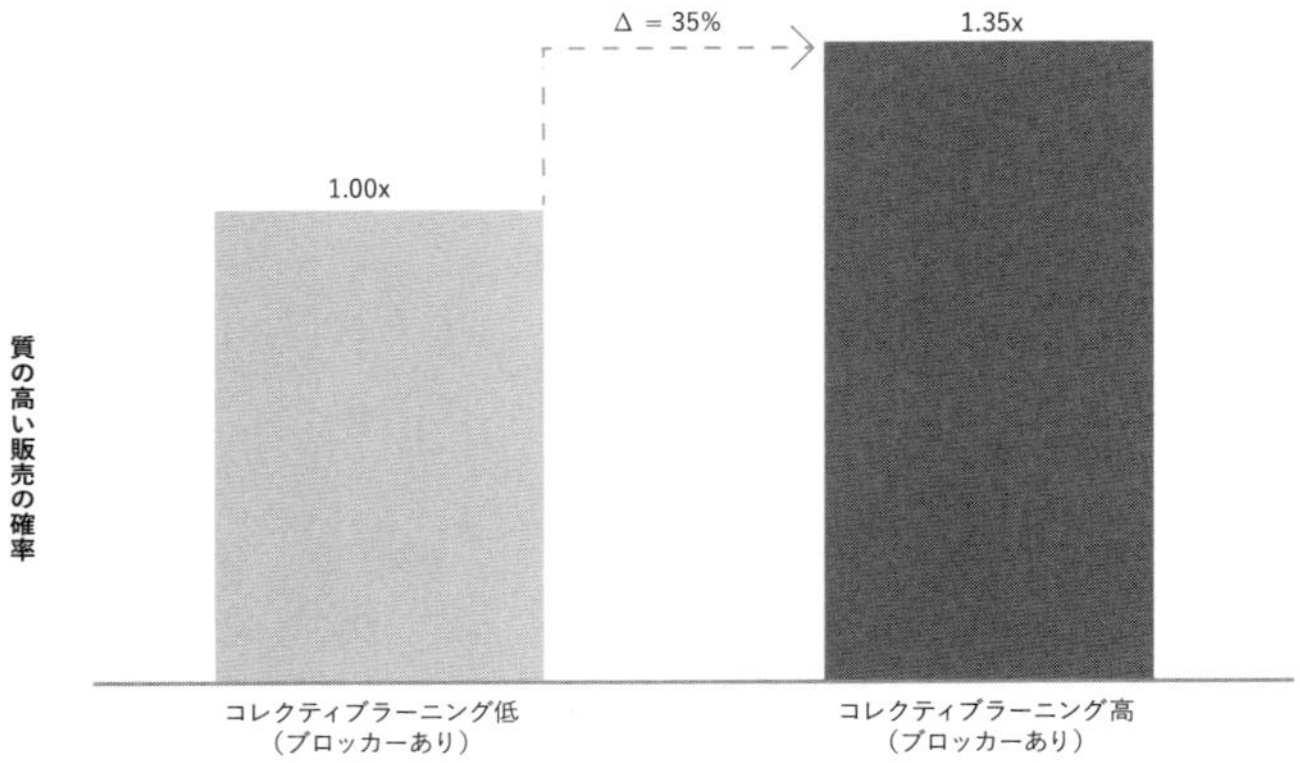

n = 946.

出典：CEB営業顧客パネル（2013年）

図 10.8　コレクティブラーニングのブロッカーへの影響

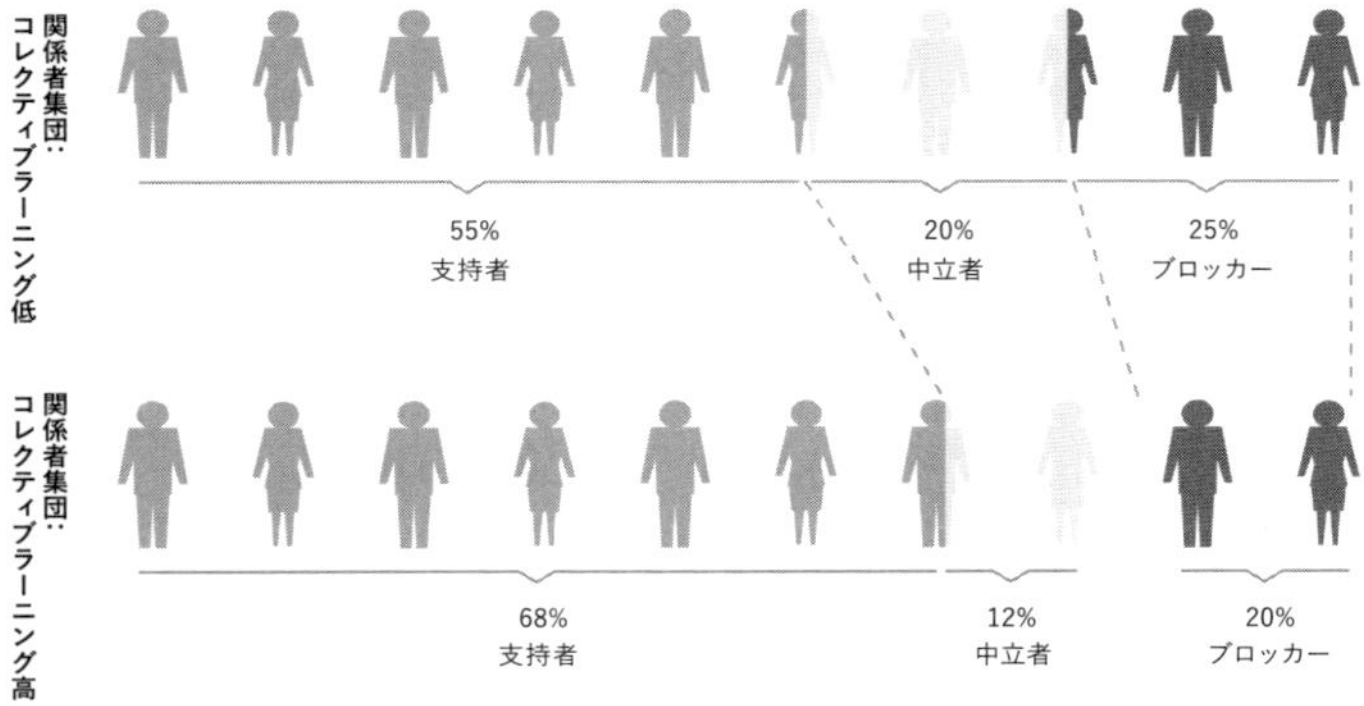

n = 946.

出典：CEB営業顧客パネル（2013年）

図 10.9　コレクティブラーニングの関係者への影響

コレクティブラーニングの水準が高くても、ブロッカー《阻害者》はなお存在する可能性がある。もしコレクティブラーニングを通じた社会的圧力によってブロッカー《阻害者》の影響力を抑えられなければ、次はどうするか？

販売員が２つ目に自問すべきは、「ブロッカー《阻害者》は理性的で親しみやすそうか」。もしイエスなら、対話を通じて説得し、取引を前へ進めるのを認めさせよう。まだ譲歩する段階ではない（これについては追って検討する）。ブロッカー《阻害者》のタイプが違えば、動機づけ要因も違う。変化を避けたいと考える者もいれば、ライバルに勝たせたいと思っている者もいる。あなたが負けさえすればいいと考えているブロッカー《阻害者》もいるだろう。

現状維持を望むタイプのブロッカー《阻害者》の場合は、変化に対する懸念に耳を傾け、共感を示すのがよい。まず「あなたの心配はよくわかる」と理解を示したあと、変わらないことのリスクを強調して、取引の緊急性を訴える。同じような心配をしていた別の顧客の例を紹介してもよい。ライバルに肩入れするブロッカー《阻害者》の場合は、サプライヤーに関係なく、購買一般に対する主な動機について話し合う。そのうえで、あなたなら他のサプライヤーにはできない方法で目標達成を手伝えると説明する。あなたのことが嫌いなブロッカー《阻害者》の場合は、サプライヤーであるあなたに対する率直な思いをぶつけてもらう。そこに真実があれば認め、過去の過ちに対する埋め合わせを約束する。

ブロッカー《阻害者》との直接交渉はリスクが高い。あなたへの個人的恨みが増す可能性もある。誰だってそんな厄介事を背負いたくはないだろう。しかし社会的圧力が機能しなければ、この戦術に打って出る必要がある。

では、ブロッカー《阻害者》が理性的でもなく親しみやすくもない場合、あるいはコミュニケーションが十分とれない場合はどうするか？　ここでいよいよ譲歩を検討することになる。販売員が3つ目に自問すべきは、「ブロッカー《阻害者》は製品・サービスの特定の側面について心配しているのか」。もしそうなら、ポイントを絞った譲歩を考える。向こうが納得し、こちらにも大きなダメージがない修正を行おう。譲歩に王道はないが、検討に際してのヒントとして以下が参考になるかもしれない。

- 第一に、取引のなかで交渉の余地がある部分とない部分を前もってよく考えておく。譲歩の方針を立てるうえでこれはとても重要だ。
- 第二に、交渉の余地がある部分のうち、ブロッカー《阻害者》がどれを前向きに受け入れる可能性が高そうかを想定しておく。
- 第三に、自分たちの利益を確保するため、譲歩はできるだけ少ないほうがよいが、それにも増して、ソリューションの効果を骨抜きにするような譲歩で、他の関係者からの支持を失わないよう注意する。

- 第四に、賛成派の関係者から、この新しい取引内容に対する明確な支持をとりつける。
- 第五に、新しい内容で取引が成立するという保証をブロッカー《阻害者》および他の支持者からとりつけ、それ以上の譲歩や遅れがないようにする。譲歩につぎ込んだ労力がすべて結果につながるようにする（さもないと時間とお金のムダになる）。

取引内容に修正を加えると、やはりリスク水準が上がる。派生的な損害が生じるかもしれないし、（取引の規模を拡大するどころか）何かを削るような修正をせざるをえなかったはずだ。積極的な妥協をしたことで、企業業績に対するリスクは当然高くなる。

譲歩もうまくいかなければ、最後の選択肢である「頭越し戦術」に頼るしかない。ここで販売員が自問すべきは、「顧客組織の幹部はこの取引の成立に関心があるか」。もしイエスなら、ブロッカー《阻害者》より上の幹部に潤滑油となるよう頼み、ブロッカー《阻害者》を説得してもらう。これは明らかにリスクが最も高い方法であり、ブロッカー《阻害者》が政治的なとばっちりを食うおそれもある（彼らの仕事やキャリアパスが危険にさらされかねない）。ブロッカー《阻害者》の頭越しに話を進めるのは間違いなく最後の手段である。そのためのステップや指針を掲げておこう。

●第一に、ブロッカー《阻害者》より上の幹部のひとりに接触し、状況を説明する。ただし人選には注意を要する。プロらしく状況に対処し、頭越し戦術を受け入れると思われる幹部、つまりこの気まずい状況をなんとかしてくれそうな人を選ぶ。

●第二に、ブロッカー《阻害者》の動機を幹部が理解するようにする。たんに「感じが悪い男です」と告げ口してはならない。これがブロッカー《阻害者》への攻撃にならないよう気をつける。幹部がプロらしく適切に判断・対処できるよう、バランスのとれた視点を提供する。

●第三に――これは上記2つ次第であるが――もしブロッカー《阻害者》が取引を邪魔しつづける場合は、彼(彼女)の影響力を封じるよう幹部に依頼する。おわかりのように、これはきわめてリスクの高い最終手段である。当然、その顧客との将来の取引に対するブロッカー《阻害者》の影響を考慮しなければならない。

これらのステップと並行して、顧客組織の支持者に最新の情報を知らせて、取引をめぐる不安をなくすと同時に、彼らがブロッカー《阻害者》に集団で圧力を加えつづけるようにする。

この方法も失敗したらどうするか？　そのときは、この商機をなお追いつづけるべきかどうかを真剣に考えなければならない。その価値があるか？　ビジネスとして意味があるか？　その決断はあなたのビジネスの機微や取引の種類にもよる。だが一般に、事ここに至ってはいったん棚上げし、別の案件に集中するのがよい。念のためにまとめておくと――

● ブロッカー《阻害者》は無視できないし、無視すべきでない。その影響力は計り知れない。質の高い契約を結ぶ確率を47％も低下させる。

● 営業マネジャーは重要な役割を担う。販売員にブロッカー《阻害者》を特定させ、事前に対策を練らせることで、ブロッカー《阻害者》が取引を妨害する可能性を減らすことができる。

● ブロッカー《阻害者》の影響を最小限に抑えることはできるが、完全になくすことは必ずしもできない。コレクティブラーニングはブロッカー《阻害者》の影響を最小化するが、もっと積極的な戦略が必要になることもある。

コレクティブラーニングの重要性は軽視できない。今日のコンセンサス主導の購買においては、意見の相違や機能不全が幅を利かせ、最低の共通項に基づく取引しか成立しにくい。そんななか、コレクティブラーニングを使えばモビライザーの購買決定を支援できる。それはブロッカー《阻害者》や調達部門を含む多様な関係者を束ねて、重要な意思決定を促す効果がある。

影響5 —— 販売プロセスとオポチュニティプランニング

購入の容易化

本書では、顧客の購買体験上の課題に焦点を当ててきた。ここまでに紹介した調査や成功事例からひとつだけ重要ポイントを挙げるとしたら、それは「顧客の購買プロセスに対するサポートをもっと重視しなければならない」ということだ。その成功例として古典的とも言えるもののひとつは、ADPという会社である。給与管理や人的資源管理を手がけるこのグローバル企業は、販売プロセス全体を購買支援プロセスに転じた。それが「購入容易化」と呼ばれる購買プロセスである（図10・10を参照）。

一見、ADPのアプローチはありふれた販売プロセスを思わせる。しかし、よく見るとそうではない。まず気づくのは、ADPのプロセスは販売プロセスではないということだ。これは顧客の購買プロセスに沿って取引を進めるための体系的なアプローチである。だから「購入容易化」と命名され、一般的な購買体験全般を通じて顧客側の結果を支援するしくみになっている。

たいていの企業は販売プロセスを設計するとき、商業的な成功を後押しすることがわかっている活動を図式化する。販売員はその活動をできるだけ効果的・効率的に実行することが求められる。これを順番どおりに行えば、顧客の購入可能性が最大化するという考え方だ。

だが、ADPのやり方は違う。彼らの観点から本当に問題なのは、「どうすれば販売員が売りやすくなるか」ではなく、「どうすれば顧客が買いやすくなるか」である。

このプロセスは、どんな顧客も経験するであろう意思決定ステージに基づいている。

①必要性の認識——このステージで顧客は購買を検討する理由を考える。ビジネスチャンスを求めてのことかもしれないし、リスクや問題がきっかけかもしれない。ここで現状維持の言い訳をすることも多い。事前にサプライヤーの調査をすることもあれば、サプライヤーに少し接触してみるケースもある。

②選択肢の検討——サプライヤーの最初の比較が行われる。能力や価格を含め、もっと詳しいサプライヤーの調査が実施される。顧客はここで詳しい情報を要求することが多い。

③購買基準の決定——顧客が現在の事業プロセスの有効性を評価し、パフォーマンスの改善が必要な領域と、そのパフォーマンスの最低基準を検討する。また、なんらかのリスク・リワード分析を実施する。購買集団が招集され、関係者が購買の評価を支援する。購買基準の案が示される。

④選択肢の評価——顧客が明確なビジネスケースを経営陣に提示する。ソリューションプロ

バイダーが正式に評価され、サプライヤー候補が絞り込まれる。
⑤選択肢の認証とサプライヤーの選定――サプライヤーのＲＯＩが評価される。正式な要件が決定する。資金が確保され、継続か中止かの決定が下される。
⑥購買の交渉――条件の交渉に調達部門が正式に参加する。経営幹部が最終承認し、法的なチェックが行われ、最終的に契約が締結される。
⑦ソリューションの実行――プロジェクトチームが編成される。旧プロセスが役目を終え、新しいプロセスが実行される。
⑧効果の評価――さまざまなサービスレベルや合意されたパフォーマンス水準が見込みどおりかを評価する。

以上がＡＤＰのアプローチの基礎となる購買プロセスである。このプロセスを見た企業の反応はたいてい、「興味深い考えですが、うちでは無理でしょう。お客さんの購入のしかたはいろいろですから」。顧客の数と同じだけ購買プロセスがある、というのが一般的な認識である。だが、そのプロセスをもう一度よく見てほしい。ＡＤＰをはじめとする全世界の企業と話してわかったのは、これはみんなが思うほど難しくはないということだ。たしかに顧客はそれぞれ違うが、買うという行為はあなたが最初に考えるほど違いはしない（もし疑うなら、お客さんや優秀な販売員のところへ行って、それぞれの購買体験がどれくらい違うかを確かめるといい。おそらくADPと同じように、顧客の購買体験を相当なレベルまで一般化できるだろう)。実際、CEBのメンバー企業の多くが、ADPのモデルを少し改変するだけでこのプロセスを図式化している。

顧客の購買プロセスをもとに販売活動を管理している組織はきわめて少ないが、ADPの取り組みのその部分だけを成功事例と捉えるのは公正さを欠くだろう。いま、顧客の購買プロセスに沿って販売活動を管理する組織は増えている。理由は単純だ。それによって販売員が、顧客のビジネスのなかのダイナミクスを考慮し、そのダイナミクスに敏感になり、顧客の買い方に合わせて売ることで生産性を高めるからだ。

だがADPの本領は、販売員がいかに顧客の購買をサポートするかという細部でこそ発揮される。販売員が顧客の購買をサポートするための行動をADPでは定めており、これは「セラーリード」と呼ばれる(図10・10を参照)。セラーリードは販売員が取引を前へ進めるためにとれる行動を表す。また、購買プロセスのそれぞれのステージで期待される顧客の行動も考えられており、これは「バイヤーシグナル」と呼ばれる。バイヤーシグナルは、顧客が次のステージへの準備ができたことを示す目安のようなものだ。これは売り手と買い手が繰り広げる一種のダンスである。売り手がリードし、買い手が応える。何かの理由で顧客が応えないと、売り手はただちに、顧客の購買プロセスのなかで何があったかを調査する。新しい関係者が加わった

バイヤーシグナル	ADPが用意するもの
■変革の必要性を言葉で表現する。 ■さらなる検討を約束する。	■販売プロセス計画シート ■売り手の強みを説明した顧客成功談
■分析を約束する。	■質問の手引き ■業界別ケーススタディ ■販促資料、参考資料など
■意思決定プロセスを教える。 ■最終意思決定者を明らかにする。 ■デモの約束をする。 ■資金を確保する。	■分析ガイド ■変化しないことの影響を示すデータ ■実行成功談 ■関係者ガイド
■完全な提案をするのに必要な情報を提供する。	■価値分析プレゼンテーション ■業界専門家とのミーティング ■導入企業例
■「貴社がサプライヤーとして望ましい」と言う。 ■提案の詳細、期待効果、財務的影響を理解する。	■提案 ■価格・ROIのプレゼンテーション ■実行・変更管理の指針
■必要な書類を提出する。 ■契約が完了する。	■価値・ROI分析プレゼンテーション ■実行チェックリスト
■ソリューションが実行される。	■法律専門家とのミーティング ■実行専門家とのミーティング ■実行プラン、ステータスアップデート
■紹介情報を提供する。 ■他のソリューションにも興味を示す。	■顧客成功談・インタビュー ■販売プロセス計画シート

3 顧客との会話ですぐ目につくシグナル。

4 購買プロセス全般で顧客の目標達成を支援するツールを提供。

	購買プロセス	セラーリード
必要性の認識	■機会、リスク、ニーズを認識する。 ■現状維持の言い訳をする。 ■ベンダーを調査する。最初のミーティングを開く。	■機会に関するインサイトを提供する。 ■変革の必要を訴える。
選択肢の検討	■ベンダーを比較する。 ■コストを比較する。 ■追加情報を要求する。	■売り手の強みを強調する刺激的な問いかけをする。 ■同様の企業の事例を共有する。 ■参考情報を提供する。
基準・プロセスの決定	■現状の事業プロセスを提案されたものと比較評価する。 ■リスク・リワード分析を行う。 ■関係者を特定・教育する。 ■購買基準を決める。	■変更案の価値を裏づける分析を行う。 ■現状維持のマイナス効果を示す。 ■関係者の懸念に対応する。 ■およその選択肢と価格を提示する。
選択肢の評価	■主要関係者と変革のビジネスケースを作成する。 ■サプライヤーのソリューションを評価する。 ■ベンダー候補を絞り込む。	■価値分析を提供する。 ■デモや業界専門家とのミーティングを実施する。 ■導入企業例を提供する。
認証と選定	■提示されたビジネスケースを評価する。 ■ROIを評価する。 ■要件を定義する。 ■継続か中止かの決定を下す。	■正式な提案をする。 ■最終条件を提示する。 ■顧客訪問時に提示する適切なリソースを用意する。
交渉	■条件や調達プロセスを交渉する。 ■経営幹部の最終承認を得る。 ■法的チェックを行う。 ■契約を締結する。	■売上増やコスト削減効果を示し、適正な価格であることを伝える。 ■顧客の実行リソースを確認する。 ■法務部にサポートさせる。
実行	■プロジェクトチームを編成する。 ■新しいソリューションを実行する。旧プロセスを終了する。	■実行チームを紹介する。 ■実行プロセスのマイルストーンを確認する。
効果の評価	■ソリューションの成果を見込みと比較評価する。	■フィードバックをもらい、紹介を依頼する。 ■顧客の事業改善に関する新たな視点を提供しつづける。

1 顧客購買プロセスはこのツールの基礎を成す。

2 販売員が会話を支配し、主張を述べられるように、とるべき行動や対策が示される。

出典：ADP、CEBによる分析

図 10.10　ADP の「購入容易化」購買プロセス

のか。ライバル企業の邪魔が入ったか。それとも購買基準やパフォーマンス要求基準について新たな議論が巻き起こっているのか？

では、セラーリード（販売員の行動）とバイヤーシグナル（顧客の期待される行動）のどちらが強い影響力を持つだろうか？　どちらのほうが重要か？　たぶん少し考えて、あなたはバイヤーシグナルを選ぶのではないか。なぜなら、それは販売活動を通じて達成しようとする結果だから。こうした顧客の行動が、販売だけでなく購買を前へ進める。ではさらに別の質問をしよう（こちらはもっと厄介な質問かもしれない）。

セラーリードとバイヤーシグナルのどちらを、あなたのＣＲＭシステムで現在モニターしているか？　ほとんどの組織が前者と答えるだろう。

販売員の行動が当然、販売の進捗につながるというのが従来の考え方だった。したがって販売員の行動を追跡すると、顧客の購買の進捗を追跡することになる。販売の進捗と購買の進捗は同じようなもの、という理屈である。だが本書で述べてきたように、購買の新しいダイナミクス、コンセンサス要件、意思決定のばらつきなどを考えると、これはもはや事実ではない。

ＡＤＰでは、セラーリードは商談成立への一本道ではなく、可能性があるさまざまな道筋と見なされる。だから、図の「セラーリード」欄に書かれているのはルールではなく、一種の原則である。販売員がみずからの判断で、バイヤーシグナル（顧客サイドで購買が進捗していること

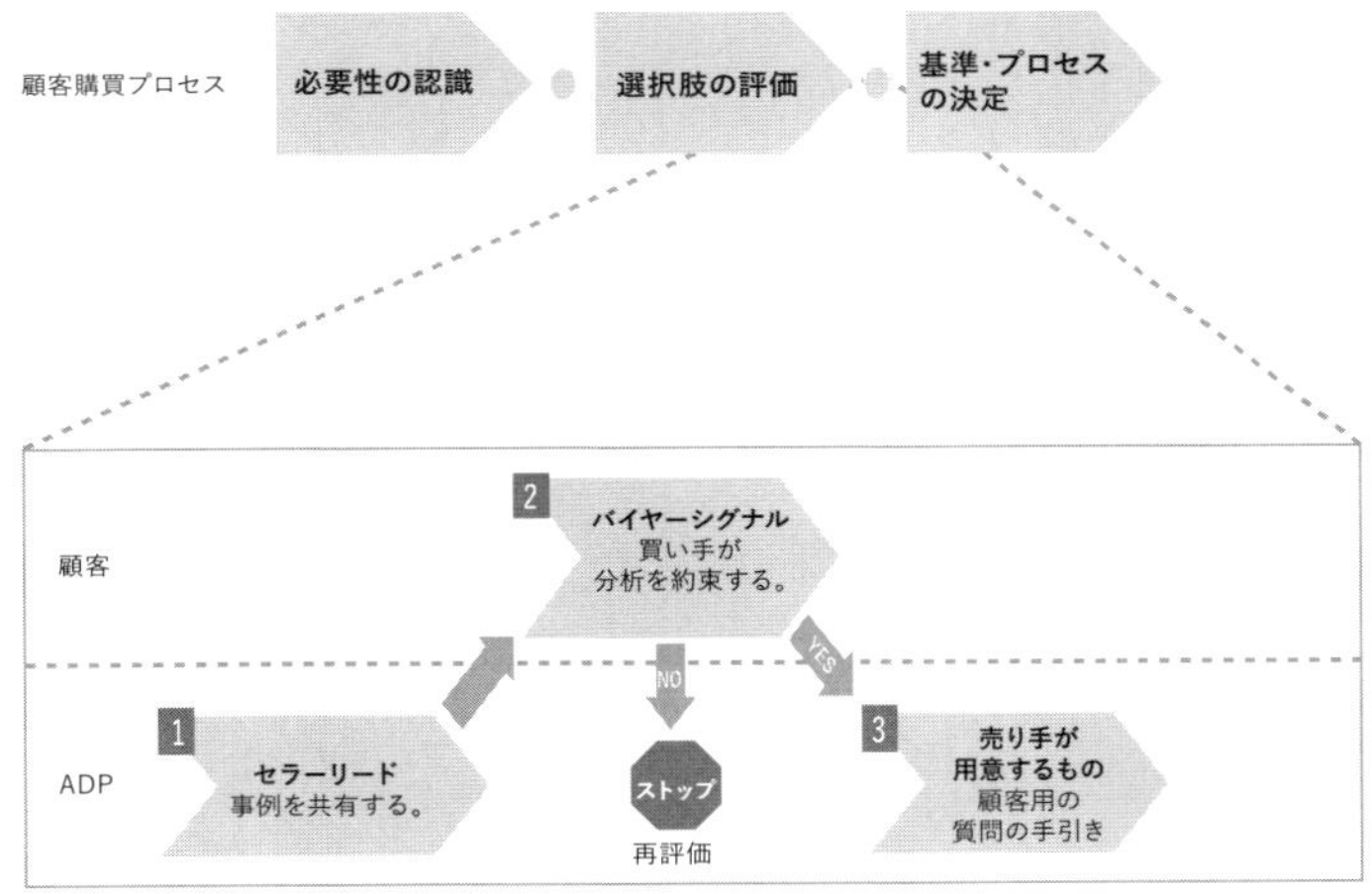

出典：ADP、CEBによる分析

図 10.11　顧客購買進捗の目安

を示す目安）を実現するために必要なことを状況に応じて行う、その起点となる行動が提案されている。

「ADPが用意するもの」として書かれているのは、ADPの販売員が引き出そうとするさまざまな「買い手の行動」に応じた、さまざまな営業・顧客支援ツールである。このように、ADPは一体的な顧客エンゲージメントアプローチをつくって、顧客がサポートを最も必要とするときにサポートを提供し、取引の進捗度合いを示す有力な指標をモニターしている。

アプローチ全体は「買い手の行動」に立脚している。これが、顧客が前進していることを明確に示す具体的な目安となる（図10・11を参照）。

たとえば、顧客が「選択肢の評価」から「基準の決定」へ移行するとき、期待される顧客の行動は、要件を精緻化するための分析を約束することだ。もし顧客がこの分析を約束しなかったら、販売員はいったん活動をストップし、状況を再評価するよう指示される。しかし、もし顧客が分析を約束したら、販売員は次のステージをサポートするためのツールを顧客に提供する。この場合、ADPは顧客が購買基準を決める際に参考とする質問の手引きを用意するかもしれない。こうしてADPの販売員は顧客より一歩先を行き（ただし一歩だけ）、顧客の購買体験をサポートする。

このアプローチが機能するためには、顧客の進捗を確認する目安を特別に用意しなければならない（図10・12を参照）。まず、顧客の積極的な参加が必要不可欠だ。言い換えれば、顧客が消極的に進捗をほのめかすようなものは、よい目安とはならない。意図をはっきり表明する、行動を起こすなどして、さらに購買を検討するという意志を示すことが望まれる。第二に、よい目安は明確、客観的、二者択一である。そうすれば誤解の余地がほとんどない。

さもないと、進捗が確認されたかどうかの議論がいつの間にか巻き起こり、「顧客が認めた進捗」の価値が失われる。最後に、進捗の目安の少なくとも1つ以上は（全部でなくともよい）、現在の方向性を変えようとする顧客の意向を確認するものでなければならない。たとえば、事業で負担している不要なコストを顧客がためらうことなく認めるだとか、事業上の課題の根本

	何を意味するか	なぜ重要か
1 積極的な参加が必要	購買プロセスの各ステージにおける顧客の行動が、前進準備ができた証となる。	取引の状況を顧客に率直に表現させ、購買へのコミットメントを明らかにする。
2 明確で二者択一	取引の進捗に関するイエスかノーの表明を、暫定的なマイルストーンの達成で裏づける。	販売員やマネジャーの偏見によるリスクをなくし、マネジャーの検証負荷をなくす。
3 変革意向を確認	顧客の変革意向を示す明確なシグナル（とくに販売の早い時期）。	単なる応答ではなく、需要創出を促す。

出典：CEBによる分析

図 10.12　顧客進捗の目安に求められる原則

原因を探るためのリソースを確保するだとか——。だが、どんなかたちでもいいから、顧客が「わが社はこれができていないので、助けが必要です」と言うのを追跡できれば一番いい。

　こうした目安に基づいて販売プロセスを管理するようになると、いろいろな成果が現れる。ＡＤＰは、この「購入容易化」プロセスを導入して、当初は行き詰まっていた取引が大きく進捗したと述べる。導入以前は滞っていた取引を、初期販売員研修のなかでこのプロセスに乗せたのである。顧客が購買プロセスのどこにいるかを知ることで、ＡＤＰのチームはこれらの取引をふたたび活性化するにはどうすればよいかを確認することができた。マネジャーは、「いませールスファネルのこのあたりです」という販売員の報告だけに頼ることなく、顧客が購買プロセスのどのあたりにいるかを把握できた。取引の状況確認の場で、マネジャーは販売員に対して初めて、2つの重要な質問をできるようになった。①取引はいまどのあたりか、②なぜわかるか。とくに2番目の質問に対する販売員の回答能力は、この取り組みによって見違えるほど変化した。このADPの成功事例に倣った他の組織も、パイプライン（見込み客を受注客に転換するプロセス＝ファネル）の規模が正確にわかり、取引に対する指導がやりやすくなったと述べている。

しかし、顧客の購買の進捗を目安に販売状況を追跡することには別の効果もある。販売員がみずから判断を下しやすくなるのだ。手段（営業活動）ではなく目的（顧客が認める進捗結果）にフォーカスすることで、販売員は顧客支援のためにやるべきことを、道徳的・倫理的な枠組みの範囲内でやりやすくなる。こうして営業マネジャーと販売員はペナルティなしに創造性を発揮できる。決まった販売活動にこだわる代わりに、インサイトを巧みに利用して、顧客に変化の必要性を気づかせるのだ。

営業組織のほとんどは推奨される販売活動に販売員を従わせようとする。営業の世界ではずっと、セールスファネルの途中で失われるビジネスがあっても、一定数は必ず成就すると考えられてきた。「ビジネスチャンスが○件あったら、最終的に×件は受注に結びつく」といった発想である。だから営業マネジャーは、決まった営業活動を守らせることに心血を注ぐ。数量に頼ったセールスマシンだ。順番どおりタイムリーにこなす販売活動が、販売パフォーマンスを支配する。この方法の問題点は、顧客コンセンサスが困難で意思決定のばらつきが顕著な時代には、セールスマシンが稼働しないということだ。

では、推奨される営業活動に頼った販売プロセスを、顧客コンセンサスの影響下にそのままさらしたら、どうなるか？　難しい意思決定に取り組もうとする顧客は脇に置いていかれ、「そこそこ」の決定が受け入れられる、いや奨励さえされるだろう。不確かな顧客より、ＲＦＰ間近な取引が優先されるだろう。その後は必ずコモディティ化が待っている。顧客が野心的な決定を下せるよう意思統一を図るだけの忍耐がないからだ。しかし購買進捗の目安の達成、つまり手段ではなく目的（たとえ暫定的な目的であっても）に販売員を集中させれば、販売生産性やセールスパイプラインの把握を犠牲にすることなく、販売員の判断力を高められる。

そこにはもうひとつメリットがある。予測の精度がとびきりよくなるのだ。顧客の行動や約束に基づいて、彼らが意思決定プロセスのどこにいるかが正確にわかれば、いつごろ取引が成立しそうかという販売員の推測よりもずっとあてになる。営業活動を目安にするのか、それとも顧客の行動を目安にするのか？　ＣＥＢのあるメンバー企業は、前者から後者に変えた結果、予測の精度が70％も上がったという。最初、そのせいでパイプラインが一夜にして消滅したように見えたため、経営陣やＣＦＯはショックを受けたが、これはたんに誇張されたパイプラインで、その大半はもともと信頼できるものではなかった。

現代の顧客購買への適用

われわれは数多くの組織が、ＡＤＰの例をもとに彼らなりの「購入容易化」アプローチを確立できるよう支援してきた。そのなかで重視したのは、販売行動の転換から購買行動、モビライザーの役割、破壊的なコマーシャルインサイトまで、本書で説明してきたさまざまな原則を考慮することだ。「チャレンジャー」セールスプロセスの詳細は本書では説明しきれないが、以下に顧客進捗の目安のサンプルを参考までに紹介しておこう（図10・13を参照）。比較的単純な5段階の購買プロセスを示しているが、自由にアレンジしてもらってかまわない。

第1ステージは顧客の学習に関連している。顧客はつねに何かしら受動的な学習をしているものだ。たとえば、論文や記事を読む、カンファレンスに参加する、書籍を読むなど。つまり、事業をよくしたい、新たな方向性を探りたいといつも考えている。このステージはＡＤＰのプロセスにはないもので、顧客を関与させ、ファネルへ向けて「指導」するために、マーケティングサポートやソーシャルセリングの手法をたくさん採り入れる（ソーシャルセリングの詳細は本章の「影響3」を参照）。ここでの目安指標は、顧客が営業電話（訪問）に反応すること、それ

学習	□ 顧客が反応する(メール、電話、オンラインなど)。 □ 顧客が最初の営業電話(訪問)を受け入れる。
必要性の理解	□ 顧客が当初の考え方は間違っていたと認める。 □ 顧客が現状維持では不十分、変化が必要だと認める。 □ 顧客が次のステップへ進み、事業上の課題や必要性をさらに検討すると約束する。 □ 顧客があなたのインサイトや差別化要因をよく理解し、説明できる。
購買基準の決定	□ 顧客が購買案件を検討するためのリソースを確保する。 □ 認定されたモビライザーがサポートを約束する。 □ モビライザー(または主な接触相手)がこの購買に関わりそうな関係者を教えてくれる。 □ 顧客がさまざまな基準や仕様を検討するための参考に詳しい情報を要求する。 □ あなたと顧客が承認のステップやスケジュールに合意する。
選択肢の評価	□ 顧客関係者が他の選択肢(何もしないことを含む)は考えられないとのコンセンサスを表明する。 □ 顧客の要件があなたのソリューション独自の特徴をふまえている。 □ 顧客が実行のためのリソースと予算を確保する。
認証と選定	□ 顧客が条件と最終案についてオープンに議論する。 □ 顧客が契約を締結する。 □ モビライザーが購入後のフィードバックやサポートの提供に同意する。

出典:CEBによる分析

図 10.13　チャレンジャー・セールスプロセスの顧客進捗目安（サンプル）

だけだ(優れた目安は複雑すぎないほうがよい)。

購買プロセスが進むなかで、顧客は自身のニーズを明確に理解しはじめる。ここで目安となるのは、現在の考え方やメンタルモデルが誤っていると顧客が認めることだ。あなたのコマーシャルインサイトを受け入れ、事業への影響を検討すると約束してくれたら言うことはない。

第3のステージでは、顧客が購買基準の決定にとりかかる。ここでモビライザーを特定し(できれば早めに)、購買検討へのサポートを約束してもらわなければならない。顧客が検討のためのリソースを確保し、およそのスケジュールを立てるのが重要な目安指標となる。

第4のステージでは、顧客が選択肢を評

価する。関係者が新しい方向性へのコンセンサスを表明するのが重要な目安となる。顧客の定義した要件があなたのソリューション独自の特徴をふまえていることも重要だ。

最終ステージでは、顧客がサプライヤーを選定・認証し、契約を結ぶ。モビライザーのサポートを得て、実行フェーズへ向けて同僚たちを結集させるのが、ここでの目安指標だ。

以上のような指標を追跡することで、モビライザー、コマーシャルインサイト、コマーシャルコーチング、その他ここまで論じてきた幅広い戦術を適切に利用できる。そして、顧客の購買体験を着実に支援し、同時にあなたの会社独自の特徴を理解・認識させることができる。

オポチュニティプランニング

オポチュニティプランニングの特色は営業コンサルタントの数だけある。われわれが提供できる最大のアドバイスは、１つの方法を決めてそれを一貫して用いることだ。とはいえ、すべての販売員に方法論偏重のオポチュニティプランニングを強いる必要はない。オポチュニティプランニングの賢い原則を、販売プロセスや取引レビュー、ＣＲＭなどに採り入れるのだ。今日のコンセンサス購買が浮き彫りにする重要なポイントがいくつかあり、これをあなたのオポチュニティプランニングの参考にしてほしい。

ひょっとしたら、オポチュニティプランニングの概要説明がこんな最後のほうに追いやられているのはなぜかとお考えかもしれない。そう、それがまさにオポチュニティプランニングの第1の原則に関係してくる。オポチュニティプランニングは販売プロセスをしっかり反映していなければならず、先ほどの目安指標を獲得するための方法を販売員にあれこれ考えさせなければならない。ところがオポチュニティプランニングは、まったく違う（順番も含めて）販売行動を奨励することが少なくない。それがうまくいけば、営業チームはプロセスとプランの区別がつかなくなる。

では、この両者の違いは何か？　いったいなぜオポチュニティプランを立てるのか？　答えは簡単だ（よく見過ごされるが）。販売プロセスがwhat（何）を形にするとすれば、オポチュニティプランはhow（どのように）を形にするのだ。販売プロセスの本質は、何が起きたかを捉えることである。顧客の認める結果に基づいて進捗を追跡する場合はとくにそうだ。いまほど述べたように、それは取引の進捗、予測、資源調達に影響を与える重要なマイルストーンである。しかしオポチュニティプランは、販売員にhowを厳しく評価させる。どのように次の顧客指標へたどり着き、取引の進捗を続けるのか、と。

howを厳しく評価するため、優れたオポチュニティプランニングは質問形式になるとわれわれは考える。手に入る情報（たいていは限られている）をもとに批判的思考（クリティカルシンキング）を促す、将来を見据えた質問である。つまりオポチュニティプランニングの第3の原則は、そうした一連の質問に基づいて計画を立てるということである。単なる質問ではなく、顧客組織、組織内のダイナミクス、モビライザー、そしてビジネスチャンスそのものに関する自由回答形式（オープンエンド）の質問だ。チャレンジャー・セールスプロセスの各ステージに備えるにあたって、販売員が参考にできる質問のサンプルを紹介しておこう。全体を概観するのではなく、あなたのオポチュニティプランニング、取引レビュー、営業コーチングに採り入れるべき原則として紹介していく。

「学習」ステージ——この顧客は何を学んでいなければならないか？　何を気にするべきか？

ここでは、顧客が自身のビジネスをどのように誤解しているかを販売員が理解しなければならない。また、顧客がこの必要性を認識しているかどうかを理解するのも大切である。それによって彼ら自身がすでに調査をしたかどうかがわかる。顧客の需要をまず形成しなければならないか、それとも考え直すよう導く必要があるか？　ここでの思考プロセスを通じて、販売員は最初の営業電話（訪問）に対する本当の準備ができる。

「必要性の理解」ステージ——顧客はこの必要性に対してどう反応すべきか？

ここでは破壊的なインサイトで顧客の思考を揺さぶる。販売員はその会話に備えた計画を立てなければならない。インサイトをどう位置づけ、どうカスタマイズするかを幅広く検討する必要がある。最初の会話でどんな間違いが起こりうるか？　顧客はどんな反応をしそうか？　優れた販売計画は理想を描くと同時に、予期せぬ事態にも備える。販売員はまた、コマーシャルインサイトに対する顧客の反応が何を意味するかを考え、この最初の電話（訪問）に基づいて次のステップを検討しなければならない。健全な疑問が見られたか。潜在的なモビライザーが姿を現したか。潜在的なブロッカー《阻害者》が正体を明かしたか。それは販売の進捗上、何を意味するか。大事なのは、顧客がたんに反応するだけでなく、「それでどうなります？　次はどうすれば？」のように尋ねてくることだ。

「購買基準の決定」ステージ——顧客はどのように購買基準を決めるべきか？

このステージのオポチュニティプランニングではモビライザーを大きく考慮に入れる。当然、コマーシャルインサイトが購買基準に対する顧客の考え方に影響を及ぼすが、モビライザーはそのインサイトが購買基準の細部にまで反映されるようにしなければならない。モビライザーのサポートのために必要な行動を徹底的に考えることが不可欠である。販売員はライバルが推奨しそうな購買基準についても考え、その見方は誤りまたは不十分だとモビライザーからどう説明させるかを検討しなければならない。

「選択肢の評価」ステージ――顧客はどのように評価し、合意に達するべきか？

ここではモビライザーに対するコマーシャルコーチングがポイントとなる。何についてコーチするか、それをどうカスタマイズするか、モビライザーにどう「武装」させるかを考えなければならない。このステージの眼目は、顧客関係者から「集団のイエス」をいかに勝ち取るかを考えることだ。

「認証と選定」ステージ――顧客はどのように最終決定に到達すべきか？

ここでは、モビライザーが最後に遭遇するかもしれない反論にどう備えるかを検討する。この最終ステージでは、すでに述べたように、交渉の余地がある部分とない部分を考えておかなければならない。理想的な反応を得るにはどうするかを吟味するのも大事だが、交渉の場では必ずと言ってよいほど、最後の最後に異論・反論が出てくる。だから交渉の余地がある部分を事前に考えておくことが重要になる。

以上の質問に共通するのは、「顧客がどのように購入すべきか」である。それぞれのステージで販売員は、顧客との理想的なやりとりについて考え抜くと同時に、不測の事態にも現実的に備えることが求められる。これらの質問は、販売員に一歩先を考えさせるためのものだ。そうすることで顧客との一つひとつのやりとりが、単なる情報収集ではなく、取引を前へ進める力になる。たとえ情報が限られていても、大事なのは、何を実現すべきか、どのように実現するのが一番よいかを、厳しく評価することである。

監修者あとがき

カスタマーサクセス（顧客の成功）こそ、営業職の未来である

株式会社リブ・コンサルティング
常務取締役　権田和士

本書は営業職の未来を照らしてくれるか

著者のマシュー・ディクソン氏の監修は、今年の夏に発刊された『おもてなし幻想』(実業之日本社)に続き2冊目となるが、前作同様、データに裏付けられた上での深い洞察に富んだ論調にさすがディクソン氏と再びうならされてしまった。

言うまでもなく営業職は試練の時を迎えている。弊社がB2Bセールスを実施している550社に対して行ったアンケート調査結果によると、「今後3年以内は、今の営業活動のままで問題ないと思う」と答えたのは28%のみで、約7割の方が変革の必要性を感じていることが分かっている。2000年を境に営業職の従事者も減少の一途を辿り、営業不要論がまことしやかにささやかれている。

本書は、存在意義すら危ぶまれている営業職に対し「今、求められる営業の役割」について明確なアンサーを差し示すものである。同氏の作品である『チャレンジャー・セールス・モデル』とともに、すべての営業の皆様にぜひ手にとっていただきたい一冊である。

このあとがきをご覧になっている読者の皆様は、本編を通じてすでに感じていることと思うが、本書は、巷に溢《あふ》れる一般的な営業本とは明らかに一線を画している。それは、本書は「顧客にいかに売るか」ということではなく、「いかに顧客を成功させるか」ということに主眼が置かれている点にある。それこそが本書の真価であるし、営業職の未来を照らしてくれるエッセンスである。

変革期に求められるセールスと顧客の関係性

ここでは、本書の特徴を下記に要約したうえで、「いかにそのアプローチが今までの常識と異なるか」という観点でご紹介したい。
- 営業現場の変化は、販売活動でなく、顧客の購買活動から起きている
- 購買決定にかかわるのは平均5・4人であり、多様化する顧客の購買集団への対応が求められる
- 関係者の多様性が増すと、購買集団の機能不全が起きてしまう
- 集団内の対立は購買プロセスの37%到達時点でピークを迎える一方、サプライヤー候補選定は57%到達地点で行われることで機会ロスをもたらしている（37と57のギャップ）
- 早期に顧客と接点を持ち関係構築するためには、顧客関係者5・4人のうち「誰と」話を進めるかが重要であり、その選定が花形販売員と平均的販売員の差を分ける

●顧客関係者には7つのタイプがあり、大別するとモビライザー（動員者）とトーカー（話し好き）に分かれる

●優秀なセールスはモビライザーをターゲットとし、平均セールスはトーカーをターゲットとする

ここまでの内容は、日本の営業現場からしても馴染みのあるテーマではなかろうか。シリーズ前作の『チャレンジャー・セールス・モデル』も踏まえると、経済が成長期から成熟期に差し掛かるくらいまでは、関係構築タイプの営業スタッフが売れる傾向にあったものの、成熟期〜変革期になるにつれてチャレンジャー（論客）タイプの営業スタッフが求められるようになった。

同様に、顧客サイドにおいてもトーカー（話し好き）ではなく、チャレンジャーカスタマー（モビライザー）の攻略が求められるようになったということである。つまり、関係構築タイプの営業スタッフとトーカータイプの顧客で成立していた関係性から、チャレンジャータイプの営業スタッフとモビライザータイプの顧客との関係性へのシフトである。

残念ながら、その大転換に対応することができている営業組織はまだ少数派であり、「うちの営業は、本来話すべき新ターゲットとの面談に躊躇して、話しやすいお客様のところにしか

行かない」という嘆きの声はあちらこちらから聞こえてくる。

営業の新しい物理学「コマーシャルインサイト」

本書がさらにユニークなのはここからである。曰《いわ》く、顧客関係者のタイプを見極めた上で、5・4人一人ひとりのニーズに合わせた個別の営業活動をするのではなく、コマーシャルインサイトを構築しながら、多様な顧客関係者のコンセンサスを同時に創造するというのである。後半部分では多くのページを割いて、具体的な事例も交えながら、「いかにしてコマーシャルインサイトを構築するのか」について説得力のある主張が述べられている。

著者が「営業の新しい物理学」と打ち出しているように、このアプローチは今までの常識を覆す方法論である。B2Bセールスのこれまでのあたりまえは、購買の意思決定単位（DMU——Decision Making Unit）を正しく把握した上で、関与者別の個別ニーズに分解して、それぞれのニーズに合わせた訴求をするというものであった。DMU内の役割によって関心事が異なるため、個別対応で進めていくことが推奨されていた。

たとえば、新たなＩＴシステムを導入することを想定すると、情報システムは他システムとの相性が気になり、購買部であれば金額が気になり、営業なら入力の手間が気になるだろう。

そういった個別ニーズに合わせて臨機応変に営業トークを組み替えることができるというのが、本来的な営業の強みであった。

しかし、本書は購買関与者のメンタルモデルを分けて対応するのではなく、一致させることをゴールとする。多様な顧客関係者のあいだに共通言語をつくり、それぞれの共通理解を促し、グループの共通目標を設定し、最後には顧客全体のイエスを勝ち取ることを目指す。営業スタッフはプレゼンをする役割を担うのではなく、ファシリテーターとして顧客関係者の集団的学習（コレクティブラーニング）を促進する役割を受け持つことが求められる。

たしかに本書の言う通り「37と57のギャップ」を前提にするならば、その役割認識も頷ける。営業スタッフは2つの数字のギャップを解消し、集団内の対立がピークに達する37％時点より前に顧客の議論に参加することが期待される。37％時点はそもそもソリューションの特定がされていないどころか課題も不鮮明な状況である。したがって、購買関与者の個別ニーズについてもまだ具体的になっていない。

その段階で求められるのはディスカッションパートナーであって、関与者の個別ニーズに合わせたプレゼンテーションができる有能なスピーカーではない。コマーシャルインサイトによって「顧客自身の理解」を促すことが有効であり、筆者の言葉を借りるならば、「なるほど、スゴイ」から「なんと、私は間違っていた」となるようにメンタルモデルを変えなければならない。

このアプローチは営業の世界ではとても斬新であり、営業職の多くの方々にとって、はじめて耳にする内容なのではないだろうか。

セールスにおける新常識は、マーケティングにおけるあたりまえ

セールス現場では斬新なアプローチである一方、マーケティングやブランディングに従事している方にとっては、コマーシャルインサイトやコレクティブラーニングの考え方はむしろごくありふれた方法論なのではないだろうか。

両者のギャップはセールス、マーケティング、ブランディングの各機能における柔軟性の違いによって生じている。セールスは柔軟性が高く、それぞれのお客様に合わせた個別対応をすることが期待される。マーケティングはセールス機能と比較すると柔軟性が低く、個別対応ではなく特定のターゲットセグメントを決めた上で、ターゲット群に共通するメッセージを届けることが期待される。ブランディングは極めて柔軟性が低く、一度ブランドメッセージが決まると顧客の理解が深まるまで、長い年月をかけてブランドアイデンティティを育んでいくこと

が期待される。

その観点に立てば、セールスは１ｔｏ１であり、マーケティングはセグメンテーションであり、ブランディングはマスという概念で括ることができる。

実際、セグメント化された購買集団のあいだに共通言語をつくることも、共通目標をつくることも、最終的にグループのメンタルモデルを一致させることもマーケターが日常的に行っていることである。本書の趣旨はセールスという仕事にマーケティングの考え方を持ち込むことだと置き換えて考えることができる。

Customer Satisfaction（顧客満足）から、Customer Success（顧客成功）へ

本書を通じて、営業職の未来について重要な示唆は得られたであろうか。私の見解としては、それは「カスタマーサクセス」という言葉に集約することができるように思う。

ＣＳといえば、今までCustomer Satisfaction（顧客満足）を表すのが一般的だったが、ＩＴ業界を中心に少しずつCustomer Success（顧客成功）という言葉が使われるようになってきた。

冒頭でも触れたように、本書の真価は「顧客にいかに売るか」でなく、「いかに顧客を成功さ

せるか」という、まさにカスタマーサクセスの文脈でセールスのあり方が論じられていることである。

営業の未来がカスタマーサクセスを前提とするならば、最初に設定すべき問いは「顧客にとっての成功とは」である。その問いに対する答えは、すべての購買関与者のニーズをそれぞれ拾って個別に解決していくということではないはずである。

仮にそれで上手に「売れた」としても、契約をゴールにしている営業プロセスでは顧客の成果に向かっているかどうかは疑わしい。その目的が「顧客にいかに売るか」である限り、表向きの名称がソリューションセールスでも、コンサルティングセールスだったとしても大差はない。

「顧客の成功」をゴール設定とするならば、まずチャレンジャーセールスとしてモビライザーに受け入れられることで購買プロセスの早い段階から関与するための切符を手に入れることである。そして、購買集団のディスカッションパートナーとして議論に参加し、マーケティング観点で購買関与者の共通のインサイトを探していくことが求められる。これこそが「今後、求められる営業の役割」である。

読者の皆様にとって、本書が営業のあり方を見直すきっかけとなり、「カスタマーサクセス（顧客成功）」を実現していく一助となることを期待したい。

Profile
著者プロフィール

ブレント・アダムソン (Brent Adamson)
会員制アドバイザリー会社CEBのセールス&マーケティング・プラクティスのプリンシパル・エグゼクティブ・アドバイザー。『チャレンジャー・セールス・モデル』(海と月社)の共著者。

マシュー・ディクソン (Matthew Dixon)
CEBの金融サービス&顧客コンタクト・プラクティスのグループリーダー。『チャレンジャー・セールス・モデル』(海と月社)、『おもてなし幻想』(実業之日本社)の共著者。

パット・スペナー (Pat Spenner)
CEBのセールス&マーケティング・プラクティスの戦略イニシアティブリーダー。

ニック・トーマン (Nick Toman)
CEBのセールス・プラクティス・リーダー。『おもてなし幻想』(実業之日本社)の共著者。

Profile

日本語版監修者プロフィール

神田昌典（かんだ・まさのり）

経営コンサルタント・作家。株式会社ALMACREATIONS代表取締役。一般社団法人Read For Action協会代表理事。上智大学外国語学部卒。ニューヨーク大学経済学修士(MA)、ペンシルバニア大学ウォートンスクール経営学修士(MBA)取得。大学３年次に外交官試験合格、４年次より外務省経済部に勤務。その後、米国家電メーカー日本代表を経て経営コンサルタントとして独立。ビジネス分野のみならず、教育界でも精力的な活動を行っている。

主な著書に『ストーリー思考』（ダイヤモンド社）、『成功者の告白』（講談社）、『非常識な成功法則』（フォレスト出版）、『なぜ春はこない?』（來夢氏との共著、実業之日本社）、翻訳書に『伝説のコピーライティング実践バイブル』（ダイヤモンド社）、『おもてなし幻想』『成約のコード』（実業之日本社）など多数。

リブ・コンサルティング

マーケティングやセールス領域のコンサルティングを得意とする経営コンサルティング会社。「成果創出」にこだわり、戦略から実行までのトータル支援を強みとする。中でも、住宅や自動車といった高級商材業界や、BtoBビジネスにおけるマーケティング・セールスのコンサルティングは、年間300プロジェクト以上の支援実績を有している。近年、海外への事業展開も積極的に行い、韓国、タイ、マレーシア、ベトナムにて、主に現地企業向けにマーケティング・セールスのコンサルティングを行っている。監修書に『アクセル』（祥伝社）、『おもてなし幻想』（実業之日本社）、代表・関厳の出版物に『経営戦略としての紹介営業』（あさ出版）等。

日本語版監修担当者：関厳、権田和士、大島奈櫻子

翻訳者プロフィール

三木俊哉（みき・としや）

京都大学法学部卒業。会社員を経て産業・出版翻訳者。訳書に『ストレッチ』（海と月社）、『スノーデンファイル』（日経BP社）、『神経ハイジャック』（英治出版）など。

隠《かく》れたキーマンを探《さが》せ!
データが解明《かいめい》した最新《さいしん》B2B営業法《えいぎょうほう》

2018年12月20日　初版第1刷発行
2025年 8 月 4 日　初版第5刷発行

著　　者　ブレント・アダムソン
マシュー・ディクソン
パット・スペナー
ニック・トーマン
訳　　者　三木俊哉《みきとしや》
日本語版監修者　神田昌典《かんだまさのり》、リブ・コンサルティング
発 行 者　岩野裕一
発 行 所　株式会社実業之日本社
〒107-0062
東京都港区南青山6-6-22 emergence 2
電話03-6809-0452(編集部)
03-6809-0495(販売部)
URL https://www.j-n.co.jp/

印刷所　株式会社DNP出版プロダクツ
製本所　株式会社ブックアート

装　幀 アートディレクション　熊澤正人
ブックデザイン DTP組版　清原一隆(KIYO DESIGN)
編集協力　石井晶穂

ISBN978-4-408-33804-0(編集本部)